TREATIES OF INTELLECTUAL PROPERTY

知的財産関係条約

第 2 版

茶園成樹 編

有斐閣

第2版 はしがき

初版が発行されてから，8年が経過した。この間，知的財産関係条約の分野における重要な出来事として，2018年に「環太平洋パートナーシップに関する包括的及び先進的な協定」（TPP11協定，CPTPP）が発効したことがある。同協定は，2016年に環太平洋地域の12か国の間で署名された「環太平洋パートナーシップ協定」（TPP12協定）がアメリカの離脱により発効することができなくなったため，アメリカを除く11か国で同協定の一部を凍結項目とした新たな協定として合意されたものである。TPP11協定に対応するために我が国の知的財産法の様々な改正が行われた。もっとも，本書は初版で330頁を超える分量となっていたため，締約国が多くない同協定の内容については，詳しく記述することはせず，我が国法の改正を簡単に紹介するだけにしている。

また，初版に含めていた，「盲人，視覚障害者その他の印刷物の判読に障害のある者が発行された著作物を利用する機会を促進するためのマラケシュ条約」に関する記述も，同条約は著作権制限に関するものとして理論的な重要性を有しているため悩んだのであるが，本書のコンパクト化のために，省略することとした。

その他の初版との違いとして，当然ながら，知的財産関係の各条約に関する情報のアップデートを行った。

本書によって，初版と同様に，多くの人が知的財産関係条約に関する知識を得て，国際的な知的財産保護制度を理解し，この制度をどのように発展させるべきかについての充実した議論を行うことができるようになることを期待している。

本書の出版に際しては，有斐閣編集部の井植孝之さん，竹之内彩さんに大変お世話になった。ここに記して，謝意を表したい。

2023年秋

茶園　成樹

初版 はしがき

本書は，知的財産に関係する条約の基本を解説するものである。

知的財産関係の条約を締結した国はその条約を履行する義務を負うこととなるため，そのような条約は締約国の知的財産法に影響を及ぼす。とりわけ，100か国を超える国が締結する条約である，工業所有権の保護に関するパリ条約（パリ条約），文学的及び美術的著作物の保護に関するベルヌ条約（ベルヌ条約），知的所有権の貿易関連の側面に関する協定（TRIPS協定）は，国際的な知的財産保護制度の基盤を構築するものであり，そして，わが国を含め，多数の国の知的財産法の枠組みを形成している。したがって，わが国の知的財産法を深く理解するためには，これらの条約の知識は不可欠といえよう。また，特許協力条約（PCT）やマドリッド協定議定書は，外国における権利取得のために一般的に利用されているものであり，外国での経済活動に関わる人にとっては，これらの条約は当然に知っているべきものであり，また，これらの条約の知識がなければ，国際的な知的財産保護の現状を認識することは難しい。

したがって，知的財産法に関与している人やこれを勉学する人にとって，知的財産関係条約の基礎的な知識を得ておくことの意義は大きい。しかしながら，知的財産関係条約の解説書で，初学者にとって読みやすい，分かりやすいものは，現在のところ，ほとんどないといってよい。こうした状況を踏まえて，本書は初めて知的財産関係条約を学ぶ人にも理解することのできる教科書として作成された。

本書は，大学の学部や大学院で行われる知的財産関係条約の授業の教材として，あるいは，独学で知的財産関係条約を勉学する人の独習用の教材として利用されることを想定している。また，法学部生や法学研究科院生だけでなく，法律に関する知識をあまり有していない理科系学部生等まで含めた，初めて知的財産関係条約を学ぶ人を広く読者として想定して作成している。このように本書は，知的財産関係条約の入門書としての性格が強いが，重要な条約の基本的な事項を網羅するものであるため，既に学んだことのある人がその知識・理解を広げ深める目的で利用することができる。

本書は，平易な文章によって叙述し，法律専門的な記述はできるだけ避けるように心掛けて執筆されている。読者が法学部生や法学研究科院生でない場合を考慮したものである。また，読者の理解を促す工夫として，原則として，各節の初めに*POINT*欄が設けられている。*POINT*欄は，当該項目の学習上の要点を示すものである。読者は，ある項目を読む前に，この欄の記載から当該項目で何が説明されているかを認識しておいてもらいたい。また，読み終わった後に，この欄の記載に基づいて，当該項目の内容を理解しているかどうかを確認してもらいたい。このように，*POINT*欄は，読者が読む内容を意識し，また，読んだ内容の理解をチェックするのに用いられるものであり，これにより学習上の効果を向上させることを狙っている。さらに，本書においては，随所に，条約の規定等に関係するわが国法の規定等の紹介を挿入しており，これも読者のために施した工夫である。わが国法の関係規定等を示すことにより，読者が条約の規定等を身近なものに感じ，その知識を容易に習得できるようになることを目的としたものである。なお，上記のような本書の性格に鑑みて，引用文献は原則的に邦語文献に限っている。外国語文献は，初学者にとって有意義な情報になることは少ないと考えられるためである。

本書によって，多くの人が知的財産関係条約に関する知識を得て，国際的な知的財産保護制度を認識し，また，わが国の知的財産法を一層深く理解できるようになることを願っている。さらには，わが国のみならず，世界的な産業や文化の発展のために，国際的な知的財産保護制度をどのように改善すべきかについての充実した議論を行うことができるようになることを期待している。

本書の執筆者は，大阪大学知的財産センターの研究者教員である。同センターは，2010年4月に，大阪大学における知的財産法の全学的な教育・研究拠点として設立されたものである。同センターは，共通教育，法学部及び法学研究科知的財産法プログラム（知的財産法に特化した教育プログラム）において，知的財産法全体の教育活動を展開している。この教育活動の一環として，同センターの愛称である“IPrism”になぞらえて，知的財産法に関する教科書を7冊刊行することが計画された。この計画に従って，2012年3月に『意匠法』を，2013年4月に『特許法』と『知的財産法入門』を，2014年4月に『商標法』

と『著作権法』を，2015年4月に『不正競争防止法』を刊行した。本書が7冊目であり，この刊行によって，上記計画が完了することとなる。

本書の出版に際しては，有斐閣書籍編集第一部の一村大輔さん，井植孝之さん，小林久恵さんに大変お世話になった。ここに記して，謝意を表したい。

2015年夏

茶園　成樹

編著者紹介（［　］内は担当箇所）

＊は編者，執筆者は五十音順

＊茶 園 成 樹（ちゃえん　しげき）［第１章，第２章］

1961 年生まれ

1984 年　大阪大学法学部法学科　卒業

1989 年　大阪大学大学院法学研究科博士後期課程　単位取得満期退学

現職：大阪大学大学院高等司法研究科教授・同大学知的基盤総合センターセンター長

青 木 大 也（あおき　ひろや）［第７章］

1983 年生まれ

2006 年　東京大学法学部　卒業

2008 年　東京大学大学院法学政治学研究科法曹養成専攻　修了

現職：大阪大学大学院法学研究科准教授

勝 久 晴 夫（かつひさ　はるお）［第８章］

1972 年生まれ

1995 年　名城大学法学部法律学科　卒業

2010 年　大阪大学大学院法学研究科博士後期課程　単位取得満期退学

現職：文教大学情報学部准教授

　　　大阪大学知的基盤総合センター非常勤講師

佐 々 木 眞 人（ささき　まさと）［第４章］

1964 年生まれ

1990 年　神戸大学工学部　卒業

2010 年　大阪大学知的財産センター客員教授

現職：弁理士（弁理士法人深見特許事務所所属）

陳　思勤（ちん　しきん）［第3章］

1972年生まれ

2001年　近畿大学商経学部　卒業

2010年　大阪大学大学院法学研究科博士後期課程　単位取得満期退学

現職：大阪大学知的基盤総合センター教授

並川鉄也（なみかわ　てつや）［第5章］

1972年生まれ

1994年　大阪大学法学部　卒業

2008年　大阪工業大学工学部電子情報通信工学科　卒業

2012年　大阪大学知的財産センター客員教授

現職：弁理士（三協国際特許事務所所属）

松本尚子（まつもと　なおこ）［第6章］

1977年生まれ

2000年　神戸大学法学部法律学科　卒業

現職：弁理士（弁理士法人エルア商標意匠事務所所属）
　　　大阪大学知的基盤総合センター客員教授

目　次

凡　　例

1　条約・法令等略語

本書では，条約・法令等については下記の略語を用いる。

「→」で示された条文は，準用関係を示している。

⑴　条 約 等

パリ条約　工業所有権の保護に関するパリ条約

TRIPS協定　知的所有権の貿易関連の側面に関する協定

PCT　特許協力条約

マドリッド協定議定書　標章の国際登録に関するマドリッド協定議定書

マドリッド協定　標章の国際登録に関するマドリッド協定

マドリッド原産地表示協定　虚偽の又は誤認を生じさせる原産地表示の防止に関するマドリッド協定

ハーグ協定　意匠の国際登録に関するハーグ協定

ベルヌ条約　文学的及び美術的著作物の保護に関するベルヌ条約

ローマ条約　実演家，レコード製作者及び放送機関の保護に関する国際条約

WIPO著作権条約　著作権に関する世界知的所有権機関条約

WIPO実演・レコード条約　実演及びレコードに関する世界知的所有権機関条約

北京条約　視聴覚的実演に関する北京条約

WIPO設立条約　世界知的所有権機関を設立する条約

WIPO　世界知的所有権機関

WTO設立協定　世界貿易機関を設立するマラケシュ協定

WTO　世界貿易機関

なお，各条約等について解説する章においては，当該条約等の条文は，原則として条数のみを引用する。各章で解説される条約等は以下の通り。

第2章	パリ条約	第5章	マドリッド協定議定書
第3章	TRIPS協定	第6章	ハーグ協定
第4章	PCT	第7章	ベルヌ条約

⑵　法　　令

法令名は，下に記した略語のほか，原則として，有斐閣『六法全書』の略語を用いる。

意　匠　意匠法

実　用　実用新案法
商　標　商標法
著　作　著作権法
特　許　特許法
不　競　不正競争防止法
民　民法

2 判例表示

最　判　最高裁判所判決
高　判　高等裁判所判決
知財高判　知的財産高等裁判所判決
地　判　地方裁判所判決

なお，判例の表示の後に記された〔　〕書きは当該判例の事件名を示す。

3 雑誌名等の略語

民　集　最高裁判所民事判例集
知的裁集　知的財産権関係民事・行政裁判例集
無体裁集　無体財産権関係民事・行政裁判例集
判　時　判例時報
判　タ　判例タイムズ
L ＆ T　Law ＆ Technology
知　管　知財管理

4 文献略語

<パリ条約>

後　藤　後藤晴男『パリ条約講話［第 13 版］』(発明協会，2007 年)
ボーデンハウゼン　ボーデンハウゼン『注解パリ条約』(AIPPI・JAPAN，1976 年)

<TRIPS 協定>

尾　島　尾島明『逐条解説 TRIPS 協定』(日本機械輸出組合，1999 年)

<PCT>

後藤・PCT　後藤晴男『特許協力条約成立史』(経済産業調査会，2003 年)
下　道　下道晶久『出願人のための特許協力条約（PCT）〔改訂版〕』(発明協会，2010 年)
橋　本　橋本良郎『特許協力条約逐条解説〔改訂第 7 版〕』(発明協会，1999 年)

＜ベルヌ条約＞

WIPO・ベルヌ条約解説　WIPO（黒川徳太郎訳）『ベルヌ条約逐条解説』（著作権情報センター，1979年）

＜著作権関係条約＞

WIPO・著作権関係条約解説　WIPO（大山幸房ほか訳）『WIPOが管理する著作権及び隣接権諸条約の解説並びに著作権及び隣接権用語解説』（著作権情報センター，2007年）

＜国内法＞

逐　条　特許庁編『工業所有権法（産業財産権法）逐条解説〔第22版〕』（発明推進協会，2020年）

茶園（商標）　茶園成樹編『商標法〔第2版〕』（有斐閣，2018年）

茶園（著作権）　茶園成樹編『著作権法〔第3版〕』（有斐閣，2021年）

茶園（特許）　茶園成樹編『特許法〔第2版〕』（有斐閣，2017年）

第1章 知的財産関係条約の概要

第1節　総　　論

❖POINT❖

◆　知的財産関係条約には，19 世紀末期に成立した「工業所有権の保護に関するパリ条約」（パリ条約）・「文学的及び美術的著作物の保護に関するベルヌ条約」（ベルヌ条約），20 世紀末に成立した「知的所有権の貿易関連の側面に関する協定」（TRIPS 協定）等がある。

◆　知的財産関係条約を管理する国際機関として，WIPO（世界知的所有権機関），WTO（世界貿易機関）等がある。

1　条約とは

条約とは，文書による国家間の合意（国際的合意）のことである[1)]。国際的合意の名称として，条約（treaty，convention）のほか，協定（convention，agreement），規約（covenant），議定書（protocol）等の名称が用いられることがあるが，どのような名称が用いられるかで法的効力に違いが生じるわけではない。

国家は条約を締結すると，当該条約に拘束され，当該条約を履行する義務を負う[2)]。そのため，その義務が既存の国内法によっては履行されない場合には，条約の国内的効力や自動執行性の問題はともかく[3)]，通常，新しい法律が制定されたり，既存の法律が改正されたりすることになる。

---

1)　条約法に関するウィーン条約（条約法条約）2 条 1 項 a 号は，「『条約』とは，国の間において文書の形式により締結され，国際法によつて規律される国際的な合意（単一の文書によるものであるか関連する二以上の文書によるものであるかを問わず，また，名称のいかんを問わない。）をいう」と定義している。

条約は，当事国の数により，2国間条約と多国間条約に分けることができる。2国間条約とは，相対峙する2国間で成立する条約のことである。他方，条約当事国が3か国以上の場合を多国間条約という。

2　知的財産関係条約の歴史

19世紀後半より，技術の急速な発展，国際貿易の増加により，知的財産を国際的に保護することの必要性が強く認識された。それまで知的財産に関する2国間条約が多数締結されていたが，そのような方法による保護は十分なものではなかった。そのため，多国間条約を策定する気運が高まり，現在においても知的財産の国際的保護の根幹を構築する2つの条約が成立した。まず，産業財産権（工業所有権）の分野において，1883年にパリで，「工業所有権の保護に関するパリ条約」（パリ条約）が採択された。次に，著作権の分野において，1886年にスイスのベルヌで，「文学的及び美術的著作物の保護に関するベルヌ条約」（ベルヌ条約）が採択された。

パリ条約・ベルヌ条約は，その後，数度の改正を経ている。また，パリ条約・ベルヌ条約に基づく特別の取極（special agreements）が多数成立している。これらの条約は，WIPO（後述３⑴参照）が管理している。

パリ条約の最新の改正条約は，1967年のストックホルム改正条約であり，ベルヌ条約の最新の改正条約は，1971年のパリ改正条約である。その後は，両条約とも，主として先進国と開発途上国の対立（南北対立）により，新たな改正を行うことが極めて困難な状況にある。

WIPOに代わって，多国間条約策定の議論の場となったのが，GATT（関税と貿易に関する一般協定）であった。1986年に始まったGATTのウルグアイ・ラウンドにおいて国際貿易の観点から知的財産問題が取り上げられ，1994年にモロッコのマラケシュで，「世界貿易機関を設立するマラケシュ協定」（WTO設立協定）の附属書1Cとして，「知的所有権の貿易関連の側面に関する

2）　わが国に関しては，日本国憲法98条2項は，「日本国が締結した条約及び確立された国際法規は，これを誠実に遵守することを必要とする」と規定している。また，特許法26条（実用2条の5第4項，意匠68条4項，商標77条4項が準用）は，「特許に関し条約に別段の定があるときは，その規定による」と規定している。

3）　さしあたり，中山信弘＝小泉直樹編『新・注解 特許法（上巻）』（青林書院，2011年）214～216頁［駒田泰土］参照。

協定」（TRIPS 協定）が成立した。TRIPS 協定は，WTO（後述３⑵参照）が管理している。

３　知的財産関係条約を管理する国際機関

⑴　WIPO

前述したように，パリ条約，ベルヌ条約，パリ条約・ベルヌ条約に基づく特別の取極は，WIPO[4]（世界知的所有権機関）が管理する。WIPO とは，1967 年にストックホルムで採択された「世界知的所有権機関を設立する条約」（WIPO 設立条約）により設立された，全世界的な知的財産の保護の促進を目的とする国際機関であり，国際連合の専門機関である。スイスのジュネーブに本部を置く。WIPO の加盟国は，2023 年 1 月現在，193 か国である。

WIPO の事務局である国際事務局（WIPO 設立条約 9 条）は，パリ条約によって形成されるパリ同盟の国際事務局とベルヌ条約によって形成されるベルヌ同盟の国際事務局が合同して 1893 年に設立された知的所有権保護合同国際事務局（BIRPI）を引き継ぐものである[5]。

⑵　Ｗ Ｔ Ｏ

TRIPS 協定は，WTO[6]（世界貿易機関）が管理する。WTO とは，1994 年にモロッコのマラケシュで採択された「世界貿易機関を設立するマラケシュ協定」（WTO 設立協定）により設立された，市場経済原理による国際貿易の発展を目的とする国際機関である。WIPO と同じく，ジュネーブに本部を置く。WTO の加盟国は，2023 年 1 月現在，164 か国である。

WTO において，TRIPS 協定の実施に関することをつかさどる機関として，貿易関連知的所有権理事会（TRIPS 理事会）が設けられている（WTO 設立協定 4 条 5 項）[7]。

なお，WIPO と WTO は，両機関の協力関係を定める，「世界知的所有権機

4）World Intellectual Property Organization.

5）WIPO の最近の動きについては，特許庁「特許行政年次報告書 2022 年版」（2022 年）245 頁参照。「特許行政年次報告書」は，毎年公表されるもので，特許庁のウェブサイトに掲載されている。

6）World Trade Organization.

関と世界貿易機関との協定」を締結している。

(3) その他

国際連合教育科学文化機関（ユネスコ）も，著作権等に関する条約の管理を行っている。ユネスコは，1952年にジュネーブで採択（1971年にパリで改正）された，著作権の無方式主義国と方式主義国を架橋する，万国著作権条約[8)]（UCC⇒第7章第1節1(3)）を管理している。また，著作隣接権の分野において，1961年にローマで採択された，「実演家，レコード製作者及び放送機関の保護に関する国際条約」（ローマ条約⇒第8章第4節2）の管理を，WIPO，国際労働機関（ILO）と共同で行っている。

産業財産権の分野では，1961年にパリで採択（1972年，1978年，1991年に改正）された，植物新品種の育成者の利益保護を目的とする，「植物の新品種の保護に関する国際条約」（UPOV条約）は，独立した同盟（UPOV同盟）を形成する。もっとも，実際には，WIPOの事務局長がUPOV同盟の事務局長となり，WIPOが同条約の管理業務を行っている。

第2節　WIPOが管理する知的財産関係条約

POINT

◆　WIPOが管理する知的財産関係条約には，パリ条約，ベルヌ条約，パリ条約・ベルヌ条約に基づく特別の取極としての多数の条約がある。

1　工業所有権の保護に関するパリ条約（パリ条約）

工業所有権の保護に関するパリ条約（パリ条約）は，前述したように，1883年にパリで採択され，その後，数度の改正を経ており，最新の改正条約は

7）TRIPS理事会等の最近の動きについては，経済産業省通商政策局編「2022年版不公正貿易報告書」（2022年）429～433頁参照。「不公正貿易報告書」は，毎年公表されるもので，経済産業省のウェブサイトに掲載されている。

8）Universal Copyright Convention.

1967年のストックホルム改正条約である。

パリ条約が定める重要な原則として，①内国民待遇原則（パリ条約2条），②優先権制度（同条約4条），③特許独立の原則（同条約4条の2）がある。①内国民待遇原則とは，外国人を不利に取り扱わないように，外国人に自国民と同等の待遇を与えるというものである。②優先権制度とは，外国での特許権等の取得を容易にするために，同盟国においてされた最初の出願（第1国出願）により発生した優先権を主張して，同一の対象について一定の期間（優先期間）内に他の同盟国において後の出願（第2国出願）がされた場合に，第2国出願について，第1国出願の時になされたのと同様の利益を与えるものである。③特許独立の原則とは，各国の特許が相互に独立であるとするものである。

詳細は，第2章「工業所有権の保護に関するパリ条約（パリ条約）」を参照。

2　文学的及び美術的著作物の保護に関するベルヌ条約（ベルヌ条約）

文学的及び美術的著作物の保護に関するベルヌ条約（ベルヌ条約）は，前述したように，1886年にベルヌで採択され，その後，数度の改正を経ており，最新の改正条約は，1971年のパリ改正条約である。

ベルヌ条約が定める重要な原則として，①内国民待遇原則（ベルヌ条約5条1項），②無方式主義（同条約5条2項第1文），③保護独立の原則（同条約5条2項第2文）がある。①内国民待遇原則については，前述した。②無方式主義とは，著作物の保護を受けるに当たり，方式の履行を求められないというものである。③保護独立の原則とは，本国における保護の有無が，同条約による権利の享有及び保護に影響を与えないとするものである。

詳細は，第7章「文学的及び美術的著作物の保護に関するベルヌ条約（ベルヌ条約）」を参照。

3　パリ条約・ベルヌ条約に基づく特別の取極

(1)　概　説

パリ条約19条は，この条約の締約国（パリ同盟国）が，この条約の規定に抵触しない限り，別に相互間で工業所有権の保護に関する特別の取極（special agreements）を行う権利を留保すると規定している。ベルヌ条約20条も，著作者の権利の保護に関して同様の内容を定めている[9)]。

パリ条約・ベルヌ条約の同盟国は，この枠組みの中で，様々な特別の取極を行っている。それらは，(a)知的財産保護条約，(b)世界的保護システム条約，(c)分類条約の３つに分類することができる。なお，パリ条約・ベルヌ条約自体は，知的財産保護条約に属する。

以下では，この３つの分類について述べ，その後に，本書において詳しく説明する条約以外の条約（分類条約に属するものを除く）を簡単に説明する。

(2)　３つの分類

(a)　知的財産保護条約とは，国際的に合意された知的財産の保護水準を定める条約を指す。

産業財産権の分野では，例えば，「虚偽の又は誤認を生じさせる原産地表示の防止に関するマドリッド協定」（マドリッド原産地表示協定），特許法条約，商標法条約，「集積回路についての知的所有権に関する条約」（IPIC条約，ワシントン条約。未発効）がある[10)]。

著作権の分野では，「著作権に関する世界知的所有権機関条約」（WIPO著作権条約⇒第８章第３節），「盲人，視覚障害者その他の印刷物の判読に障害のある者が発行された著作物を利用する機会を促進するためのマラケシュ条約」（マラケシュVIP条約）がある。

ベルヌ条約は著作者にのみ保護を与えるものであるが，著作物を公衆に伝達する役割を果たす実演家，レコード製作者及び放送機関を保護するために，1961年にローマで，「実演家，レコード製作者及び放送機関の保護に関する国際条約」（ローマ条約⇒第８章第４節２）が成立した。この著作隣接権の分野における WIPO が管理する条約として，ローマ条約のほか，「許諾を得ないレコードの複製からのレコード製作者の保護に関する条約」（レコード保護条約⇒第８章第４節３），「実演及びレコードに関する世界知的所有権機関条約」（WIPO実演・レコード条約⇒第８章第４節５），「視聴覚的実演に関する北京条約」（北京条

9)　後述するローマ条約22条も，実演家，レコード製作者及び放送機関の保護に関して同様の内容を定めている。

10)　その他，オリンピック・シンボルを，国際オリンピック委員会の許諾なしに，商業目的で使用することを禁止する，「オリンピック・シンボルの保護に関するナイロビ条約」がある。わが国は未加入である。

約⇒第 8 章第 4 節 6）がある[11)]。

(b)　世界的保護システム条約とは，１つの国際的な出願ないし登録が関連する締約国のいずれにおいても効力を有することを確保する条約を指す。

これに含まれる条約として，本書で詳しく説明する，特許に関する「特許協力条約」（PCT⇒第 4 章），商標に関する「標章の国際登録に関するマドリッド協定議定書」（マドリッド協定議定書⇒第 5 章），意匠に関する「意匠の国際登録に関するハーグ協定のジュネーブ改正協定」（⇒第 6 章）のほか，「特許手続上の微生物の寄託の国際的承認に関するブダペスト条約」（ブダペスト条約），「原産地名称の保護及び国際登録に関するリスボン協定」（リスボン協定）がある。

(c)　分類条約とは，発明等に関する情報を検索しやすいように体系化する分類システムを構築する条約を指す。

これには，特許に関する「国際特許分類に関するストラスブール協定」，意匠に関する「意匠の国際分類を定めるロカルノ協定」，商標に関する「標章の登録のための商品及びサービスの国際分類に関するニース協定」がある[12)]。

(3)　虚偽の又は誤認を生じさせる原産地表示の防止に関するマドリッド協定

「虚偽の又は誤認を生じさせる原産地表示の防止に関するマドリッド協定」（マドリッド原産地表示協定）は，1891 年に締結され，その後に数度の改正を経ている。わが国は 1953 年に加入した。

同協定１条により，同協定が適用される国又はその中にある場所を原産国又は原産地として直接又は間接に表示している虚偽の又は誤認を生じさせる表示を有するすべての生産物は，各締約国において輸入の際における差押え，輸入禁止が行われる。

(4)　特許法条約

特許法条約[13)]（PLT）は，国内の特許出願手続の統一化・簡素化により，出

11）　その他，衛星により地球上のある地点から他の地点へ中継送信される番組伝送信号の盗用を防止することを目的とする，「衛星により送信される番組伝送信号の伝達に関する条約」がある。わが国は未加入である。

12）　その他，「標章の図形要素の国際分類を定めるウィーン協定」がある。わが国は未加入である。

13）　Patent Law Treaty.

願人の負担の軽減を図るための条約であり，2000年にジュネーブで採択された。わが国は，2016年に加入した。

⑸　商標法条約

商標法条約[14]（TLT）は，国内の商標登録手続の簡素化・調和を図ることを目的とした条約であり，1994年にジュネーブで採択された。わが国は，1997年に加入した。同条約15条は，パリ条約の規定で標章に関するものの遵守義務を定めている。

また，この条約を改正する「商標法に関するシンガポール条約」が，2006年にシンガポールで採択された。わが国は，2016年に加入した。

⑹　集積回路についての知的所有権に関する条約

「集積回路についての知的所有権に関する条約」[15]（IPIC条約，ワシントン条約）は，半導体集積回路の回路配置の保護に関する条約であり，1989年にワシントンで採択された。

この条約は未発効である。もっとも，TRIPS協定35条は，WTO加盟国に対して，この条約の実体規定に従った保護を与えることを義務づけている（⇒第3章第3節6）。

⑺　盲人，視覚障害者その他の印刷物の判読に障害のある者が発行された著作物を利用する機会を促進するためのマラケシュ条約

「盲人，視覚障害者その他の印刷物の判読に障害のある者が発行された著作物を利用する機会を促進するためのマラケシュ条約」[16]（マラケシュVIP条約）は，視覚障害者等による発行された著作物の利用を促進するために，著作権の制限・例外を設けるとともに，この制限・例外の適用により作成された著作物の複製物を締約国間で交換する体制を整備する条約であり，2013年にマラケシュで採択された。わが国は，2018年に加入した。

14）Trademark Law Treaty.

15）Treaty on Intellectual Property in Respect of Integrated Circuits.

16）Marrakesh Treaty to Facilitate Access to Published Works for Persons Who Are Blind, Visually Impaired, or Otherwise Print Disabled.

⑻　特許手続上の微生物の寄託の国際的承認に関するブダペスト条約

「特許手続上の微生物の寄託の国際的承認に関するブダペスト条約」（ブダペスト条約）は，締約国が，いずれかの国際寄託当局に対する微生物の寄託を自己の特許手続上の寄託として承認することを定める条約である。1977 年にブダペストで採択された。わが国は，1980 年に加入した。

⑼　原産地名称の保護及び国際登録に関するリスボン協定

「原産地名称の保護及び国際登録に関するリスボン協定」（リスボン協定）は，原産地名称の保護に関する条約であり，締約国の官庁の請求に応じて，国際事務局が登録した原産地名称が，他の締約国においても保護されるとするものである。1958 年にリスボンで採択され，その後，1967 年，1979 年，2015 年に改正された。わが国は未加入である。

第３節　TRIPS 協定とその後の動向

POINT

◆　TRIPS 協定は，1994 年に，WTO 設立協定の附属書 1C として成立した。同協定は，WTO が管理する。

◆　TRIPS 協定以後の動きとして，先進国は，二国間・複数国間の FTA あるいは EPA において，TRIPS 協定を上回る知的財産の保護水準を義務づけることを積極的に行っている。

１　知的所有権の貿易関連の側面に関する協定（TRIPS 協定）

「知的所有権の貿易関連の側面に関する協定」（TRIPS 協定）は，1994 年にマラケシュで採択された WTO 設立協定の附属書 1C であり，WTO 加盟国はこの協定を遵守しなければならない。わが国は，設立当初から WTO 加盟国である。TRIPS 協定は，WTO が管理している。

TRIPS 協定は，内国民待遇原則（TRIPS 協定３条）とともに，最恵国待遇原則（同協定４条）を定めている。最恵国待遇原則とは，他の国の国民に与える有利な待遇は，他の加盟国の国民に対し即時かつ無条件に与えなければならないとするものである。また，パリ条約遵守義務（同協定2条1項），ベルヌ条約遵守義務（同協定9条1項）を定め，そのうえで，これらの条約よりも高い水準の保護を義務づけている。いわゆる「パリ条約プラス・アプローチ」，「ベルヌ条約プラス・アプローチ」である。さらに，加盟国による条約違反に対してWTOの紛争解決手続の利用を可能としている。

詳細は，第3章「知的所有権の貿易関連の側面に関する協定（TRIPS協定）」を参照。

2　TRIPS協定以後の動向

(1)　概　説

TRIPS協定は，知的財産の国際的な保護水準を高度なものとした。これに対して，知的財産の保護制度が自国経済の発展に役立っていないとして，開発途上国からの保護強化に反対する主張が強くなっている。そのため，TRIPS協定以後，WTOの場における多国間交渉は停滞している。

他方，先進国は，二国間・複数国間の自由貿易協定（FTA）あるいは経済連携協定（EPA）において，知的財産に関する規定を設け，TRIPS協定を上回る知的財産の保護水準（「TRIPSプラス」と呼ばれる）を義務づけることを積極的に行っている[17)]。わが国も，多くの二国間・複数国間のFTA／EPAを締結し，日ASEAN包括的経済連携を除き，知的財産に関する規定を設けている[18)]。

(2)　環太平洋パートナーシップに関する包括的及び先進的な協定

近時発効したFTA／EPAとしては，環太平洋地域の11か国間で締結された「環太平洋パートナーシップに関する包括的及び先進的な協定」（TPP11協定，CPTPP），EUとの間で締結された「日EU経済連携協定」（日EU・EPA），イギリスとの間で締結された「日英包括的経済連携協定」（日英EPA），中国・

17)　鈴木將文「地域貿易協定（RTAs）における知的財産条項の評価と展望」経済産業研究所ディスカッション・ペーパー08-J-005（2008年）〈http://www.rieti.go.jp/jp/publications/dp/08j005.pdf〉参照。

18)　経済産業省通商政策局編・前掲注7）第Ⅲ部第4章，小山隆史「ビジネスと経済連携協定（EPA）の知的財産分野の合意」知管69巻1号（2019年）5頁参照。

韓国・オーストラリア・ニュージーランド・ASEAN10か国との間で締結された「地域的な包括的経済連携協定」[19]（RCEP協定）がある。これらのうち，様々な知的財産法の法改正を生じさせたTPP11協定を紹介する。

わが国を含む環太平洋地域の12か国[20]において，商品，サービス，投資の自由化を進めるとともに，様々な分野で新しいルールを構築するための条約交渉が行われ，2016年に「環太平洋パートナーシップ協定」（TPP12協定）が署名された。しかしながら，この協定は，その後にアメリカが離脱したため，発効することができなくなった。そこで，残る11か国でこの協定の一部の規定の発効を停止した新たな協定が交渉され，その結果，TPP11協定として合意され，2018年に同協定が発効した。同協定第18章は知的財産分野を対象としたものであり，全11節83条で構成され，TRIPSプラスの規定を有している[21]。

わが国では，TPP12協定署名を受けて，平成28（2016）年に「環太平洋パートナーシップ協定の締結に伴う関係法律の整備に関する法律」（TPP12整備法）が制定された。この法律の施行日は，TPP12協定が日本について効力を生ずる日となっていたが，TPP11協定が署名されたことを受けて制定された「環太平洋パートナーシップ協定の締結に伴う関係法律の整備に関する法律の一部を改正する法律」（TPP11整備法）により，原則としてTPP11協定が日本について効力を生じる日に改められた。

このようにしてTPP12整備法による，次のような知的財産法の改正が行われた。特許法では，30条における新規性喪失の例外期間が6か月から12か月に延長され、審査遅延があった場合の存続期間の補償のための延長登録制度が新設された（特許67条2項・3項，67条の2～67条の4）。商標法では，商標権侵害に基づく法定損害賠償制度を定める38条4項が新設された[22]。著作権法では，著作者の死後・公表後50年であった著作物等の保護期間が死後・公表後70年に延長され（著作51条2項，52条1項，53条1項，101条2項1号・2号），親

19） Regional Comprehensive Economic Partnership Agreement.

20） オーストラリア，ブルネイ，カナダ，チリ，日本，マレーシア，メキシコ，ニュージーランド，ペルー，シンガポール，米国及びベトナム。

21） TPP11協定について詳しくは，『TPPコンメンタール』（日本関税協会，2019年）。

22） 松田誠司「TPP協定締結に伴う産業財産権法の改正について（上・下）」NBL1094号18頁・1096号48頁（2017年）。

告罪であった著作権等侵害罪が一部非親告罪化され（同法 123 条 2 項・3 項），技術的利用制限手段の回避規制が導入され（同法 2 条 1 項 21 号，113 条 6 項・7 項，120 条の 2 第 1 号・第 2 号），配信音源の二次使用に対する使用料請求権が付与され（同法 95 条 1 項），著作権等侵害に基づく法定損害賠償制度を定める 114 条 4 項が新設された[23]。

23）文化庁長官官房著作権課「環太平洋パートナーシップ協定の締結に伴う関係法律の整備に関する法律（平成 28 年）による著作権法の一部改正の解説」L&T 78 号（2018 年）39 頁。

第 2 章 工業所有権の保護に関するパリ条約（パリ条約）

第1節　パリ条約の概要

POINT

◆　工業所有権の保護に関するパリ条約（パリ条約）は，工業所有権を国際的に保護することを目的とする条約であり，1883 年に採択され，その後，数度の改正を経ている。

1　概　　説

工業所有権の保護に関するパリ条約（パリ条約）は，工業所有権（産業財産権）を国際的に保護することを目的とする条約であり，国際的な工業所有権の保護体制の根幹をなすものである。1883 年に採択され，その後，数度の改正を経ている。最新のストックホルム改正条約は，1967 年に採択された。2023 年 1 月現在，177 か国が加盟している。わが国は，1899 年に加盟し，ストックホルム改正条約には 1975 年に加入した。

パリ条約が適用される国は，工業所有権の保護のための同盟を形成すると規定されている（1 条 1 項）[1)]。この同盟はパリ同盟と呼ばれ，この条約の締約国は同盟国（以下「パリ同盟国」ということがある）と呼ばれている。パリ条約の管理業務は，WIPO（世界知的所有権機関）が行う。

パリ条約は開放条約であり，同盟に属しないいずれの国も，加入書を WIPO 事務局長に寄託することにより，同盟国となることができる（21 条 1 項）。また，

1)　ボーデンハウゼン 14～15 頁は，パリ条約が同盟を形成することは，その目的を遂行する機関を持つ国際法上の法人を設立し，また，様々な改正条約に加入している国々を互いに結びつけるという効果を有すると述べる。

パリ条約は新旧併存条約であり，同盟国は最新の改正条約に加入しないままでいることができる。ただし，最新のストックホルム改正条約が全体として効力が生じた後は，いずれの国も，従前の改正条約に加入することができない（23条）。

わが国は，パリ同盟国に対して，パリ条約が定める義務を負うことは当然であるが，TRIPS 協定２条１項においてパリ条約遵守義務が定められているため（⇒第３章第２節３），WTO 加盟国に対しても同等の義務を負うことになる。また，商標法条約（⇒第１章第２節３(5)）15 条は，「締約国は，パリ条約の規定で標章に関するものを遵守する」と規定しているため，商標法条約の締約国に対して，パリ条約が定める標章に関する義務と同等の義務を負うこととなる。

さらに，パリ条約では，商標とサービス・マークは別の概念とされており，同条約が商標に関して定める義務はサービス・マークには及ばないと解されるが，商標法条約 16 条は，パリ条約の商標に関する規定をサービス・マークについて適用する旨を規定しているので，わが国は，商標法条約の締約国との関係では，パリ条約が定める商標に関する義務をサービス・マークに関しても履行しなければならない。

２　パリ条約の沿革

パリ条約は，1883 年にパリで採択された。19 世紀後半に，技術が急速に発展し，また国際貿易が増加したことより，国際的な工業所有権の保護の必要性が強く認識されるようになった。そして，特に，国際博覧会に出品される発明品の保護が十分でないことが契機となって，多国間条約策定の議論が行われた。当初は，工業所有権の統一法条約の理想も掲げられたが，各国の利害対立から，結局，内国民待遇という外人法上の原則のほか，若干の実質法的統一規定を定めるにとどまった[2)]。その後，1900 年にブラッセルで，1911 年にワシントンで，1925 年にヘーグで，1934 年にロンドンで，1958 年にリスボンで，及び 1967 年にストックホルムで改正されている。1980 年から第 9 回改正会議が開催されたが，自国への技術移転の促進等のためにパリ条約の諸原則を変更しようと

2）パリ条約成立の経緯については，ラダス（豊崎光衛＝中山信弘監修）『ラダス国際工業所有権法 1』（AIPPI・JAPAN，1980 年）53 頁以下，木棚照一『国際知的財産法』（日本評論社，2009 年）38〜46 頁参照。

する開発途上国側と先進国側の間で激しい南北対立が生じ，それにより膠着状態に陥ってしまい，同条約の改正は極めて困難な状況にある。

3　パリ条約の保護対象

パリ条約が対象とする「工業所有権の保護」とは，「特許，実用新案，意匠，商標，サービス・マーク，商号，原産地表示又は原産地名称及び不正競争の防止に関するもの」であり（1条2項），「工業所有権の語は，最も広義に解釈するものとし，本来の工業及び商業のみならず，農業及び採取産業の分野並びに製造した又は天然のすべての産品（例えば，ぶどう酒，穀物，たばこの葉，果実，家畜，鉱物，鉱水，ビール，花，穀粉）についても用いられる」（同条3項）と規定されている。また，1条4項は，「特許には，輸入特許，改良特許，追加特許等の同盟国の法令によつて認められる各種の特許が含まれる」と規定している。

もっとも，同盟国は，工業所有権の保護として列挙されているものをすべて保護することが義務づけられているわけではなく，別に保護を義務づけている規定（例えば，意匠の保護に関する5条の5，サービス・マークの保護に関する6条の6）に反しない限り，保護するかどうか，どのような条件で保護するかを自由に決定することができる。ただし，同盟国が与えることとした工業所有権の保護については，パリ条約が規定する内国民待遇原則（2条⇒本章第2節**2**）等に従わなければならない。

4　パリ条約の規定の構造

パリ条約は，その保護対象に関する規定の次に，重要な原則として，内国民待遇原則（2条），優先権制度（4条），特許独立の原則（4条の2）を定めている（⇒本章第2節）。その後に，それぞれの工業所有権の保護に関する実体的な規定，国際公法・管理的性格の規定を設けている。

同条約の実体的な規定が規律する範囲は狭いものであり，同盟国が工業所有権の保護について自由に決定することのできる範囲は相当に広い。保護を強化するためには，条約改正が必要であるが，それができない場合であっても，同盟国は工業所有権の保護に関し2国間条約あるいは多国間条約を締結することができる。この点につき，19条は，「同盟国は，この条約の規定に抵触しない限り，別に相互間で工業所有権の保護に関する特別の取極を行う権利を留保する」と規定している。

第２節　パリ条約の基本原則

POINT

- パリ条約が定める重要な原則として，①内国民待遇原則，②優先権制度，③特許独立の原則がある。
- 内国民待遇原則とは，外国人に自国民と同等の待遇を与えるというものである。
- 優先権制度とは，同盟国においてされた最初の出願（第１国出願）により発生した優先権を主張して，同一の対象について一定の期間（優先期間）内に他の同盟国において後の出願（第２国出願）がされた場合に，第２国出願について，第１国出願の時になされたのと同様の利益を与えるものである。
- 特許独立の原則とは，各国の特許が相互独立であるとするものである。

１　概　　説

パリ条約が定める重要な原則として，内国民待遇原則（2条），優先権制度（4条），特許独立の原則（4条の2）がある。特許独立の原則は，実用新案や意匠にも当てはまると解されている。商標に関しては，6条に商標独立の原則が定められている。

２　内国民待遇原則

(1)　概　説

国家が，工業所有権の保護に関し，外国人をどのように取り扱うかは原則的に自由に決定することができると解されるが，自国民よりも不利に取扱うとすると，国際的な工業所有権の保護が十分に行われないこととなる。そこで，パリ条約２条１項は，「各同盟国の国民は，工業所有権の保護に関し，この条約で特に定める権利を害されることなく，他のすべての同盟国において，当該他の同盟国の法令が内国民に対し現在与えており又は将来与えることがある利益を享受する。すなわち，同盟国の国民は，内国民に課される条件及び手続に従う限り，内国民と同一の保護を受け，かつ，自己の権利の侵害に対し内国民と同一の法律上の救済を与えられる」と規定して，同盟国の国民に対して自国民と同等の待遇を与えるという内国民待遇原則を定めている。

⑵　内国民待遇を受けることができる者

内国民待遇を受けることができるのは，同盟国の国民である。同盟国の国民が保護が請求される国に住所又は営業所を有することを，工業所有権を享受する条件とすることはできない（2条2項）。また，非同盟国の国民であっても，「いずれかの同盟国の領域内に住所又は現実かつ真正の工業上若しくは商業上の営業所を有するもの」は，同盟国の国民とみなされることから（3条），そのような者も，同盟国において自国民と同等に取り扱われる[3)4)]。

同盟国の国民であるかどうかは，自然人の場合には，その国籍によって決定される。法人の場合については，パリ条約は規定していないため，同盟国の裁量に委ねられていると解される。

⑶　同盟国の国民に付与される待遇

同盟国の国民は，「他の同盟国の法令が内国民に対し現在与えており又は将来与えることがある利益」を享受する。「同盟国の法令」とは，国際条約を含まない国内法令を意味すると解されている。そのため，一部の同盟国間で特別の取極が行われ（19条参照），その取極の利益を受ける者を当該同盟国の国民に限定することは内国民待遇原則に反しない。

ただし，「この条約で特に定める権利を害されることなく」と規定されており，同盟国は，「この条約で特に定める権利」を，自国民に対して与えていない場合であっても，他の同盟国の国民に対しては付与しなければならない。

---

3)　ボーデンハウゼン23頁は，工業所有権の共同出願人又は共有者の一部が同盟国の国民でない場合には，「同盟国はこの条約の利益をうける資格のないものにはこの条約を適用する義務を負わないので，この条約の適用は主張できないことになる」と述べる。

4)　無国籍者をどのように取り扱うかは，同盟国の自由であると解されるが，わが国における取扱いについては，後掲注6）参照。

「この条約で特に定める権利」とは，例えば，優先権（4条）や商号の保護（8条）である。

⑷　内国民待遇を受ける条件

同盟国の国民が内国民待遇を受けるためには，「内国民に課される条件及び手続」に従わなければならない。そうでないと，国は自国民よりも外国人を優遇することを強いられることとなる。「条件」とは実体的な要件を，「手続」とは形式的な要件を指すようであるが，両者を区別する意味はない。

また，円滑な手続のために，司法上・行政上の手続，裁判管轄権，住所の選定，代理人の選任については，各同盟国の法令の定めるところによると規定されている（2条3項）。

⑸　わが国法との関係

わが国特許法25条（実用2条の5第3項，意匠68条3項，商標77条3項が準用）は，「日本国内に住所又は居所（法人にあつては，営業所）を有しない外国人」の特許権その他特許に関する権利の享有を，「その者の属する国において，日本国民に対しその国民と同一の条件により特許権その他特許に関する権利の享有を認めているとき」（1号），「その者の属する国において，日本国がその国民に対し特許権その他特許に関する権利の享有を認める場合には日本国民に対しその国民と同一の条件により特許権その他特許に関する権利の享有を認めることとしているとき」（2号），「条約に別段の定があるとき」（3号）に限っている。

パリ条約の内国民待遇原則は，25条3号の別段の条約の定めに当たる[5)]。もっとも，特許法26条が「特許に関し条約に別段の定があるときは，その規定による」と規定しているため（実用2条の5第4項，意匠68条4項，商標77条4項が準用），25条3号は確認的な規定である[6)]。

パリ条約2条3項に関わる規定として，特許法8条1項（実用2条の5第2項，意匠68条2項，商標77条2項が準用）は，在外者（「日本国内に住所又は居所（法人にあつては，営業所）を有しない者」）は，政令で定める場合[7)]を除き，特許管理人（「その者の特許に関する代理人であつて日本国内に住所又は居所を有するもの」）によらなければ，手続をし，又はこの法律・この法律に基づく命令の規定により行政庁がした処分を不服として訴えを提起することができないと規定している。

また，在外者を被告として訴訟を提起する原告の便宜のために，特許法15条（実用2条の5第2項，意匠68条2項，商標77条2項が準用）は，「在外者の特許権その他特許に関する権利については，特許管理人があるときはその住所又は居所をもつて，特許管理人がないときは特許庁の所在地をもつて民事訴訟法……第5条第4号の財産の所在地とみなす」と規定している。

３　優先権制度

⑴　概　説

複数の国で工業所有権を取得するためには，各国ごとに工業所有権の出願手続を行う必要がある。しかしながら，その手続は各国において同一ではなく，また手続に用いられる言語も異なるため，複数の国での出願を同時に行うことは困難である。そのため，ある国で最初に特許出願してから別の国において特許出願するのには時間がかかり，その間に当該発明が公開されたり，他人によって同一発明の特許出願が行われると，別の国で特許を取得することができなくなってしまう。そこで，複数の国において出願をする際の時間的な不利を解消し，工業所有権の取得を容易にするために，パリ条約4条は優先権制度を設

5)　わが国が承認していない国（未承認国）がパリ条約に加入した場合，当該国の国民を保護する義務を負うかどうかについては，中山信弘＝小泉直樹編『新・注解 特許法（上巻）』（青林書院，2011年）211頁［駒田泰土］参照。北朝鮮在住の北朝鮮国籍を有する者が行った特許協力条約（PCT）に基づく国際出願に関する裁判例であるが，知財高判平成24年12月25日判時2221号94頁は，「一般に，我が国について既に効力が生じている多数国間条約に未承認国が事後に加入した場合，当該条約に基づき締約国が負担する義務が普遍的価値を有する一般国際法上の義務であるときなどは格別，未承認国の加入により未承認国との間に当該条約上の権利義務関係が直ちに生ずると解することはできず，我が国は，当該未承認国との間における当該条約に基づく権利義務関係を発生させるか否かを選択することができるものと解するのが相当である（最高裁平成23年12月8日第一小法廷判決・民集第65巻9号3275頁）」として，わが国と北朝鮮との間にPCTに基づく権利義務は生じず，わが国は本件国際出願をPCT上の国際出願として取り扱うべき義務を負うものではないと判断した。なお，25条1号・2号の「国」には，未承認国も含まれると解されている（最判昭和52年2月14日判時841号26頁）。

6)　無国籍者について，特許庁「方式審査便覧」01.60は，「無国籍人であって日本国内に住所又は居所を有する者及びパリ条約の同盟国又は世界貿易機関の加盟国中の一国の領域内に住所若しくは居所を有する者は，特許権その他特許に関する権利を享有することができるものと解する（商標については，商標法条約の締約国を含む。）。」と定めている。

7)　「特許管理人を有する在外者（法人にあつては，その代表者）が日本国に滞在している場合」，「在外者が特許出願……その他経済産業省令で定める手続を自ら行う場合」等である。特許法施行令1条。

けている。

優先権制度とは，発明，考案，意匠又は商標に関し，同盟国においてされた最初の出願（第１国出願）により発生した優先権を主張して，同一の対象について一定の期間（優先期間）内に他の同盟国において後の出願（第２国出願）がされた場合に，第２国出願について，第１国出願の時になされたのと同様の利益を与えるものである。優先権は第１国出願によって発生するのであるが，それだけでは観念的（潜在的）な利益にとどまり，優先期間内に第２国出願をする際に，これを主張することによって初めて現実的な効果を生じる。そして，優先権は，その効果の発生によって目的を達成し，その後は第２国出願に吸収され，その一部となる。

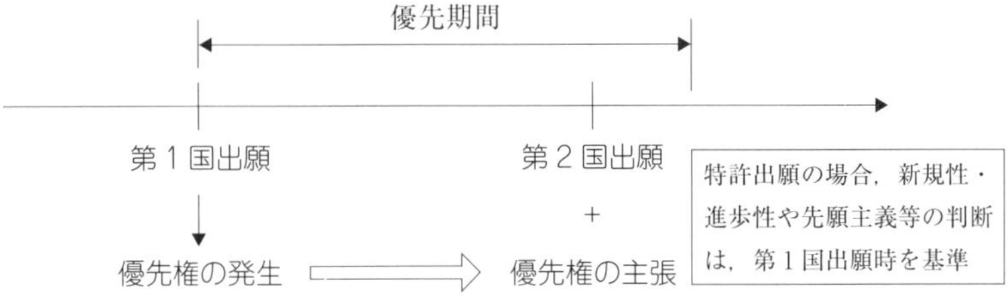

(2)　優先権の発生

優先権は，いずれかの同盟国において正規になされた最初の「特許出願若しくは実用新案，意匠若しくは商標の登録出願」によって発生する（4条Ａ1項参照）。

すなわち，優先権の主張の基礎となり得る出願は，まず，①いずれかの同盟国における正規の出願でなければならない。正規の国内出願であるかどうかは，出願がされた同盟国の国内法令で定められ，さらに，同盟国の間で締結された２国間又は多数国間条約による出願を正規の国内出願であるとすることができる（4条Ａ2項）。多数国間条約によって正規の国内出願とされるものとしては，例えば，特許協力条約に基づく国際出願（同条約11条4項⇒第4章第2節４(4)），意匠の国際登録に関するハーグ協定のジュネーブ改正協定に基づく国際出願（同協定6条2項⇒第6章第2節８）がある。

また，「正規の国内出願とは，結果のいかんを問わず，当該国に出願をした日付を確定するために十分なすべての出願をいう」と規定されており（4条Ａ

3項)，正規の出願であるためには，保護を受ける要件を満たすものである必要はなく，出願日を確定することができるものであれば足りる。そのような出願が行われれば，その後に拒絶されたり，出願人によって取下げや放棄がされても，優先権が消滅することにはならない。

次に，②出願は，特許出願，実用新案登録出願，意匠登録出願又は商標登録出願のいずれかである（なお，4条I参照)。パリ条約では，商標とサービス・マークは別個の概念とされているので，サービス・マークの出願については，同盟国は優先権の発生を認めることを義務づけられない（なお，TRIPS協定62条3項参照)。もっとも，同盟国が自己の判断により優先権の発生を認めることは自由である。

さらに，③出願は，いずれかの同盟国において正規にされた最初の出願でなければならない。最初の出願であることは，4条A1項には定められていないが，同一の対象について2番目以降の出願も優先権の主張の基礎となるとするならば，優先権の累積的発生を許すこととなり，優先期間を定めた意味が失われることになるからである。実際，4条C2項は，「優先期間は，最初の出願の日から開始する」と規定している。したがって，同盟国において出願されたのと同一の対象について，同一の同盟国あるいは他の同盟国において再びされた出願は，優先権を発生させない。

ただし，最初の出願に不備があるような場合に，その出願しか優先権の主張の基礎とすることができないとすると，出願人に酷となることがある。そのため，一定の条件が満たされる場合に，後の出願を優先権の主張の基礎とすることができる。その条件とは，ⓐ後の出願が，先の出願と同一の対象について同一の同盟国においてされたこと，ⓑ先の出願が，(i)公衆の閲覧に付されないで，(ii)いかなる権利をも存続させないで，(iii)後の出願の日までに取り下げられ，放棄され又は拒絶の処分を受けたこと，ⓒ先の出願が，まだ優先権の主張の基礎とされていないこと，である。この場合，後の出願が「最初の出願とみなされ，その出願の日は，優先期間の初日とされる。この場合において，先の出願は，優先権の主張の基礎とすることができない」(4条C4項)。

また，最初の出願によって発生した優先権が主張された後の出願であっても，最初の出願に含まれていなかった構成部分については，優先権が発生する（4条F後段)。この点は，後述する[8]。

(3)　優先権を有する者

優先権を有するのは，第１国出願の出願人又はその承継人である（4条A１項参照）。これらの者は，この条約の利益を受けることができる者であることを要するとの理由から，同盟国の国民（3条により同盟国の国民とみなされる者を含む）でなければならないと解されている[9]。ここでいう「承継人」とは，第１国出願によって発生した優先権を承継した者という意味であり，第１国出願の出願人である地位が移転したかどうかは関係ない。

ただし，同盟国の国民でなければならないのは，第１国出願の出願時及び，優先権が主張される第２国出願の出願時における出願人であり，第１国出願と第２国出願の間に非同盟国の国民が優先権を承継していても構わない。

なお，同盟国が国内法令で非同盟国の国民が優先権を有することを認めることは自由である。また，自国民による自国出願について，先の外国出願によって発生する優先権の主張を認めることも自由である。

(4)　優先権の対象

(a)　**対象の同一性**　　優先権は第１国出願によって発生するのであるから，優先権が主張される第２国出願の対象は，第１国出願の対象と同一でなければならない。もっとも，対象の同一性は，特に特許の場合には，各同盟国の国内法令が同一でないことから，厳格に解すると優先権制度が十分に利用できなくなってしまう。そのため，対象の同一性の判断には一定の柔軟性が認められている。

4条Hは，「優先権は，発明の構成部分で当該優先権の主張に係るものが最初の出願において請求の範囲内のものとして記載されていないことを理由としては，否認することができない。ただし，最初の出願に係る出願書類の全体により当該構成部分が明らかにされている場合に限る」と規定している。すなわち，第２国の特許出願について優先権の主張の効果が生じるためには，優先権の主張がされた発明の構成部分は，第１国出願の出願書類全体により開示され

8)　優先権の主張の基礎となる出願（第１国出願）は，次に述べるように，同盟国の国民（3条により同盟国の国民とみなされる者を含む）が出願したものでなければならないと解されている。

9)　ボーデンハウゼン32頁。

ていれば足りるのであり，当該出願の請求の範囲に記載されている必要はないのである。そのような開示がされているかどうかは，第２国の行政機関ないし司法機関が判断する。

したがって，反対に，第１国出願の出願書類全体において，第２国出願における発明の構成部分が開示されていない場合には，優先権の主張の効果は生じないこととなる。また，Ａ国出願において優先権の主張がされた発明の構成部分が，優先権の主張の基礎とされたＢ国出願より前にされたＣ国出願の出願書類の全体により明らかにされている場合には，Ｃ国出願が最初の出願となるため，Ｂ国出願に基づく優先権は認められないこととなる。

(b)　**複数優先・部分優先**　特許出願がされた後に当該発明の改良等が行われる場合があるが，そのような場合に，後の出願の対象とすることができるのが先の出願の対象に限られて，改良発明等を含めることができないとすると，発明を十分に保護することが困難となる。そこで，４条Ｆは，「二以上の優先権（二以上の国においてされた出願に基づくものを含む。）を主張すること」，又は「優先権を主張して行つた特許出願が優先権の主張の基礎となる出願に含まれていなかつた構成部分を含むこと」を認めている。前者は複数優先，後者は部分優先と呼ばれる。

複数優先の例として，甲国における基本発明の出願に基づく優先権と甲国（あるいは乙国）における改良発明の出願に基づく優先権の両方を主張して，丙国において基本発明と改良発明の出願を行うことがある。部分優先の例として，温度条件を1000度～2000度とする丁国出願に基づく優先権を主張して，温度条件を1000度～3000度とする戊国出願を行うことがある。部分優先の場合，優先権の主張の基礎となる出願に含まれていなかった構成部分については（上の例では，温度条件2000度～3000度の部分），後の出願で最初に開示されたものであるから，通常の条件に従い，後の出願が優先権を発生させる。

４条Ｆにより，同盟国は，複数優先や部分優先が主張されていることを理由に，出願を拒絶したり，優先権の主張を否認することはできない。ただし，複数優先や部分優先の主張を伴う出願がされた同盟国の法令上発明の単一性がない場合には，当該同盟国は出願を拒絶することができる。

４条Ｇ１項は，「審査により特許出願が複合的であることが明らかになつた場合」，特許出願人が出願分割をすることができると規定している。複数優先や部分優先が主張された出願について発明の単一性がないことが審査によって明らかになった場合には，出願人は，その対応策として出願分割を行うことができるのである。また，４条Ｇ２項は，特許出願人が自己の発意により出願分割をすることができる旨を規定している。いずれの場合にも，特許出願人は，その分割された各出願の日付としてもとの出願の日付を用い，優先権の利益があるときは，これを保有する旨が定められている。

出願人の発意による出願分割については，分割を認める場合の条件は各同盟国が定めることができると規定されている（４条Ｇ２項）。出願が複合的であることが審査により明らかになった場合の出願分割については，同様の規定はないが，出願分割制度が適切に運用されるために，この場合の出願分割の条件も，同様に各同盟国が定めることができると解される[10)]。

⑸　優先期間

優先権の利益を享受するためには，優先権が主張される第２国出願は，第１国出願から一定期間内に行われなければならない。この期間は優先期間と呼ばれる。優先期間は，その間に他の同盟国における出願の準備を行う出願人の利益と，第１国出願と同一の対象について保護を受けることができなくなる第三者の利益が調和するものでなければならないものであり，４条Ｃ１項は，特許・実用新案については12か月，意匠・商標については６か月と定めている。

ところで，同盟国の国内法制の違いから，第２国出願を第１国出願とは異種の出願とすべき場合がある。４条Ｅ２項は，特許出願に基づく優先権を主張して実用新案登録出願をすること，及び，その反対に実用新案登録出願に基づく優先権を主張して特許出願をすることを認めている。この場合の優先期間は，特許も実用新案も12か月であるから，12か月となろう。

また，４条Ｅ１項は，実用新案登録出願に基づく優先権を主張して意匠登録出願をする場合を示し，その場合の優先期間を「意匠について定められた優先期間」，すなわち６か月と規定している。他方，意匠登録出願に基づく優先権を主張して実用新案登録出願をすることについては，明文の規定はないが，認められると解される。この場合の優先期間は，優先権は第１国出願によって発

10）　後藤211頁。

生するものであり，優先期間は第１国出願の種類によって決定されるのが原則であると考えれば，６か月となろう[11)]。そうだとすると，４条Ｅ１項は例外規定という位置づけとなる[12)]。

優先期間は，最初の出願の日から開始するが，その出願日は期間に算入されない（4条C2項)。

(6)　優先権の主張

優先権の主張においては，最初の出願の日付及びその出願がされた同盟国の国名を明示した申立てをしなければならない。この申立てをいつまでにしなければならないかは，各同盟国が定める（4条Ｄ１項)。上記の日付及び国名は，権限のある官庁が発行する刊行物（特に特許及びその明細書に関するもの）に掲載される（4条Ｄ２項)。優先権の主張があることを公衆に知らせるためである。

また，同盟国は，優先権の申立てをする者に対し，最初の出願に係る出願書類（明細書，図面等を含む）の謄本，及び，最初の出願を受理した主管庁が交付する出願の日付を証明する書面・訳文の提出を要求することができる。これら

11）　ボーデンハウゼン 48 頁，後藤 179 頁。東京高判平成 9 年 7 月 16 日判時 1627 号 135 頁〔笛付キャラメル事件〕は，スペイン国における実用新案登録出願に基づく優先権を主張して，わが国実用新案登録出願をした後，同出願を意匠登録出願に出願変更したという事案において，パリ条約４条Ｅ１項の「規定の趣旨は，同条Ｃ(1)が，第一国出願における出願が特許，実用新案，意匠，商標のいずれに係るものであるかによって，優先期間が定まることを原則としながら，第一国への出願が実用新案登録出願であっても，これに基づく優先権主張の効力を享受するものとしてなされた第二国での出願が意匠としての保護を求める出願である場合には，その優先期間は，同条Ｃ(1)に原則として定められている意匠についての優先期間とすることが相当であるとしたものと解される。この規定の趣旨からすると，優先権を主張してされた第二国への出願が当初は実用新案登録出願であっても，これを意匠登録出願に出願変更し，意匠としての保護を求める出願とした以上，この出願が享受できる優先期間は，同条Ｃ(1)に原則として定められている意匠についての優先期間と解するのが相当である。このように解することは，第一国の実用新案登録出願に基づき，我が国に意匠登録出願をしようとする場合に，一旦実用新案登録出願をして意匠登録出願に出願変更することにより，同条Ｅ(1)の規定するところを実質的に潜脱することを防止する上でも相当である」と述べ，本件では，スペイン国の実用新案登録出願から，わが国の実用新案登録出願までの期間が６か月を超えていたので，出願変更に係る新たな意匠登録出願について，もとの実用新案登録出願についての優先権主張の効力が引き継がれるものとすることはできないと判断した。

12）　特許出願に基づく優先権を主張して意匠登録出願をすること，及び，その反対に意匠登録出願に基づく優先権を主張して特許出願をすることを認めるかどうかは，同盟国の自由であると思われるが，認める場合の優先期間は，前者の場合は４条Ｅ１項を考慮し，いずれの場合も６か月となるであろう。

の書類は，優先権の主張を実体的に審査しようとする場合に必要となるものであり，優先権書類と呼ばれる。ただし，最初の出願を受理した主管庁が認証した謄本には，公証を必要とすることはできず，また，その謄本は，後の出願の日から３か月の期間内においてはいつでも，無料で提出することを認めなければならない（4条D３項）。３か月の期間経過後の謄本の提出には料金の支払いを要求してもよい。

後の出願の際[13]に同盟国が要求することのできる手続は，上記の優先権の主張の申立てと優先権書類の提出に限られ，他の手続を要求することはできない。要求される手続が行われなかった場合にどのような効果が生じるかは同盟国が定めるが，その効果は優先権の喪失を限度とする（4条D４項）。つまり，出願自体を無効にすることはできない。もっとも，優先権の喪失の結果として，新規性等の保護要件が満たされなくなることにより，出願が拒絶される場合があろう。

その後においては，他の証拠書類を要求することができ，最初の出願の番号の明示を要求することが認められる。その番号は，第１国出願の日付及び国名と同様に，権限ある官庁が発行する刊行物に掲載される（4条D５項）。

⑺　優先権の主張の効果

優先権の主張によって生じる効果については，４条Ｂが規定している。

まず，①出願の保護であり，第２国出願が，第１国出願と第２国出願の間に行われた行為によって不利な取扱いを受けない旨が定められている。「行われた行為」の例として，「他の出願，当該発明の公表又は実施，当該意匠に係る物品の販売，当該商標の使用」が挙げられている。行為者は，出願人自身であっても第三者であってもよい。このような行為によって「不利な取扱いを受けない」，つまり，出願が拒絶されたり，権利が無効とされたりしないということであり，わが国特許法でいうと，29条（新規性・進歩性）や39条１項～４項（先願主義）の適用において，優先権が主張された出願は第１国出願の時にされたものとして扱われることになる。

13）「出願の際」とは，出願と同時という意味ではなく，優先権の主張の申立てができ，また優先権書類を提出することができる期間を意味する。ボーデンハウゼン45頁。

次に，②第三者の権利の発生阻止であり，第１国出願と第２国出願の間に行われた行為は，「第三者のいかなる権利又は使用の権能をも生じさせない」。わが国特許法でいうと，そのような行為によって，例えば，先使用権（特許79条）が発生しないということである。なお，第１国出願の日前に第三者が取得した権利に関しては，優先権とは無関係であるから，各同盟国の国内法令が定める（4条B第2文）。

(8) わが国法との関係

(a) **優先権の主張の手続・効果**　特許出願における優先権の主張の手続については，特許法43条が規定している。

優先権の主張の効果については，前述したように，29条（新規性・進歩性），39条（先願主義），79条（先使用権）に関しては，第１国出願の日が基準日となる。69条２項２号（特許出願の時から日本国内にある物），72条（利用関係）に関しても，第１国出願からわが国出願までの間の行為によって第三者の権利・使用の権能を生じさせないようにするために，同様に解される。これに対して，特許権の存続期間（特許67条１項）に関しては，パリ条約４条の２第５項により，わが国出願の日が基準日となることは明らかであり，出願審査請求可能期間（特許48条の３第１項），新規性喪失の例外（特許30条）[14] に関しても，同様であろう。

29条の２（拡大先願）に関しては，優先権が主張される出願が同条本文により拒絶されるかどうかの判断においては，29条や39条と同様に，第１国出願の日が基準時となる。したがって，わが国出願の日前に他の出願がなされ，わが国出願の後に当該他の出願の出願公開が行われても，第１国出願が当該他の出願より前になされたものである場合には，29条の２によって拒絶されることはない。また，他の出願が優先権の主張を伴う場合に先願に当たるかどうかの判断においても，裁判例は，「先願としての地位の基準日（後願排除の基準日）は，パリ条約第４条Ｂ項及び特許法第26条の規定により優先権主張日（第一国出願日）を指す」と解している[15]。

14） 東京高判平成９年３月13日知的裁集29巻１号434頁〔血液泥化によって誘発される疾病用治療剤事件〕。

104条（生産方法の推定）に関しては，同条の「特許出願」をわが国出願と解しても，それによって第三者の権利・使用の権能を生じさせるとはいえないように思われるが，裁判例は，パリ条約４条Ｂに基づき，第１国出願の日を基準時と解している[16)]。

(b)　**パリ条約の例による優先権主張**　パリ条約は同盟国の国民がいずれかの同盟国においてなした出願に基づく優先権を規定するものである。TRIPS協定は，WTO加盟国に対して，パリ条約遵守義務（2条1項），内国民待遇（3条）及び最恵国待遇（4条）を義務づけているため，特許法43条の3において，どのような者がいずれの国でなした出願に基づいて，パリ条約の例による優先権を主張することができるかが明確に規定されている。この優先権の主張は，パリ条約４条の規定の例によるものであり，その条件や効果は同条に定められているところに従う。また，特許法43条が準用されており（特許43条の3第3項），このパリ条約の例による優先権の主張の手続も，パリ条約による優先権の主張の手続と同様である。

43条の３第１項は，特許出願について，①日本国民又はパリ同盟国の国民（パリ条約3条によりパリ同盟国の国民とみなされる者を含む）は，WTO加盟国においてした出願に基づく優先権を主張でき，② WTO加盟国の国民は，パリ同盟国又はWTO加盟国においてした出願に基づく優先権を主張することができると規定している。

また，パリ同盟国でもWTO加盟国でもない国における出願についても，相互主義の観点から優先権の主張を認めることとされ，43条の３第２項は，特許出願について，そのような国であって，「日本国民に対し，日本国と同一の条件により優先権の主張を認めることとしているものであつて，特許庁長官が指定するもの」（特定国）の国民が，その特定国においてした出願に基づく優先

15）　東京高判昭和63年9月13日無体裁集20巻3号401頁〔電導性織物繊維およびその製造方法事件〕。東京高判平成2年7月19日無体裁集22巻2号402頁〔塩化ビニルの水性懸濁重合法事件〕も同旨。逐条93頁も，パリ条約４条Ｂに基づき，第１国出願日となると解するようである。

16）　東京地判昭和46年11月26日無体裁集3巻2号367頁〔ビタミンB6―ジサルファイドの製法事件〕，東京地判昭和47年7月21日無体裁集4巻2号433頁〔抗生物質テトラサイクリンの製法事件〕，東京地判昭和47年9月27日判タ288号277頁〔メトカルバモール事件〕。近時の知財高判令和4年2月9日（令和2年（ネ）10059号）〔エクオール含有抽出物事件〕も同様である。

権を主張することができると定めている。日本国民・パリ同盟国の国民・WTO加盟国の国民も，特定国においてした出願に基づく優先権を主張することができる[17]。

以上のことは，実用新案登録出願・意匠登録出願についても同様である（実用11条1項，意匠15条1項）。

商標登録出願については，商標法条約15条がパリ条約の標章に関する規定の遵守義務を規定していることから，①日本国民又はパリ同盟国の国民（パリ条約3条によりパリ同盟国の国民とみなされる者を含む）は，WTO加盟国又は商標法条約の締約国においてした出願に基づく優先権を主張でき，② WTO加盟国の国民又は商標法条約の締約国の国民は，パリ同盟国，WTO加盟国又は商標法条約の締約国においてした出願に基づく優先権を主張することができる（商標9条の3）。特定国における出願に関しては，特定国には商標法条約の締約国が含まれず，また商標法条約締約国の国民が特定国においてした出願に基づく優先権を主張することができることを除き，特許出願とほぼ同じである（商標13条）。なお，商標法9条の2は，パリ条約の例により，サービス・マークの登録出願に基づく優先権を主張することができることを規定している。

(c)　**国内優先権**　　パリ条約による優先権は，ある同盟国における出願と他の同盟国における出願の関係を規律するものであり，同一の同盟国における2つの出願の関係に関わるものではない。そのような関係の規律は，各国が自由に決めることができる。

わが国では，パリ条約による優先権において認められている，1つの出願に複数の出願に含まれている発明をまとめたり，先の出願に含まれていない発明を追加するという効果を，国内出願同士の間でも実現できるようにするために，国内優先権制度が設けられている（特許41条）。

---

17)　また，特許法43条の2第1項は，パリ条約による優先権を主張しようとしたにもかかわらず，優先期間内に特許出願をすることができなかった者は，経済産業省令で定める期間内に経済産業省令で定めるところによりその出願をしたときは，原則として，パリ条約の例による優先権を主張することができる旨を規定している。なお，43条の3第3項は，43条とともに43条の2も準用している。

４　特許独立の原則

(1)　特許の独立

パリ条約４条の２第１項は，「同盟国の国民が各同盟国において出願した特許は，他の国（同盟国であるかどうかを問わない。）において同一の発明について取得した特許から独立したものとする」と規定している。これが，特許独立の原則であり，各国の特許が相互独立であるとするものである。

同盟国は，同盟国の国民が出願した特許の発生や消滅を，同一の発明についての他の国の特許の発生や消滅に従属させること，例えば，他の国の特許が無効になったことを理由として，自国の特許を無効にすることは許されない。「他の国」は，同盟国であるかどうかを問わないから，非同盟国の特許との関係でも従属性を認めることはできない[18)]。この原則により，同一の発明について複数の国において特許権を有する者は，ある国の特許権を維持するために，他の国の特許権を防衛しなければならないという負担から解放されることになる。

仮に従属性を認めようとする場合，優先権の主張の基礎となる出願に係る特許と優先権が主張された出願に係る特許との間で最も認められやすいであろうが，４条の２第２項は，「(1)の規定は，絶対的な意味に，特に，優先期間中に出願された特許が，無効又は消滅の理由についても，また，通常の存続期間についても，独立のものであるという意味に解釈しなければならない」と規定し，明瞭に，優先権に関わる２つの特許であっても独立性を認めなければならないとしている。特許の存続期間については，さらに，同条５項により，優先権の主張がされたかどうかによって存続期間を違えることはできない旨が定められている。

(2)　商標の独立

実用新案と意匠に関しては，明文の規定はないが，４条の２が類推適用されると解される[19)]。これに対して，商標に関しては，６条に商標独立の原則が規

---

18)　ただし，輸入特許（1条4項参照）のような異常な特許については，従属性を認めることは許される。ボーデンハウゼン 57 頁。

19)　後藤 223 頁。

定されている。同条２項は，「同盟国の国民がいずれかの同盟国において登録出願をした商標については，本国において登録出願，登録又は存続期間の更新がされていないことを理由として登録が拒絶され又は無効とされることはない」として，本国における商標権の存立からの独立性が定められている。さらに，同条３項では，「いずれかの同盟国において正規に登録された商標は，他の同盟国（本国を含む。）において登録された商標から独立したものとする」と規定されている。

商標の登録出願・登録の条件は各同盟国において国内法令で定めることができるから（同条１項），商標独立の原則は，本国を含む他の同盟国における商標との従属性を保護の条件にできないという意味で，各同盟国の自由を制限するものということができる。特許独立の原則についても，同様である。

６条は，本国において正規に登録された商標（外国登録商標，テルケルマーク）との従属性を許容する６条の５との関係で設けられたものであるが，６条の５については，後述する（⇒本章第５節**２**）。

⑶　属地主義の原則・並行輸入との関係

(a)　特許独立の原則は，属地主義の原則と混同されることがあるので[20)]，両者の違いについて述べておく。わが国最高裁は，「特許権についての属地主義の原則とは，各国の特許権が，その成立，移転，効力等につき当該国の法律によって定められ，特許権の効力が当該国の領域内においてのみ認められることを意味するものである……。すなわち，各国はその産業政策に基づき発明につきいかなる手続でいかなる効力を付与するかを各国の法律によって規律しており，我が国においては，我が国の特許権の効力は我が国の領域内においてのみ認められるにすぎない」と述べている[21)]。工業所有権については，このような属地主義の原則が支配していると考えられている。そのため，複数の国において工業所有権の保護を受けようとする者は，各国において出願を行って，権利を取得しなければならず，国の数に応じて別個の権利を複数取得することになる。パリ条約は，属地主義の原則に関する明文の規定を有しないが，この原

---

20)　大阪地判昭和44年６月９日無体裁集１巻160頁〔ボーリング用自動ピン立て装置事件〕参照。

21)　最判平成14年９月26日民集56巻７号1551頁〔カードリーダー事件〕。最判平成９年７月１日民集51巻６号2299頁〔ベーベーエス事件〕も参照。

則を前提としていると解される。

特許独立の原則とは，各国において成立した複数の工業所有権がどのような関係に立つかということに関するもので，属地主義の原則とは規律対象を異にするものである。属地主義の原則の下でも，自国における工業所有権の存立を他の国における権利の存立に従属させることは不可能ではないが，特許独立の原則はこれを否定しているのである。

(b)　並行輸入とは，典型的には，外国で製造された商品の輸入について総代理店等のルートがある場合に，外国の市場に置かれた商品を現地で購入したうえで，総代理店等を通さずに輸入することをいう。輸入される商品が知的財産権に関わるものである場合，並行輸入及びその後の国内での販売が輸入国における知的財産権を侵害するかどうかが問題となる。以前は，この場合の侵害判断に当たり輸入される商品の外国での頒布の態様を勘案することは，属地主義の原則や特許独立の原則に反するという見解があった[22)]。これに対して，最高裁は，「我が国の特許権に関して特許権者が我が国の国内で権利を行使する場合において，権利行使の対象とされている製品が当該特許権者等により国外において譲渡されたという事情を，特許権者による特許権の行使の可否の判断に当たってどのように考慮するかは，専ら我が国の特許法の解釈の問題というべきである。右の問題は，パリ条約や属地主義の原則とは無関係であって，この点についてどのような解釈を採ったとしても，パリ条約４条の２及び属地主義の原則に反するものではない」と述べた[23)]。よって，外国での頒布の態様に基づいて，並行輸入が侵害とならないと判断しても，属地主義の原則や特許独立の原則に反することにはならない。

22)　前掲注 20）大阪地判昭和 44 年６月９日。
23)　前掲注 21）最判平成９年７月１日。

第３節　特許に関する規定

POINT

◆　パリ条約における特許に関する規定として，発明者記載権，販売が制限される物に係る発明の特許性，不実施等に対する措置，特許表示等の義務の免除，料金納付の猶予による保護，特許権の侵害とならない場合，物の製造方法の特許の効力，博覧会出品による仮保護がある。

１　概　　説

前節で述べた内国民待遇原則，優先権制度，特許独立の原則は，当然，特許に関係するが，パリ条約における特許に関するその他の規定として，発明者記載権（4条の3），販売が制限される物に係る発明の特許性（4条の4），不実施等に対する措置（5条A），特許表示等の義務の免除（5条D），料金納付の猶予による保護（5条の2），特許権の侵害とならない場合（5条の3），物の製造方法の特許の効力（5条の4），博覧会出品による仮保護（11条）がある。特許表示等の義務の免除，料金納付の猶予による保護及び博覧会出品による仮保護は，特許だけでなく，実用新案，意匠及び商標にも関係するが，便宜上，ここでまとめて述べることとする。

２　発明者記載権

パリ条約4条の3は発明者の人格権に関するもので，「発明者は，特許証に発明者として記載される権利を有する」と規定している。この発明者記載権の行使の手続は，同盟国の国内法令によって定められる。この権利が放棄可能なものかどうかについては，4条の3が規定されたロンドン改正会議の経緯から，国内法令で自由に定めることができると解されている[24)]。

わが国では，発明者の氏名は，出願人が願書に記載し（特許36条1項2号），特許証，特許掲載公報，公開特許公報に掲載されることになっている（特許法施行規則66条4号，特許66条3項3号・64条2項3号）。もっとも，発明者でない

24)　ボーデンハウゼン59頁。

者が発明者として記載されていても，拒絶理由や無効理由とはならず，真の発明者が，発明者の不実記載の場合にどのような請求をすることができるかについても明文の規定はない。この点につき，ある判決[25]は，特許法26条によりパリ条約4条の3がわが国において直接に適用されることを理由に，「発明者は，発明完成と同時に，特許を受ける権利を取得するとともに，人格権としての発明者名誉権を取得する」と解し，「真実は当該発明の発明者でありながら，出願人が特許出願の願書に発明者としてその氏名を記載しなかったために，特許公報や特許証にその氏名が記載されない場合には，真の発明者の発明者名誉権は侵害されたことにな」り，出願手続が特許庁に係属中のものについては，「出願人に対し，願書の発明者の記載を真実の発明者に訂正する補正手続を行うように求める」ことができると述べた[26]。

３　販売が制限される物に係る発明の特許性

パリ条約4条の4は，販売が制限される物に係る発明の保護に関する規定で，「特許の対象である物の販売又は特許の対象である方法によつて生産される物の販売が国内法令上の制限を受けることを理由としては，特許を拒絶し又は無効とすることができない」と規定している。物の販売が制限されていても，将来その制限は撤廃されるかもしれないし，専売品であっても，専売権者は実施できるのであるから，そのような物に係る発明に特許を付与する必要があるからである。

4条の4は物の販売が制限される場合を対象としており，特許の対象である物の生産や特許の対象である方法の使用それ自体が制限を受けている場合には適用されない。これらの場合に特許保護を認めるかどうかは，同盟国の自由である（TRIPS協定27条1項参照⇒第3章第3節２⑵）。

わが国特許法32条は，公序良俗・公衆衛生を害するおそれがある発明は特許を受けることができないと規定している。公序良俗・公衆衛生を害するおそれがある発明に当たるかどうかは，規制法令の有無のみによって決まるのでは

25）　大阪地判平成14年5月23日判時1825号116頁〔希土類－鉄系合金からの有用元素の回収方法事件〕。

26）　茶園成樹「発明者名誉権の検討」土肥一史先生古稀記念論文集『知的財産法のモルゲンロート』（中央経済社，2017年）273頁参照。

なく，法秩序全体に照らして判断されるものであるから，そのような発明の保護を否定することはパリ条約４条の４に反しないであろう。

４　不実施等に対する措置

(1)　パリ条約の規定

特許が付与されても，特許を受けた発明が実施されなければ当該国の産業の発達に十分に寄与しない場合がある。しかしながら，特許権者が特許を受けた発明を特許を取得したすべての国で直ちに実施することは困難である。そこで，同盟国が採用する不実施等に対する措置が過酷なものにならないように，パリ条約５条Ａは，そのような措置に一定の制限を設けている。

５条Ａ２項は，「各同盟国は，特許に基づく排他的権利の行使から生ずることがある弊害，例えば，実施がされないことを防止するため，実施権の強制的設定について規定する立法的措置をとることができる」と規定している。後述する５条Ａ３項・４項も，排他的権利の行使から生ずることがある弊害の防止のための措置に関する規定である。その他の場合，例えば公共の利益を目的とする場合や利用発明の場合の措置は，これらの規定の対象外であり，同盟国は自由に決定することができる（なお，TRIPS 協定 31 条参照⇒第３章第３節２(5)）。

排他的権利の行使から生ずることがある弊害の例として，５条Ａ２項は，「実施がされないこと」を挙げており，また，５条Ａ４項では，「実施が十分でないこと」が「実施がされず」に並べられている。もっとも，ここでの「実施」が何を意味するかは，同盟国が自由に定めることができる。ある論者は，実施とは工業的に実施することであり，特許の対象である物や特許の対象である方法で製造された物の輸入・販売は，一般には実施とはみなされないと述べる[27]。

上記の弊害を防止する措置として，実施権を強制的に設定すること（５条Ａ２項）や特許権を消滅させることがあるが，特許の効力を失わせることは，「実施権の強制的設定では十分でない場合に限り」規定することができる（５条Ａ３項第１文）。そして，この点の判断のために，「特許権の消滅又は特許の取消しのための手続は，実施権の最初の強制的設定の日から２年の期間が満了する前には，することができない」（５条Ａ３項第２文）。

27）ボーデンハウゼン 65 頁。

また，不実施・不十分な実施を理由とする実施権の強制的設定は，特許出願の日から４年又は特許が付与された日から３年のうちの遅い方の日前には請求することができず，また，「特許権者がその不作為につきそれが正当であることを明らかにした場合には，拒絶される」（5条Ａ４項第１文）。強制的に設定された実施権は，排他的なものであってはならず，「企業又は営業の構成部分のうち当該実施権の行使に係るものとともに移転する」ことを国内法令で定めることはできるが，「当該実施権に基づく実施権の許諾の形式」による移転，つまり再実施権（サブライセンス）を許諾するという方法による移転は認められない（5条Ａ４項第２文）[28]。

⑵　わが国法との関係

わが国特許法では，実施権の強制的設定として，不実施の場合の裁定実施権（特許83条），利用発明の場合の裁定実施権（特許92条）及び公共の利益のための裁定実施権（特許93条）が定められている。不実施の場合の裁定実施権については，特許発明の実施が３年以上適当にされていない場合[29]（出願日から４年経過前は除く）において，実施をしようとする者は，特許権者等に通常実施権の許諾について協議を求めることができ，協議不成立・不能のときに，特許庁長官の裁定を請求することができる（特許83条）。特許発明の実施が適当にされていないことについて正当な理由があるときは，特許庁長官は通常実施権を設定する旨の裁定をすることができない（特許85条２項）。設定される実施権は通常実施権であり，実施の事業とともにする場合に限り移転することができる（特許94条３項）。旧法では不実施の場合の特許の取消しが規定されていたが，現行法では廃止され，また，通常実施権一般について再実施権の許諾は定められていない[30]。

28）５条Ａ１項は，「特許は，特許権者がその特許を取得した国にいずれかの同盟国で製造されたその特許に係る物を輸入する場合にも，効力を失わない」と規定している。

29）国内で生産を行わず，輸入のみを行うことが不適当な実施に当たるかどうかについては，見解が分かれている。経済産業省工業所有権審議会「裁定制度の運用要領」では，「実施が適当にされていない」とは，「需要に対し極めて小規模で名目的な実施に過ぎないと認められる場合，単に輸入をしているだけで国内では生産をしていない場合等が原則としてこれに該当すると解される」としている。中山信弘『特許法〔第４版〕』（弘文堂，2019年）565頁，鈴木將文「特許権者の国内実施要件に関する一考察」田村善之＝山根崇邦編著『知財のフロンティア第２巻』（勁草書房，2021年）279頁参照。

5　特許表示等の義務の免除

パリ条約5条Dは，「権利の存在を認めさせるためには，特許の記号若しくは表示又は実用新案，商標若しくは意匠の登録の記号若しくは表示を産品に付することを要しない」と規定している。特許表示等は第三者に権利の存在を知らせるのに有用なものであるが，特許表示等を付さなかったことで権利の存在が認められなくなるのは権利者にとって酷であるためである。もっとも，同盟国が，特許表示等を付さなかったことによる他の効果，例えば侵害者が権利の存在を知っていたことを立証した場合に限り損害賠償を請求することができることを定めることは自由である[31)]。

わが国特許法187条・実用新案法51条・意匠法64条・商標法73条は，特許表示等を「附するように努めなければならない」と規定している。これらの規定は，訓示規定に過ぎず，特許表示等を付さなくても何らの制裁も科されない[32)]。

6　料金納付の猶予による保護

(1)　パリ条約の規定

工業所有権の存続のために料金の納付が必要とされている場合，納付が遅れると直ちに権利が消滅することになると権利者に酷である。そこで，パリ条約5条の2第1項は，工業所有権の存続のために定められる料金の納付について，少なくとも6か月の猶予期間を認めている。同盟国は，より長期の猶予期間を定めることもできる。ただし，国内法令が割増料金の納付を求めている場合には，その納付を条件とすることができると規定されている。

この規定は，工業所有権の存続のための料金に関するもので，権利発生のための料金の納付には適用されない。猶予期間内にも料金の納付がされなかった

30)　各国特許法における特許発明の不実施に対する措置については，大熊靖夫ほか「特許発明の不実施措置に関する主要国特許法の規定ぶりとその変遷について」特許研究65号（2018年）50頁参照。

31)　ボーデンハウゼン74頁。

32)　なお，特許に係る物以外の物に特許表示又はこれと紛らわしい表示を付する行為等には，刑事罰が科される（特許188条・198条，実用52条・58条，意匠65条・71条，商標74条・80条）。

場合に，権利が遡及的に消滅するかどうかは，国内法令で自由に定めることができる。

５条の２第２項は，「同盟国は，料金の不納により効力を失つた特許の回復について定めることができる」と規定している。特許の回復について定めるかどうかは，同盟国が自由に決定することができる。

⑵　わが国法との関係

わが国特許法は，特許権の設定登録がされるためには，原則として特許をすべき旨の査定・審決の謄本の送達があった日から30日以内に，第１年から第３年までの各年分の特許料が一時に納付されなければならないとしている（特許108条１項。なお，同条３項・４項）。そのため，パリ条約５条の２第１項の「工業所有権の存続のために定められる料金」とは，原則として第４年以後の特許料を指すこととなるが[33)]，特許法は，その納付は前年以前に行わなければならないと定めたうえで（特許108条２項），その納付期間経過後６月以内に追納することができるとしている（特許112条１項）。追納の場合，特許権者は，通常の特許料のほかに，その特許料と同額の割増特許料を納付しなければならない（同条２項）。追納期間内に特許料及び割増特許料が納付されないときは，特許権は，納付期間の経過時に遡って消滅したものとみなされる（同条４項）。

さらに，追納がされないことにより消滅したものとみなされた特許権の回復が認められており，消滅したものとみなされた特許権の原特許権者が経済産業省令で定める期間内に経済産業省令で定めるところにより追納した場合には，特許権は納付期間の経過時に遡って存続していたものとみなされる（特許112条の２）。このように一旦失効した特許権が遡及的に回復する場合があるが，特許権消滅後に特許発明を実施していた第三者に対して回復した特許権を及ぼすことは妥当ではないことから，追納期間の経過後から特許権の回復の登録までの間における一定の行為については，特許権の効力は及ばないこととされている（特許112条の３）。以上の特許法における追納や追納による権利の回復に関する規定と同様の規定が，実用新案法33条〜33条の３，意匠法44条〜44条

33）　ただし，特許法109条により，第１年から第３年までの特許料の納付が猶予された場合は，その料金は特許権の存続のために定められる料金の性格を有し，第４年以後の特許料と同様に取り扱われている。後藤309頁。

の３に設けられている。

７　特許権の侵害とならない場合

⑴　パリ条約の規定

パリ条約５条の３は，国際交通が円滑に行われるようにするために，特許権の効力を制限する規定であり，同盟国に他の同盟国の船舶・航空機・車両が一時的又は偶発的に入った場合の，その船舶・航空機・車両に関わる一定の行為を特許権侵害とならないものとしている[34)]。一時的な入国には，定期便の場合のような周期的な入国を含む。偶発的な入国は，例えば不注意，難破によって起こり得る。自国の船舶，航空機・車両に関わる行為は，本条の対象外である。

５条の３第１号は，「船舶の船体及び機械，船具，装備その他の附属物に関する当該特許権者の特許の対象である発明をその船舶内で専らその船舶の必要のために使用すること」が，同条２号は，「航空機若しくは車両又はその附属物の構造又は機能に関する当該特許権者の特許の対象である発明を使用すること」が，特許権侵害とならないと定めている。いずれも特許発明の使用のみを規定しており，物の生産や販売には及ばない。また，２号は「構造又は機能に関する」特許発明の使用を対象としているから，構造・機能に関係のない機内物の使用には及ばない。

⑵　わが国法との関係

パリ条約５条の３を受けて，わが国特許法69条２項１号は，「単に日本国内を通過するに過ぎない船舶若しくは航空機又はこれらに使用する機械，器具，装置その他の物」には特許権の効力は及ばないと規定している（実用26条・意匠36条が準用）。両規定を比べると，わが国特許法がパリ条約よりも，同盟国以外の船舶等も対象としている点で広い一方，車両に関わる行為を含まない点で狭い。後者は，わが国が海で囲まれており，車両が国内を通過することが通常ないためであるが，車両が船舶・航空機によって一時的に運び込まれる場合があり得よう。その場合には，パリ条約５条の３の直接適用が問題となる[35)]。

34）　航空機に関して，国際民間航空条約27条に同様の規定が設けられている。
35）　中山・前掲注29）352頁。

8　物の製造方法の特許の効力

(1)　パリ条約の規定

パリ条約５条の４は，物の製造方法の特許の輸入物に対する効力に関する規定である。パリ条約には，特許の効力自体に関する規定はないが，５条の４は，ある物の製造方法について特許が取得された同盟国においては，その国で製造された物に関して当該特許に基づいてその国の法令が与えている権利のすべてを，その物の輸入の場合にも与えなければならない旨を規定している。

この規定は，物の製造方法の特許の効力をその製造方法により製造された物に及ぼすことを同盟国に義務づけているのではなく，及ぼす場合の特許の効力の具体的内容を定めるものでもない。物の製造方法の特許の効力がその製造方法により製造された物に及ぼされている場合に，国内で製造された物と輸入された物を同等に取り扱うことを求めているのである。輸入された物の製造国において，その製造方法について特許が付与されているかどうかは，関係ない。なお，TRIPS協定28条１項ｂ号では，方法の特許について，「当該方法により少なくとも直接的に得られた物の使用，販売の申出若しくは販売又はこれらを目的とする輸入を防止する権利」が認められると規定されている（⇒第３章第３節２(3)）。

(2)　わが国法との関係

わが国特許法では，物を生産する方法の発明の保護として，そのような発明の「実施」に，「その方法の使用」に限らず，「その方法により生産した物の使用，譲渡等」などを含めており（特許２条３項３号），また，「その物が特許出願前に日本国内において公然知られた物でないときは，その物と同一の物は，その方法により生産したものと推定」される（特許104条）。これらの規定の適用においては，パリ条約５条の４との関係で，国内生産物と輸入物を同等に取り扱うことが必要となる。

9　博覧会出品による仮保護

(1)　パリ条約の規定

パリ条約11条は，国際博覧会に出品される産品に関する発明，実用新案，意匠及び商標の仮保護を規定している。国際博覧会に新規な産品が出品されることを促進することを目的とするものであり，まさに国際博覧会における工業所有権の保護が十分でなかったという問題がパリ条約成立を促した理由の１つであった。

産品が出品される博覧会は，「いずれかの同盟国の領域内で開催される公の又は公に認められた国際博覧会」でなければならない。この要件を満たす博覧会であるかどうかは，仮保護が求められている同盟国の行政機関又は司法機関が決定する[36)]。この要件を満たさない博覧会に関しても仮保護を与えることは，同盟国の自由である。

仮保護を与えることが義務づけられる工業所有権の対象は，「特許を受けることができる発明，実用新案，意匠及び商標」である。同盟国が，サービス・マーク等のその他の対象にも仮保護を与えることは自由である。

仮保護の内容は規定されておらず，同盟国の決定に委ねられている。例えば，優先権のような権利を与えることや，新規性喪失の例外とすること，出品者に先使用権を認めることがあろう。ただし，優先権のような権利を与える場合には，その権利が単純に優先権に付加されると優先期間が延長する結果となり，第三者の利害に大きな影響を与えることになる。そこで，11条２項は，「仮保護は，第４条に定める優先期間を延長するものではない」としたうえで，「後に優先権が主張される場合には，各同盟国の主管庁は，その産品を博覧会に搬入した日から優先期間が開始するものとすることができる」と規定している。すなわち，同盟国は，博覧会への搬入日を優先期間の起算点とすることができるのである。

同盟国は，仮保護に関する国内法令の適用において，産品が展示された事実及び搬入の日付を認定しなければならない場合がある。そのため，11条３項は，

36)　国際博覧会条約によると，「博覧会」とは，「名称のいかんを問わず，公衆の教育を主たる目的とする催しであって，文明の必要とするものに応ずるために人類が利用することのできる手段又は人類の活動の一若しくは二以上の部門において達成された進歩若しくはそれらの部門における将来の展望を示すもの」であり，「国際博覧会」とは，「二以上の国が参加する」博覧会であると定義されている（同条約１条１項・２項）。パリ条約11条の「国際博覧会」の意義について，この定義に従わなければならないわけではないが（ボーデンハウゼン147頁注1），参考になろう。なお，欧州特許条約55条１項b号は，新規性喪失の例外が認められる「国際博覧会」を国際博覧会条約におけるそれと定めている。

これらの事項を証明するために必要と認める証拠書類を要求することができる旨を規定している。

⑵　わが国法との関係

わが国特許法は，博覧会出品による仮保護として，新規性喪失の例外を認めており，博覧会出品は，30条２項の「特許を受ける権利を有する者の行為に起因して」発明が公知となる場合に含まれる。よって，博覧会出品によって発明が公知となっても，特許出願が１年以内に行われた場合には，当該発明は公知とならなかったものとみなされる（その手続については，同条３項・４項）。特許法30条は実用新案登録出願に準用されている（実用11条１項）。意匠法４条は，特許法30条と同様の内容を定めている。

これに対して，商標法９条は，博覧会出品による仮保護として，出願時を遡及させており，①政府等（「政府若しくは地方公共団体」。商標４条１項９号）が開設する博覧会・政府等以外の者が開設する博覧会であって特許庁長官の定める基準に適合するもの，②パリ同盟国・WTO加盟国・商標法条約の締約国の領域内でその政府等又はその許可を受けた者が開設する国際的な博覧会，③パリ同盟国・WTO加盟国・商標法条約の締約国以外の国の領域内でその政府等又はその許可を受けた者が開設する国際的な博覧会であって特許庁長官の定める基準に適合するもの，に出品した商品・出展した役務について使用した商標の登録出願は，出品・出展の日から６月以内にしたときは，その出品・出展の時にしたものとみなすと規定している（９条１項。その手続については，同条２項・３項）。

なお，優先権の主張との関係については，特許法30条の「特許出願」の日は，これを第１国出願の日と解すると，新規性喪失の例外期間を２年に延長することになり，出願人に過剰な保護を与える結果となるため，わが国における特許出願の日と解される[37)]。

10　実用新案に関する規定

実用新案に関しては，特許表示等の義務の免除（５条Ｄ），料金納付の猶予に

37）　意に反する公知に関する裁判例であるが，前掲注14）東京高判平成９年３月13日参照。

よる保護（5条の2）及び博覧会出品による仮保護（11条）の規定があるほか，特許に関する不実施等に対する措置を定める規定を実用新案に準用する旨の規定（5条A5項）が設けられている。

第４節　意匠に関する規定

POINT

◆　パリ条約における意匠に関する規定として，特許表示等の義務の免除，料金納付の猶予による保護及び博覧会出品による仮保護の規定のほか，意匠の保護を定める規定，不実施に対する措置を定める規定がある。

１　概　　説

意匠に関しては，前述した特許表示等の義務の免除（5条D⇒本章第3節５），料金納付の猶予による保護（5条の2⇒本章第3節６）及び博覧会出品による仮保護（11条⇒本章第3節９）の規定のほか，意匠の保護を定める規定（5条の5），不実施に対する措置を定める規定（5条B）が設けられている。

２　意匠の保護

パリ条約5条の5は，「意匠は，すべての同盟国において保護される」と規定している。リスボン改正会議において，意匠の定義や新規性要件，意匠権の最低存続期間をも定める提案がされたが，受け入れられず，本条だけが規定されるにとどまった。

5条の5は意匠の保護義務を定めるものであるが，どのような方法で意匠を保護するかは，同盟国が自由に決めることができる（なお，TRIPS協定25条・26条参照⇒第3章第3節３）。わが国意匠法のように意匠登録制度によって保護することに限定されず，著作権法や不正競争防止法による保護であってもよい。

３　不実施に対する措置

意匠の不実施に対する措置について，パリ条約5条Bは，「意匠の保護は，当該意匠の実施をしないことにより又は保護される意匠に係る物品を輸入することによつては，失われない」と規定している。意匠が不実施であることを理由に，意匠権を消滅させたり取り消したりすることができないということであり，特許・実用新案の場合に比べて，不実施に対する措置が制限されている。これは，意匠が比較的短命で流行性があるため，外国での製造を要求するのは適当でなく，また国内での実施の必要性が高くないことに基づく[38]。意匠の不実施の場合に強制実施権を設定することは，意匠の保護を失わせるものではないため，同盟国の自由である。

わが国意匠法では，裁定実施権として，利用意匠等の場合のみが定められており（意匠 33 条），不実施の場合の裁定実施権は規定されていない。

第５節　商標等に関する規定

POINT

◆　パリ条約における商標に関する規定として，特許表示等の義務の免除，料金納付の猶予による保護及び博覧会出品による仮保護の規定のほかに，①商標登録による保護に関する規定，②商標権の保護に関する規定，③一定の標章の商標登録の排除等（登録の排除等による一定の標章の保護）に関する規定が定められている。

１　概　　説

商標に関しては，前述した特許表示等の義務の免除（5 条 D⇒本章第 3 節５），料金納付の猶予による保護（5 条の 2⇒本章第 3 節６）及び博覧会出品による仮保護（11 条⇒本章第 3 節９）の規定のほかに，多くの規定が定められている。それらは，①商標登録による保護に関する規定，②商標権の保護に関する規定，③一定の標章の商標登録の排除等（登録の排除等による一定の標章の保護）に関する規定に分けることができる。

以下では，この区別に従って，商標に関する規定を説明し，その後に，商標と関連するサービス・マーク，商号及び不正競争に関する規定を述べる。

38）　後藤 291～292 頁。

2　外国登録商標の保護

(1)　概　説

商標の登録出願及び登録の条件は，同盟国が自由に定めることができるのが原則である（6条1項参照）。そのため，登録される商標の構成を限定する（例えば，図形や自国語の文字の商標のみを登録する）国があると，ある国で登録されている商標が，他国ではそのままの形で登録を受けることができないこととなる。このような問題に対処するために，パリ条約６条の５は外国登録商標の保護制度を設けており，同条Ａ１項は，「本国において正規に登録された商標は，この条で特に規定する場合を除くほか，他の同盟国においても，そのままその登録を認められかつ保護される。当該他の同盟国は，確定的な登録をする前に，本国における登録の証明書で権限のある当局が交付したものを提出させることができる。その証明書には，いかなる公証をも必要としない」と規定している。

(2)　保護される外国登録商標

登録され保護されるのは，「本国において正規に登録された商標」である。いずれかの同盟国における登録商標であればよいのではなく，本国における登録商標に限られる。これは，出願人が，保護を受けるために登録が容易な国を選択するのを防止しようとするものである。

「本国」とは，①出願人が現実かつ真正の工業上・商業上の営業所を有する同盟国，②上記①の営業所がない場合には，出願人の住所がある同盟国，③上記①の営業所がなく，また出願人が同盟国の国民であって同盟国に住所を有しない場合には，出願人の国籍がある同盟国である（6条の5A 2項）。なお，本国における登録は，他の同盟国における出願時になされている必要はなく，登録時までになされていればよい。

(3)　外国登録商標の保護

同盟国は，原則として，外国登録商標を「そのまま」[39] 登録しなければならず，外国登録商標が当該同盟国において登録されない形のものであっても登録されることになる。もっとも，この義務は，文字や図形等の商標の構成に関するものであり，当該同盟国において保護されていない立体商標や音商標には及ばない[40]。

さらに，同盟国は，本国で登録された商標と全く同一でないが，本質的でない変更を加えた商標も保護しなければならない。6 条の 5C 2 項では，「本国において登録された際の形態における商標の識別性に影響を与えず，かつ，商標の同一性を損なわない」変更を加えた商標について，「その変更を唯一の理由として登録を拒絶されることはない」と規定されている。これは，言語の違いから商標の構成部分を翻訳することが必要となる場合等があることが考慮されたものである。上記規定では，登録が拒絶されないことが定められているが，当然，登録が無効とされないことも含まれる。

他方，同盟国は，次の場合には，外国登録商標の登録を拒絶・無効とすることができる（6 条の 5B）。①当該商標が，保護が要求される国における第三者の既得権を害するようなものである場合，②当該商標が，識別性を有しないもの又は記述的表示・慣用的表示のみをもって構成されたものである場合，③当該商標が，道徳・公の秩序に反するもの，特に公衆を欺くようなものである場合（「ただし，商標に関する法令の規定（公の秩序に関するものを除く。）に適合しないことを唯一の理由として，当該商標を公の秩序に反するものと認めてはならない」），④不正競争の禁止について規定する 10 条の 2（後述参照）が適用される場合。

上記①に関して，第三者の既得権には，第三者の既存の商標権や商号権，著作権等が含まれる。商標の保護の可否の判断に当たっては，「すべての事情，特に，当該商標が使用されてきた期間を考慮しなければならない」と定められており（6 条の 5C 1 項），例えば，上記②に関して，当初識別的でなかった商標が使用により識別性を有する場合がこれに関係するであろう。

外国登録商標の保護は，優先権とは別個独立のものである。本国における出願から 6 月以内に出願する場合，出願人は優先権を主張することができ，本国における出願が登録されるかどうかは優先権の存在に影響を与えないが，登録されると，外国登録商標の保護も受けることができる。6 条の 5F は，この場合に関し，本国における登録が優先期間の満了後にされた場合にも優先権の利

39）「そのまま」は，パリ条約のフランス語正文では「telle quelle」であり，そのため外国登録商標は「テルケルマーク」とも呼ばれる。

40） ボーデンハウゼン 103～105 頁，後藤 398～400 頁。

益が失われないことを明示している。

⑷　本国における登録への従属

6条の5Dは，「いかなる者も，保護を要求している商標が本国において登録されていない場合には，この条の規定による利益を受けることができない」と規定している。したがって，本国における登録が取り消されたり無効にされた場合には，登録前であれば出願が拒絶され，登録後であれば登録が消滅することとなる。外国登録商標の保護は，本国における登録に基づくものであり，商標独立の原則（⇒本章第2節４⑵）の例外として，本国における登録に従属するのである。

もっとも，登録の更新については，従属性は否定されており，本国における登録が更新された場合，これを理由として外国登録商標の登録を更新する義務が生じることにはならず（6条の5E），その登録の存続期間が未だ満了していなければ，その更新をする必要はない。これに対して，本国における登録よりも存続期間が早く満了するときは，外国登録商標の登録の更新を，本国における登録の更新の前に行わなければならない。なお，当然ながら，本国における登録が更新されない場合には，外国登録商標の登録も消滅することとなる。

⑸　わが国法との関係

わが国商標法には，外国登録商標の保護に関する規定は設けられていない。これは，わが国においては，文字や図形等の商標の構成に関する制限はなく，また，外国登録商標の登録を拒絶・無効とすることのできる場合が商標法3条・4条に商標登録要件として規定されているため，外国登録商標の保護を求める出願であっても，通常の出願と異なる取扱いをする必要がないためであろう。

３　商標の使用される商品の性質の無制約による保護

パリ条約7条は，「いかなる場合にも，商品の性質は，その商品について使用される商標が登録されることについて妨げとはならない」と規定している。この規定は，特許に関する4条の4（販売が制限される物に係る発明の特許性⇒本章第3節３）に対応するものであり，商品の販売が制限されているとか，商品が専売品であるという事情があっても，そのような商品について使用される商標の登録は拒絶されないこととするものである（TRIPS 協定 15 条 4 項参照⇒第 3 章第 3 節４⑵⒝）。ただし，1958 年のリスボン改正会議において，この規定を登録の更新等にも適用しようとする提案が否決されたという経緯から，この規定は登録の更新には及ばないと解されている[41]。

わが国商標法では，指定商品・役務の性質を理由に，商標登録出願が拒絶されたり，商標登録が無効となることはない。

４　団体商標の保護

⑴　概　説

パリ条約 7 条の 2 は，団体商標の保護に関する規定であり，同条 1 項は，「同盟国は，その存在が本国の法令に反しない団体に属する団体商標の登録を認めかつ保護することを約束する。その団体が工業上又は商業上の営業所を有しない場合も，同様とする」と規定している。団体商標とは，その定義は定められていないが，一般的に，団体商標を保有する団体の監督の下に，当該団体の構成員あるいは当該団体が指定する者の商品についての地理的原産地その他の共通の特徴を識別するために用いる標識を指す。

⑵　団　体

登録を認めかつ保護される団体商標は，「その存在が本国の法令に反しない団体に属する」ものである。ここでの「本国」とは，6 条の 5A 2 項で定義される本国ではなく，団体の本国を意味すると解されている。「団体」は，通常，特定の国・地域で生産された商品の製造業者や販売業者の団体であり，1934 年のロンドン改正会議の経緯から，国や地方公共団体の団体商標は本条の対象外であるとされている。団体は本国において適法に存在するものでなければならないが，団体の存在が「本国の法令に反しない」との文言が用いられているのは，団体が本国の法令に従っているものであることを積極的に証明する必要がないという趣旨であると説明されている[42]。

41）　ボーデンハウゼン 123 頁。

42）　ボーデンハウゼン 124 頁。

団体が，保護が要求される同盟国において設立されていなくても，また保護が要求される同盟国の法令に適合して構成されていなくても，その団体に属する団体商標の保護は拒絶されない（7条の2第3項）。さらに，団体は，「工業上又は商業上の営業所を有しない場合も」，当該団体に属する団体商標の保護を受ける（7条の2第1項後段）。2条2項は，内国民待遇を受けるのに，同盟国の国民が保護が請求される国に住所・営業所を有することが条件とされない旨を規定しているが，団体商標の保護に関しては，団体は，保護が請求される国だけでなく，いずれの同盟国においても営業所を有しなくてよいのである。団体は他人が団体商標を使用するのを監督するだけであるから，営業所を有する必要がないためである。なお，わが国は，1911年のワシントン改正会議より各改正会議において，団体は法人に限るとの考え方を主張している[43]。

⑶　保護の条件

団体商標の保護について，同盟国は，特別の条件を定めることができ，また，公共の利益に反する団体商標の保護を拒絶することができる（7条の2第2項）。「特別の条件」とは，例えば，団体が工業上・商業上の営業所を有しないこと，団体商標の譲渡を禁止することである。「公共の利益」とは，6条の5B3号の「公の秩序」よりも広い概念で，一般的に，団体商標によって指標される特定の商品の共通の特徴を判断するに当たっての公衆の利益に関するものとされている[44]。

⑷　わが国法との関係

わが国においては，旧法では団体標章制度が設けられていたが，昭和34年に制定された現行法は，使用許諾制度によって実質的な保護が可能であるとして，この制度を廃止した。しかしながら，その後，諸外国には団体商標を通常の商標と区別して登録する国が多いこと，団体商標には通常の商標とは異なる性質を有する面があること等の理由から，平成8年改正により，団体商標制度が導入された。団体商標の登録を受けることができる団体は，「一般社団法人

43）　後藤439頁。

44）　ボーデンハウゼン126～127頁。

その他の社団（法人格を有しないもの及び会社を除く。）若しくは事業協同組合その他の特別の法律により設立された組合（法人格を有しないものを除く。）又はこれらに相当する外国の法人」である。そのような団体が，その構成員に使用をさせる商標について，団体商標の商標登録を受けることができる（商標7条1項）。前述したように，わが国はパリ条約７条の２における団体が法人格を有するものと主張しており，わが国商標法において保護される団体商標の登録を受けることができる者を法人に限定しているが，このような限定が同条約に適合するかどうかは議論の余地があろう[45)]。また，平成17年改正により，地域団体商標制度が新設された（商標７条の2）。

５　不使用に対する措置

⑴　パリ条約の規定

商標の保護は，商標の使用によって商標に化体する信用に対して与えられるものであるところ，不使用の商標はそのような信用を発生させず，また，その登録は他人の商標選択の範囲を狭めることとなる。そのため，登録商標の使用を義務づける国は多いが，不使用に対する措置が過酷なものとならないように，パリ条約５条Ｃは，そのような措置に一定の制限を設けている（TRIPS協定19条参照⇒第３章第３節４⑸）。

５条Ｃ１項により，登録商標について使用を義務づけている同盟国において，当該商標の登録の効力を失わせることができるのは，①相当の猶予期間が経過しており，かつ②当事者がその不作為につきそれが正当であることを明らかにしない場合に限られる。①の相当な猶予期間については，同盟国の国内法令で定めることができ，定められていない場合は，当該国の所管官庁が個々の事案ごとに判断することとなる。②の不作為につきそれが正当であるかどうかについても，同様であるが，ある論者は，商品の輸入が禁止されたり戦争によって妨げられたり，商品の市場がない場合など，商標の使用が法的・経済的条件で妨げられたときには，通常正当であることになろうと述べている[46)]。

登録商標が，その構成部分に変更を加えて（例えば，その構成部分を当該国の

---

45)　後藤441～442頁参照。

46)　ボーデンハウゼン71頁。

言語に翻訳して）使用される場合がある。５条Ｃ２項は，このような場合の不使用に対する措置を制限しており，「商標の所有者が一の同盟国において登録された際の形態における商標の識別性に影響を与えることなく構成部分に変更を加えてその商標を使用する場合には，その商標の登録の効力は，失われず，また，その商標に対して与えられる保護は，縮減されない」と規定している。

また，５条Ｃ３項では，同一・類似の商品について同一の商標が，保護が要求される国の国内法令により商標の共有者と認められる者によって同時に使用される場合に，いずれかの同盟国において，その商標の登録が拒絶され，又はその商標に対して与えられる保護が縮減されることはないと規定されている。ただし，「その使用の結果公衆を誤らせることとならず，かつ，その使用が公共の利益に反しないことを条件とする」。この規定は，共有者による同時使用に関するもので，ライセンサーとライセンシーによる同時使用は対象としていない。

⑵　わが国法との関係

わが国商標法50条１項は，商標権者等が，継続して３年以上日本国において指定商品・役務について登録商標の使用をしていないときは，何人も，その指定商品・役務に係る商標登録の取消審判を請求することができると規定している。つまり，パリ条約５条Ｃ１項の「相当の猶予期間」は，取消審判の請求の登録前３年とされていることになる（なお，商標50条３項）。

登録商標が不使用であっても，商標権者は，不使用についての正当な理由があることを明らかにした場合には，取消しを免れることができる（商標50条２項ただし書）。「正当な理由」については，裁判例では，「地震，水害等の不可抗力，放火，破壊等の第三者の故意又は過失による事由，法令による禁止等の公権力の発動に係る事由等商標権者，専用使用権者又は通常使用権者の責めに帰すことができない事由が発生したために使用をすることができなかった場合をいう」[47]，「商標権者において登録商標を使用できなかったことが真にやむを得ないと認められる特別の事情がある場合に限られる」[48]，と厳格に解されている。

47）東京高判平成８年11月26日判時1593号97頁〔プリンセスクルーズ事件〕。
48）知財高判平成17年12月20日判時1922号130頁〔PAPA JOHN'S 事件〕。

パリ条約５条Ｃ２項が対象とする商標の変更使用に関しては，不使用が問題となる登録商標には，「書体のみに変更を加えた同一の文字からなる商標，平仮名，片仮名及びローマ字の文字の表示を相互に変更するものであつて同一の称呼及び観念を生ずる商標，外観において同視される図形からなる商標その他の当該登録商標と社会通念上同一と認められる商標」が含まれると定められている（商標 38 条 5 項括弧書）。

６　商標の譲渡

パリ条約６条の４第１項は，商標の譲渡を，その商標が属する企業・営業とともにする場合にのみ有効とする同盟国においては，商標の譲渡が有効と認められるためには，「譲渡された商標を付した商品を当該同盟国において製造し又は販売する排他的権利とともに，企業又は営業の構成部分であつて当該同盟国に存在するものを譲受人に移転すれば足りる」と規定している。よって，そのような同盟国は，当該同盟国に存在する企業・営業の構成部分の同時移転を必要とすることができるが，他の同盟国に存在するものの移転まで求めることはできないのである。ただし，「譲受人による商標の使用が，当該商標を付した商品の原産地，性質，品位等について事実上公衆を誤らせるようなものである場合」には，その商標の譲渡を有効と認めないことができる（6 条の 4 第 2 項。TRIPS 協定 21 条参照⇒第 3 章第 3 節４(7)）。

わが国商標法では，旧法は商標権の移転を営業とともにする場合にだけ許容していたが，現行法は，原則的に，営業と分離した商標権の移転を認めているため（24 条の 2 第 1 項参照。団体商標に係る商標権の移転については，24 条の 3。なお，24 条の 2 第 2 項～第 4 項）[49]，パリ条約６条の４はわが国には関係しない。

７　周知商標の保護

(1)　概　要

他人の「広く認識されている」商標，すなわち周知商標と同一・類似の商標を当該他人に無断で登録し又は使用することは，その周知商標が登録されているかどうかにかかわらず，不当に当該他人の営業上の利益を害し，需要者の利

49)　茶園（商標）263 頁以下［青木大也］参照。

益を損なうことになる。そこで，パリ条約６条の２は，周知商標を保護するために，同盟国は，周知商標の複製である商標等の登録が拒絶・無効とされ，及びその使用が禁止されることを約束する旨を規定している。なお，TRIPS協定16条２項・３項は，パリ条約６条の２が，サービスについて，また登録された商標に係る商品・サービスと類似していない商品・サービスについて準用する旨を規定している（⇒第３章第３節４(3)(b)）[50]。

(2)　保護される周知商標

保護される周知商標は，「この条約の利益を受ける者の商標」，つまり，同盟国の国民又は同盟国の国民とみなされる者（２条・３条）に属する商標であることを要する。そして，「同盟国において広く認識されているとその権限のある当局が認めるもの」でなければならない。「権限のある当局」とは，保護が求められた同盟国の行政機関又は司法機関を指す。周知商標が保護を受けるために，当該同盟国において登録されていることは必要ない。

これに対して，1958年のリスボン改正会議において，周知商標が保護されるために，保護が求められた同盟国における周知商標の使用が必要でないとする提案が受け入れられなかったという経緯から，当該国において周知であるが，使用されていない商標を保護する義務はないと解されているが，そのような商標を保護することは同盟国の自由である[51]。また，本条はサービス・マークには及ばないが，同盟国は周知なサービス・マークを同様に保護することも自由である。

50）パリ同盟総会及びWIPO一般総会は，1999年に，「周知商標の保護に関する共同勧告」の決議を行った。同共同勧告については，中村知公＝加藤公久「周知商標の保護に関する共同勧告決議」知管50巻２号（2000年）195頁参照。また，これと同様に，2000年に「商標ライセンスに関する共同勧告」，2001年に「インターネット上の商標及びその他の標識における産業財産権の保護に関する共同勧告」の決議が行われた。竹市博美「『商標ライセンスに関する共同勧告決議案』について」知管50巻10号（2000年）1567頁，商標委員会「WIPO商標法等常設委員会によるインターネットと商標に関する共同勧告」知管52巻３号（2002年）379頁参照。これら３つの共同勧告は，WIPOのウェブサイト〈http://www.wipo.int/treaties/en/〉に掲載されている。

51）ボーデンハウゼン84頁。

⑶　保護の内容

周知商標の保護の内容は，「同盟国の法令が許すときは職権をもつて，又は利害関係人の請求により」，次のような商標の登録を拒絶・無効とし，及びその使用を禁止することである。それは，保護される周知商標と同一・類似の商品について使用され，①当該周知商標の複製，混同を生じさせやすい模倣・翻訳，又は②その商標の要部が当該周知商標の複製，混同を生じさせやすい模倣であるものである（6条の2第1項）。

請求期間は，登録を無効にすることの請求については，登録日から少なくとも5年としなければならない一方，使用禁止の請求については，同盟国が自由に定めることができる（同条2項）。ただし，悪意の場合には，登録無効・使用禁止の請求期間を定めることはできない（同条3項）。

⑷　わが国法との関係

わが国においては，出願商標が，他人の周知商標（「他人の業務に係る商品若しくは役務を表示するものとして需要者の間に広く認識されている商標」）と同一・類似の商標であって，同一・類似の商品・役務について使用するもの（商標4条1項10号）であることは，拒絶理由（商標15条1号），登録異議理由（商標43条の2第1号），無効理由（商標46条1項1号）となっている。無効審判の請求の除斥期間は登録日から5年であるが，不正競争の目的で商標登録を受けた場合には除斥期間が適用されない（商標47条1項）。

使用禁止に関しては，不正競争防止法が，他人の周知な（「需要者の間に広く認識されている」）商品等表示と同一・類似の商品等表示を使用して，他人の商品・営業と混同を生じさせる行為を不正競争と定め（不競2条1項1号），不正競争により営業上の利益を侵害される者が差止請求をすることができるとしている（不競3条1項）。差止請求期間の定めはない。

8　代理人等の商標登録・使用の規制

⑴　概　説

企業が国際的に事業を展開しようとして，進出先の国に代理人や代表者を置く場合に，代理人等が無断で当該企業の商標を登録したり，使用することがある。このような代理人等の行為は，企業が国際的な事業活動を行ううえで大きな障碍となるものであり，企業と代理人等との間に存在する信頼関係に違背するものである。そこで，パリ条約６条の７は，同盟国において商標に係る権利を有する者の保護を定めている。なお，企業と代理人等との間で商標登録や使用に関する契約が締結されている場合には，これらに関する紛争はその契約によって処理されることになるであろうから，本条の規律が実際上の意味を有するのは，そのような契約が締結されていなかったり，締結されていても不明確な場合である。

⑵　代理人等の商標登録の規制

６条の７第１項は，「同盟国において商標に係る権利を有する者の代理人又は代表者が，その商標に係る権利を有する者の許諾を得ないで，一又は二以上の同盟国においてその商標について自己の名義による登録の出願をした場合には，その商標に係る権利を有する者は，登録異議の申立てをし，又は登録を無効とすること若しくは，その国の法令が認めるときは，登録を自己に移転することを請求することができる。ただし，その代理人又は代表者がその行為につきそれが正当であることを明らかにしたときは，この限りでない」と規定している。

この規定は，同盟国において商標に係る権利を有する者（A）の代理人又は代表者（B）がその商標について登録出願をした場合を対象とするものであり，A が有する「商標に係る権利」は，登録商標権に限らず，使用によって発生する権利も含む。A が商標に係る権利を有する同盟国は，A の本国（6 条の 5A 2 項参照⇒本章本節 2⑵）である必要はなく，いずれの同盟国でもよい。また，その同盟国は，B が登録出願をした同盟国と同じであってもよいとされている[52)]。

A が同盟国において商標に係る権利を有するかどうかは，当該国の国内法令によって決定される。「代理人又は代表者」とは，広く解釈すべきもので，商標を付した商品の特約店も含むが，リスボン改正会議で「顧客」を追加しようとする提案は否決された[53)]。

52)　ボーデンハウゼン 119 頁。
53)　ボーデンハウゼン 120 頁。

Aは，Bの登録出願に対して，登録異議の申立て・登録無効を，また当該同盟国の法令が認めるときは登録移転を請求することができる。ただし，Bがその登録出願が正当であることを明らかにした場合は例外であり，そのような場合の例として，AがBをして，その商標を放棄したこと又はその国においてはその商標について権利を取得する関心がないことを信じさせたような場合が挙げられている[54)]。

(3) 代理人等の商標使用の規制

さらに，6条の7第2項では，Aは，Bによる，Aの許諾を得ない商標の使用を阻止する権利を有する旨が規定されている。Aの使用阻止は，Bが登録出願をしたかどうかや，登録による権利を取得したかどうかに関係なく，認められる。ただし，登録無効等の場合と同様に，Bがその行為が正当であることを明らかにした場合には認められない。

(4) 権利行使の期間

6条の7第3項は，法的に不安定な状態が不当に長く続くのを避けるために，「商標に係る権利を有する者がこの条に定める権利を行使することができる相当の期間は，国内法令で定めることができる」と規定している。そのような規定を設けることは義務ではなく，設けていない国は権利行使の時期を制限していないことになる[55)]。

(5) わが国法との関係

わが国商標法53条の2は，パリ同盟国・WTO加盟国・商標法条約の締約国において商標に関する権利を有する者が商標登録の取消審判を請求することができる旨を規定している。パリ条約と比較すると，商標法53条の2は，商標に関する権利を有する者の商標と同一の商標だけでなく，類似の商標が登録された場合にも，取消審判を請求することができるとしているという違いがある。また，出願人が代理人又は代表者ではないが，出願の日前1年以内に代理

54）ボーデンハウゼン121頁。

55）ボーデンハウゼン120頁は，6条の7はサービス・マークにも適用されると主張するが，後藤424頁は，この主張に対して疑問を呈する。

人又は代表者であった者である場合も含めている。代理人又は代表者については，通説は，広く商標に関する権利を有する者の商品・役務の取引をなす者を指すと解している[56]。商標法53条の２の取消審判の請求には除斥期間が設けられており，登録日から５年を経過した後は請求できないと定められている（商標53条の3）。なお，登録の移転請求は規定されていない。

使用の規制に関しては，不正競争防止法２条１項22号が，パリ同盟国・WTO加盟国・商標法条約の締約国において商標に関する権利を有する者の代理人又は代表者による使用を不正競争と定めている。商標法53条の２と同様に，商標に関する権利を有する者の商標に類似する商標の使用も対象とする。また，「その行為の日前１年以内に代理人若しくは代表者であった者」の使用も含めている。

９　国・政府間国際機関の記章等の保護

⑴　国の記章等の保護

パリ条約６条の３第１項ａ号は，「同盟国は，同盟国の国の紋章，旗章その他の記章，同盟国が採用する監督用及び証明用の公の記号及び印章並びに紋章学上それらの模倣と認められるものの商標又はその構成部分としての登録を拒絶し又は無効とし，また，権限のある官庁の許可を受けずにこれらを商標又はその構成部分として使用することを適当な方法によつて禁止する」と規定している。国の記章等は国の主権の象徴であって，これを商標として登録することや使用することは，国の威信や権威を害するものであり，さらに，そのような商標の付された商品の原産地や品質等の誤認を生ぜしめることがあるためである。

56）田村善之『商標法概説〔第２版〕』（弘文堂，2000年）98〜99頁，網野誠『商標〔第６版〕』（有斐閣，2002年）930頁，豊崎光衛『工業所有権法〔新版・増補〕』（有斐閣，1980年）391頁。小野昌延＝三山峻司編『新・注解 商標法（下巻）』（青林書院，2016年）1545頁［木棚照一］は，「契約に基づき継続的な法的関係があるか，少なくとも，継続的な取引から慣行的な信頼関係が形成され，外国の商標権者の販売体系に組み込まれている者であることを要する」と述べる。同条に関する裁判例として，知財高判令和４年９月12日（令和元年（行ケ）10157号）〔NUDE NAIL事件〕，知財高判令和3年12月15日（令和2年（行ケ）10100号）〔Reprogenetics事件〕，知財高判平成24年１月19日判時2148号121頁〔Chromax事件〕，知財高判平成23年１月31日（平成21年（行ケ）10138号・10264号）〔アグロナチュラ事件〕，東京高判昭和58年12月22日無体裁集15巻3号832頁〔ケーサイト事件〕。

保護されるのは，①同盟国の国の記章，及び②同盟国が採用する監督用・証明用の公の記号・印章である。同盟国でない国の記章等は対象外であり，同盟国の地方公共団体の記章等も含まれないと解されている。もっとも，これらの記章等を保護することは，同盟国の自由である。

同盟国の国の記章等は，これと同一の商標又はこれを商標の構成部分として含む商標の登録が拒絶・無効とされ，使用が禁止されるという方法で保護され，さらに，この保護は，「紋章学上それらの模倣」の場合にも及ぶ。「紋章学上」と規定されているのは，国の記章にはライオンや熊，太陽等それ自体ありふれたものが素材として用いられることが多く，記章の模倣が記章を相互に識別する紋章学的特徴に関するものでない限り，自由な使用を認めるべき場合が多いためである[57]。使用については，「権限のある官庁の許可」を受けていれば禁止されない。「権限のある官庁」とは，保護が請求される国の権限のある官庁ではなく，記章等に関係する国の権限のある官庁のことである[58]。

ただし，監督用・証明用の公の記号・印章の保護は，当該記号・印章を含む商標が当該記号・印章の用いられている商品と同一・類似の商品について使用されるものである場合に限られる（6条の3第2項）。これは，非類似の商品について使用されても，国の監督・証明の権威が害されることがないためであろ

57）　ボーデンハウゼン 89 頁。

58）　6条の3第8項は，「各同盟国の国民であつて自国の国の記章，記号又は印章の使用を許可されたものは，当該記章，記号又は印章が他の同盟国の国の記章，記号又は印章と類似するものである場合にも，それらを使用することができる」と規定している。なお，知財高判令和5年3月7日（令和4年（行ケ）10101号）〔MALAYSIA HALAL 事件〕は，マレーシアの監督用・証明用の印章・記号と同一の商標について，出願人が同国の権限のある官庁本人であったが，商標法4条1項5号に該当するとした拒絶審決の取消しが求められた事案において，原告（出願人）が，パリ条約6条の3第1項a号における「権限のある官庁の許可を受けずに」は使用の禁止だけでなく，登録の拒絶・無効にも係るものであり，使用の禁止のみに係るとする同条項の日本語公定訳は誤訳であり，これを前提とした商標法4条1項5号は同条項の国内法実施の義務を履行していないと主張したのに対して，日本語公定訳は誤訳であると断ずることはできず，「また，仮に，原告が指摘するような解釈……を採用するとしても，同規定は，『権限のある官庁の許可』を受けた登録出願をどのように取り扱うについてまで規定するものではない（これらの紋章等の『商標又はその構成部分としての登録を拒絶し又は無効とし』とされていることの反対解釈として，それ以外の場合は当然に登録をしなければならない義務を本条約が締結国に課したと解することはできない。）から，そもそも同条に基づき，我が国が『権限のある官庁の許可』を受けた登録出願を拒絶してはならない義務を負うものではないし，同条を根拠として商標法4条1項5号の適用範囲を狭めて『登録をしなければならない』ものと解釈されるべきものでもない」と述べた。

う。

反対に，保護の拡張として，6条の3第9項は，「同盟国は，他の同盟国の国の紋章については，その使用が商品の原産地の誤認を生じさせるようなものである場合には，許可を受けないで取引においてその紋章を使用することを禁止することを約束する」と規定している。つまり，国の紋章の使用は，商標としての使用でなくても，商品の原産地の誤認を生じさせる場合には，禁止されることになる。

⑵　政府間国際機関の記章等の保護

6条の3第1項b号は，国際的活動の分野において政府間国際機関が国家と同様に活動していることに鑑み，「一又は二以上の同盟国が加盟している政府間国際機関の紋章，旗章その他の記章，略称及び名称」に，国の記章と同様の保護を与える。非同盟国のみが加入している政府間国際機関や民間国際機関の記章等には，この規定は適用されない。また，「既に保護を保障するための現行の国際協定の対象となつている紋章，旗章その他の記章，略称及び名称」は，保護の重複や矛盾を避けるために，除外されている。そのような条約として，戦地にある軍隊の傷者及び病者の状態の改善に関する1949年8月12日のジュネーブ条約[59]がある。

政府間国際機関の記章等の保護は，その商標の登録・使用が，「当該国際機関と当該紋章，旗章，記章，略称若しくは名称との間に関係があると公衆に暗示するようなものでない場合又は当該使用者と当該国際機関との間に関係があると公衆に誤つて信じさせるようなものと認められない場合」には，与えなくてもよい（6条の3第1項c号第2文）。国の記章の保護については，記章を含む商標と当該国との間に関係があると公衆に誤認させるような場合に限定することはできないのであり，この差異は，国際機関の活動領域が限られているという国際機関と国家との違い等に基づくものと思われる[60]。

59）同条約44条は，白地に赤十字の標章，「赤十字（Red Cross）」又は「ジュネーブ十字（Geneva Cross）」の語及び赤十字の代わりとなる標章を保護している。

60）パリ同盟総会は，1992年に，6条の3第1項b号及び3項b号の一定の側面を明確化するために，「工業所有権の保護に関するパリ条約6条の3第1項b号及び3項b号の解釈のためのガイドライン」を採択した。同ガイドラインは，WIPOのウェブサイト〈http://www.wipo.int/article6 ter/en/legal_texts/guidelines.html〉に掲載されている。

⑶　同盟国の通知

同盟国は，保護されることを求める国の記章及び監督用・証明用の公の記号・印章の一覧表及びこの一覧表の変更を，国際事務局を通じて，相互に通知する。各同盟国は，通知された一覧表を適宜公衆の利用に供する（6条の3第3項a号前段）。ただし，国の旗章は広く知られていると考えられたためであろう，「その通知は，国の旗章に関しては義務的でない」とされている（同条3項a号後段）。そのため，同盟国は，国の旗章については，通知があったかどうかに関わらず，保護しなければならない。

政府間国際機関の記章等についても，政府間国際機関から国際事務局を通じて同盟国に通知され，その記章等の保護は，通知されたものについてのみ認められる（同条3項b号）。

国の記章（旗章を除く），公の記号・印章及び政府間国際機関の記章等の保護は，通知を受領した時から2か月を経過した後に登録される商標に対してのみ認められる（同条6項）[61]。

同盟国は，通知に異議がある場合には，通知を受領した時から12か月以内に，その異議を国際事務局を通じて関係国又は関係政府間国際機関に通報することができる（同条4項）。異議の理由は定められていないが，通知された記章等が，国の記章等ではないことや，自国又は既に通知された他国の記章等と抵触すること，当該国においてパブリック・ドメインに属していることがあろう[62]。異議があった場合にどのように取り扱われるかについても規定されていないが，異議を述べた国は当該記章等を保護する義務を負わないとされる[63]。記章等の保護に関する同盟国間の見解の相違は，パリ条約28条（⇒本章第6節7）に従って解決されることもあろう。

⑷　外国登録商標との関係

外国登録商標（6条の5⇒本章本節2）との関係については，同盟国は，国の

61）　また，6条の3第5項は，国の旗章の保護は，ヘーグ改正条約が署名された1925年11月6日の後に登録される商標についてのみ認められると規定する。ただし，1925年11月6日前に登録された商標であっても，その登録出願が悪意でされた場合には，当該登録を無効とすることができる（同条7項）。

62）　ボーデンハウゼン94頁。

63）　ボーデンハウゼン94頁。

記章等の商標について外国登録商標の保護が主張された場合，本条のほかに，6条の５Ｂ３号（「当該商標が，道徳又は公の秩序に反するもの，特に，公衆を欺くようなものである場合」）に基づいて，その登録を拒絶・無効とすることができる（6条の3第10項）。

(5)　わが国法との関係

(a)　**登録の拒絶・無効**　　わが国においては，登録の拒絶・無効に関しては，出願商標が，外国の記章及び監督用・証明用の印章・記号，国際機関を表示する標章と同一・類似の商標（商標4条1項1号・2号・3号・5号）であることが，拒絶理由（商標15条1号），登録異議理由（商標43条の2第1号），無効理由（商標46条1項1号）とされている[64]。また，商標登録後に登録商標がそのような商標に該当するものとなっていることも無効理由（商標46条1項6号）となっている。これらの商標の登録は，関係国の権限のある官庁等の許可を受けた者が出願した場合にも排除される（商標4条2項参照）。

保護される外国の記章（国旗を除く）及び監督用・証明用の印章・記号は，パリ同盟国・WTO加盟国・商標法条約の締約国のものであって，そのうち経済産業大臣が指定するものである（商標4条1項2号・5号[65]）。これに対して，外国の国旗は，経済産業大臣が指定するものではなく，4条1項1号は単に「……外国の国旗と同一又は類似の商標」と規定している。これは，条約上の義務を履行するためには，前者については，国際事務局から通知されたものを保護すればよく，それを経済産業大臣が指定すれば足りるが，後者については，国際事務局からの通知なしに保護を与えなければならないという違いによるものと思われる。そして，外国の国旗であれば，わが国と条約関係のある国のものかどうかを問わずにその登録を排除するのは，わが国が，条約上の義務を超

64)　ただし，商標法4条1項5号は，「同一又は類似の標章を有する商標」と規定している。なお，赤十字に関わる商標については，商標法4条1項4号が定めている。

65)　監督用・証明用の印章・記号については，登録が排除されるのは，これらと同一・類似の商標すべてではなく，「その印章又は記号が用いられている商品又は役務と同一又は類似の商品又は役務について使用をするもの」に限られる。これは，パリ条約6条の3第2項を受けたものであろう。他方，地方公共団体も国家に準じた監督・証明機能を営む場合があることを考慮して，パリ同盟国・WTO加盟国・商標法条約の締約国の政府のみならず，これらの国の地方公共団体の監督用・証明用の印章・記号と同一・類似の商標の登録も排除される。

えて，あらゆる外国の国家の尊厳を保護しようとするものであろう。

国際機関を表示する標章についても，保護されるのは経済産業大臣が指定するものであるが，わが国と条約関係のある国が加盟している国際機関のものに限定されていない（商標４条１項３号）。ただし，国際機関を表示する標章と同一・類似の商標であっても，国際機関と関係があるとの誤認を生じないと考えられる場合（同号イ・ロ）は，商標登録は排除されない。

(b)　**使用禁止**　　使用禁止に関しては，不正競争防止法16条・17条が対応している。これらの規定に違反すると，刑事罰が科される（不競21条２項７号・22条１項）。

16条１項は，外国の記章であって経済産業省令で定めるものと同一・類似のものを商標として使用する行為を禁止し，同条３項は，外国の監督用・証明用の印章・記号[66]であって経済産業省令で定めるものと同一・類似のものを同一・類似の商品又は役務の商標として使用する行為を禁止している。「外国」はわが国と条約関係のある国に限定されていないが，使用が禁止されるのは経済産業省令で定めるものである。そのため，わが国が条約上の義務を履行するためには，商標法と同様に，国際事務局から通知されたものを経済産業省令で定めることとなる。ただし，外国の国旗については，わが国と条約関係のある国の国旗が採用されると，それを速やかに経済産業省令で定める必要がある。さらに，16条２項は，経済産業省令で定める外国の国の紋章を，商品の原産地を誤認させるような方法で使用する行為を禁止している。この規定は，パリ条約６条の３第９項に対応するものである。

17条は，国際機関と関係があると誤認させるような方法で，国際機関を表示する標章であって経済産業省令で定めるものと同一・類似のものを商標として使用する行為を禁止している。禁止される行為は，パリ条約６条の３第１項ｃ号第２文に基づき，国際機関と「関係があると誤認させるような方法」での使用に限られる。国際機関とは，「政府間の国際機関及びこれに準ずるものとして経済産業省令で定める国際機関」であり（不競17条括弧書），わが国と条約関係のある国が加盟している国際機関に限られず，また民間国際機関（例えば，

66）　監督用・証明用の印章・記号には，商標法４条１項５号と同様に，外国の政府のものだけでなく，外国の地方公共団体のものも含まれる。

国際オリンピック委員会）も含まれる。もっとも，外国の記章等と同様に，使用が禁止されるのは，経済産業省令で定める国際機関を表示する標章であり，わが国が条約上の義務を履行するためには，国際事務局から通知されたものを経済産業省令で定めることになる。

16条所定の行為を行っても，外国の記章等の使用の許可（許可に類する行政処分を含む）を行う権限を有する外国の官庁の許可を受けている場合は，同条に違反しない。17条に関し，国際機関の許可を受けている場合も同様である。

10　サービス・マークの保護

パリ条約6条の6は，「同盟国は，サービス・マークを保護することを約束する。同盟国は，サービス・マークの登録について規定を設けることを要しない」と規定している。この規定は，リスボン改正会議で導入されたものである。同改正会議では，サービス・マークを商標（商品商標）と同等に保護する提案がなされたが，サービス・マークの登録を義務づけることに多くの国が反対し，結局，サービス・マークの保護義務が定められるにとどまった。同盟国は，明文で規定されているように，サービス・マークを登録する義務を負うものではなく，その保護する方法を自由に決定することができる。なお，商標法条約16条は，「締約国は，サービス・マークを登録し，パリ条約の商標に関する規定をサービス・マークについて適用する」と規定している。

わが国においてサービス・マークは，以前は不正競争防止法によって保護されていたが，平成3年商標法改正より，サービス・マーク登録制度が新設された。

11　商号の保護

パリ条約8条は，「商号は，商標の一部であるかどうかを問わず，すべての同盟国において保護されるものとし，そのためには，登記の申請又は登記が行われていることを必要としない」と規定している。商号の保護の内容は規定されていないから，同盟国が自由に決めることができる。ただし，登記の申請・登記が行われていることを要することなく保護しなければならないので，保護が求められている国においては，登記が保護の要件とされている場合であっても，他国の商号については，その保護のために，自国においても当該他国においても登記を要求することはできない。

わが国では，商号は，不正競争防止法や商法・会社法，商標法等によって，様々な態様での保護が与えられている。例えば，不正競争防止法２条１項１号により，商号が商品等表示である場合，周知な商号と同一・類似の商品等表示を使用して混同を生じさせる行為は不正競争とされ，商法12条・会社法８条は，不正の目的をもって，他の商人・会社であると誤認させるおそれのある名称又は商号の使用を禁止している。また，商標法において，出願商標が他人の商号又はその著名な略称を含む商標であること（その他人の承諾を得ているものを除く。商標４条１項８号）は，拒絶理由（商標15条１号），登録異議理由（商標43条の２第１号），無効理由（商標46条１項１号）となっている。

12　商標・商号の不法付着の取締り

(1)　パリ条約の規定

パリ条約９条は，商標・商号が不法に付着された産品の取締りについて規定している。もっとも，同条は，以下にみるように，実際には，同盟国に内国民待遇原則以上に格別の義務を負わせるものではない。

９条１項は，「不法に商標又は商号を付した産品は，その商標又は商号について法律上の保護を受ける権利が認められている同盟国に輸入される際に差し押さえられる」と規定している[67]。また，差押えは，輸入の際のほか，不法付着が行われた同盟国又は不法付着物が輸入された同盟国の国内においても行われる（同条２項）。差押えは，検察官その他の権限のある当局又は利害関係人（自然人であるか法人であるかを問わない）の請求により，各同盟国の国内法令に従って行われる（同条３項）。

しかしながら，輸入差押え等の措置をとることは同盟国の義務ではなく，９条５項は，同盟国の法令が輸入差押えを認めていない場合には，その代わりに，輸入禁止又は国内における差押えが行われる旨を規定している。さらに，同条６項は，同盟国の法令が輸入差押え，輸入禁止及び国内における差押えを認めていない場合には，「その法令が必要な修正を受けるまでの間，これらの措置

67）　ただし，９条４項は，「当局は，通過の場合には，差押えを行うことを要しない」と規定している。

の代わりに，その同盟国の法令が同様の場合に内国民に保障する訴訟その他の手続が，認められる」と規定している。「その法令が必要な修正を受けるまでの間」とは，輸入差押え・輸入禁止・国内差押えを認める国内法令が制定されるまでの間という意味であり，そのような国内法令の制定を勧告する趣旨のものであるが，この勧告は義務的なものではないことが了解されている[68)]。

⑵　わが国法との関係

わが国では，他人の登録商標を付した商品を譲渡し，引き渡し，譲渡・引渡しのために展示し，輸入する行為は，商標権侵害となり（商標25条），商標権者は，譲渡や輸入等の差止めとともに，商標権侵害物の廃棄を請求することができる（商標36条）。また，商号が商品等表示である場合，他人の周知な商号を付した商品を譲渡し，引き渡し，譲渡・引渡しのために展示し，輸入して混同を生じさせる行為，及び他人の著名な商号を付した商品の譲渡や輸入等を行う行為は，不正競争となり（不競２条１項１号・２号），そのような行為によって営業上の利益を侵害される者は，譲渡や輸入等の差止めとともに，侵害行為組成物の廃棄を請求することができる（不競３条）。そして，関税法は，上記の商標権侵害物及び侵害行為組成物を輸入禁制品としており（同法69条の11第１項９号・９号の２・10号），税関長は，これらの貨物の没収等を行うことができる（同条２項）。

13　原産地表示の保護

⑴　パリ条約の規定

原産地表示に関して，パリ条約10条１項は，「前条の規定は，産品の原産地又は生産者，製造者若しくは販売人に関し直接又は間接に虚偽の表示が行われている場合についても適用する」と規定している。したがって，特定の地名や国名を産品の原産地とする虚偽の表示に対して，保護が要求される同盟国の国内法令が輸入差押え等の措置を定めている場合には，その措置が適用される。

虚偽の表示には，直接に行われる場合，つまり原産地を表示する言葉をそのまま用いる場合だけでなく，間接に行われる場合，例えば原産地を示唆する図

---

68)　ボーデンハウゼン132頁。

形や絵を用いる場合も含まれる。また，生産者・製造者・販売人に関する虚偽表示も，虚偽の原産地表示と同様に規制される。

虚偽の原産地表示の場合，原産地表示は商標や商号のような個人に属するものではないために，産品の差押え等を求める利害関係人の範囲は必ずしも明確ではない。そこで，同条２項では，「(1)の産品の生産，製造又は販売に従事する生産者，製造者又は販売人であつて，原産地として偽つて表示されている土地，その土地の所在する地方，原産国として偽つて表示されている国又は原産地の虚偽の表示が行われている国に住所を有するものは，自然人であるか法人であるかを問わず，すべての場合において利害関係人と認められる」と規定されている。例えば，A 国において，ある産品が，その原産地として偽って B 国と表示され販売されている場合，B 国の生産者等と A 国の生産者等の両方が利害関係人と認められる。

なお，原産地表示に関する他の条約として，「虚偽の又は誤認を生じさせる原産地表示の防止に関するマドリッド協定」（マドリッド原産地表示協定⇒第１章第２節３(3)）があり，同協定には，「この協定が適用される国又はその中にある場所を原産国又は原産地として直接又は間接に表示している虚偽の又は誤認を生じさせる表示を有するすべての生産物」に対して輸入差押え等の措置をとること（マドリッド原産地表示協定１条）等が定められている。また，TRIPS 協定 22 条～24 条は「地理的表示」の保護を規定している（⇒第３章第３節５）。1958 年に採択された「原産地名称の保護及び国際登録に関するリスボン協定」（⇒第１章第２節３(9)）には，わが国は未加入である。

(2)　わが国法との関係

わが国では，関税法 71 条１項は，「原産地について直接若しくは間接に偽つた表示又は誤認を生じさせる表示がされている外国貨物については，輸入を許可しない」と規定し，税関長は，そのような外国貨物について，輸入申告をした者の選択により，当該表示の消去・訂正又は貨物の積戻しをさせなければならない（同条２項）。また，不正競争防止法は，商品の原産地について誤認させるような表示をした商品の譲渡，引渡し，譲渡・引渡しのための展示，輸入等を不正競争と定め（不競２条１項 13 号），不正競争によって営業上の利益を侵害される者は，譲渡や輸入等の差止めとともに，侵害組成物の廃棄を請求することができる（不競３条）。差止・廃棄請求をすることのできる，営業上の利益を侵害される者は，パリ条約10条２項所定の利害関係人を含むように解されよう。

なお，不正競争防止法19条１項１号は普通名称等の適用除外を定めているが，「ぶどうを原料又は材料とする物の原産地の名称であって，普通名称となったもの」を適用除外の対象から除いている。これは，マドリッド原産地表示協定４条が，「各国の裁判所は，いかなる名称がその通有性のためにこの協定の規定の適用を除外されるかを決定しなければならない。ただし，ぶどう生産物の原産地の地方的名称は，この条に明記する留保には含まれない」と規定していることに基づくものである。同条は，ぶどう酒の生産販売に強い関心をもつ締約国の主張によって，ぶどう生産物の原産地の地方的名称を厚く保護するために定められたものである。

14　不正競争

⑴　不正競争の防止

不正競争に関して，パリ条約10条の２第１項は，「各同盟国は，同盟国の国民を不正競争から有効に保護する」と規定している。もっとも，不正競争からの保護の方法は具体的に定められておらず，同盟国が自由に決定することができる。また，同条２項は，「工業上又は商業上の公正な慣習に反するすべての競争行為は，不正競争行為を構成する」と，不正競争を定義しているが，「工業上又は商業上の公正な慣習」の内容は明らかとされておらず，どのような行為が不正競争となるかについても，次に述べる同条３項を除き，同盟国に委ねられている[69)]。

これに対して，同条３項は，「特に，次の行為，主張及び表示は，禁止される」として，次の３つの行為を列挙している。その３つの行為とは，①「いかなる方法によるかを問わず，競争者の営業所，産品又は工業上若しくは商業上の活動との混同を生じさせるようなすべての行為」，②「競争者の営業所，産

69)　なお，ボーデンハウゼン140頁は，不正競争の基準となる慣習は，不正競争に対して保護を求められている国に存在する公正な慣習に制限されず，その国の司法機関又は行政機関は，国際取引において確立されている公正な慣習も考慮しなければならないと述べる。後藤482頁は，この考え方に疑問を呈する。

品又は工業上若しくは商業上の活動に関する信用を害するような取引上の虚偽の主張」，③「産品の性質，製造方法，特徴，用途又は数量について公衆を誤らせるような取引上の表示及び主張」である。これらの行為は，不正競争とされるべき行為を例示したものであり，同盟国は，少なくともこれらの行為を禁止することを義務づけられる。

⑵　不正競争等の防止のための法律上の措置

不正競争，商標・商号の不法付着（⇒本章本節 12）及び原産地等の虚偽の表示（⇒本章本節 13）を防止するための法律上の措置として，10 条の 3 第 1 項は，「同盟国は，第 9 条から前条までに規定するすべての行為を有効に防止するための適当な法律上の救済手段を他の同盟国の国民に与えることを約束する」と規定している。本項の内容は，10 条の 2 第 1 項や 9 条 6 項のそれと大きな違いはないが，不正競争等を有効に防止するための規定を設けるに当たって，善意の行為に関して損害賠償請求を認めないことができるが，差止請求を認めないとすることはできないことが了解されている[70)]。

10 条の 3 第 2 項は，同盟国は，「利害関係を有する生産者，製造者又は販売人を代表する組合又は団体でその存在が本国の法令に反しないもの」が，不正競争，商標・商号の不法付着及び原産地等の虚偽の表示を防止するため司法的手段に訴え又は行政機関に申立てをすることができることとなるように措置を講ずることを約束する旨を規定している。ただし，そのような組合・団体は訴訟等を，「保護が要求される同盟国の法令により国内の組合又は団体に認められている限度において」行うことができればよいのであり，結局，この規定の内容は内国民待遇原則を超えるものではない。

⑶　わが国法との関係

わが国では，パリ条約 10 条の 2 第 3 項を新設したヘーグ改正条約（同規定は，その後，ロンドン改正条約，リスボン改正条約により改正）に加入するために，昭和 9 年に旧不正競争防止法が制定された。現行の不正競争防止法 2 条 1 項は 22 の行為を不正競争と定義しており，パリ条約 10 条の 2 第 3 項 1・2・

70)　ボーデンハウゼン 144 頁。

3は，それぞれ不正競争防止法2条1項1号・21号・20号が対応している。不正競争によって営業上の利益を侵害される者は侵害の差止めを請求することができる（不競3条）。他方，利害関係を有する生産者，製造者又は販売人を代表する組合・団体は，自らが不正競争によって営業上の利益を侵害される者でなければ，差止請求権を有しない。

第６節　その他の規定

POINT

◆ パリ条約は，13条以下に，パリ同盟の内部機関，条約の修正・改正，条約への加入，条約の廃棄，条約の適用関係，紛争の解決等に関する国際公法・管理的性格の規定を定めている。

1　概　　説

パリ条約は，13条以下に，国際公法・管理的性格の規定を定めている。例えば，パリ同盟の内部機関，条約の修正・改正，条約への加入，条約の廃棄，条約の適用関係，紛争の解決に関する規定である。

2　パリ同盟の内部機関

パリ同盟の内部機関として，総会（13条），執行委員会（14条），国際事務局（15条）等がある。

総会は，パリ同盟の最高機関であり，そのすべての政策決定権及び監督権を有している（13条2項）。13条から17条までの規定に拘束される同盟国により構成され（同条1項a号），各構成国は1の票を有する（同条4項a号）。総会の決定は，パリ条約の修正・改正の場合を除き，投票の3分の2以上の多数決によって行われる（同条4項d号）。総会は，①事務局長の召集により，2年ごとに1回，通常会期として会合する。その時期・場所は，例外的な場合を除き，WIPOの一般総会と同一である（同条7項a号）。また，②執行委員会の要請又は総会構成国の4分の1以上の要請があったときは，事務局長の招集により，臨時会期として会合する（同条7項b号）。

執行委員会は，①総会の議事日程案を作成すること，②事務局長が作成した同盟の事業計画案・2年予算案について総会に提案すること，③事務局長の定期報告・年次会計検査報告を，適当な意見を付して，総会に提出すること，④総会の決定に従い，総会の通常会期から通常会期までの間に生ずる事態を考慮して，事務局長による同盟の事業計画の実施を確保するためすべての必要な措置をとること，等を任務とする（14条6項a号）。総会の構成国の中から総会によって選出された国及びWIPOの本部が所在する国（スイス）で構成され（同条2項a号），総会は，衡平な地理的配分，特別の取極の締約国が執行委員会の構成国となることの必要性を考慮して，執行委員会の構成国を選出する（同条4項）。執行委員会の構成国の数は，総会の構成国の数の4分の1である（同条3項）。任期は，選出が行われた総会の会期終了時から総会の次の通常会期の終了時までであり（同条5項a号），再選はできるが，再選される国は執行委員会の構成国の3分の2までとされている（同条5項b号）。

同盟の管理業務は，ベルヌ条約によって設立された同盟事務局と合同した同盟事務局の継続である国際事務局（WIPOの知的所有権国際事務局。WIPO設立条約2条(ii)）が行う（パリ条約15条1項a号）。国際事務局は，同盟の諸内部機関の事務局の職務を行うこと，工業所有権の保護に関する情報を収集・公表すること，総会の指示に従い，かつ，執行委員会と協力して，この条約の改正会議の準備を行うこと（同条1項b号・2項・7項a号）等を任務とする。

3　条約の修正・改正

パリ条約では，同条約の改正として，13条から17条までの規定の修正（17条）とその他の規定の改正（18条）を区別している。

パリ条約の改正は改正会議の全会一致によって行われるという慣行があったが，管理規定である13条から17条までの規定の修正は，より簡便に行うことができるようにされている。この修正の提案は，総会の構成国，執行委員会又は事務局長が行うことができ（17条1項），総会が採択する。採択には，投票の4分の3以上の多数による議決を必要とする。ただし，13条及び17条2項の規定の修正には，投票の5分の4以上の多数による議決が必要である（17条2項）。修正は，これが採択された時に総会の構成国であった国の4分の3から受諾の通告を事務局長が受領した後1か月で効力を生ずる。このようにして受諾された修正は，その修正が効力を生ずる時に総会の構成国であるすべての国及びその後に総会の構成国となるすべての国を拘束する。ただし，同盟国の財政上の義務を増大する修正は，その修正の受諾を通告した国のみを拘束する（同条３項）。

これに対して，その他の規定の改正は，改正会議で審議され採択される（18条２項）。改正会議は，総会の構成国に限らず，すべての同盟国から構成され，その議決方法は，明示されていないが，これまでの慣行に従い，全会一致によるとされる。そして，改正された条約は，これを批准・加入した国のみを拘束する。

４　条約への加入

ストックホルム改正条約への批准・加入については，既にパリ同盟国である国とパリ同盟国でない国で異なる取扱いがされている。

20条は，同盟国によるこの改正条約の批准・加入に関する規定である。同盟国は，この改正条約に署名している場合にはこれを批准することができ，署名していない場合にはこれに加入することができる。批准書・加入書は事務局長に寄託される（20条１項ａ号）。同盟国は，その批准書・加入書において，その批准・加入の効果が，(ⅰ)１条から12条までの規定，又は(ⅱ)13条から17条までの規定，には及ばないことを宣言することができる（同条１項ｂ号）。そのような留保宣言をした国は，その後いつでも，批准・加入の効果を，留保宣言した(ⅰ)又は(ⅱ)に及ぼすことを宣言することができる（同条１項ｃ号）。ストックホルム改正条約は既に全体として効力を生じているので，これから批准書・加入書を寄託する同盟国については，事務局長がその寄託を通告した日の後３か月で効力を生ずる。ただし，批准書・加入書において，それより遅い日が指定されている場合には，その指定された日に効力を生ずる（同条２項ｃ号）。

同盟国でない国のこの改正条約の加入については，21条が規定している。非同盟国は，この改正条約に加入することができ[71]，加入書は事務局長に寄託する（21条１項）。非同盟国は，同盟国とは異なり，上記(ⅰ)又は(ⅱ)を留保する

71）非同盟国は，この改正条約に署名することができなかったので，これに加入することだけができる。

ことはできない。これから加入書を寄託する非同盟国についての効力発生時期は，上述した同盟国の場合と同じである（同条３項）。

この改正条約に関する留保は，前述した，①同盟国が，(i)又は(ii)のいずれかに批准・加入の効果が及ばないことを宣言する場合と，②同盟国であるか非同盟国であるかを問わず，28 条１項の司法的条項（後述参照）に拘束されないことを宣言する場合，にしか認められない（22 条）。

批准書・加入書を寄託する時には，いずれの国も，自国の国内法令に従いこの条約を実施することができる状態になっていなければならない（25 条２項）。また，そのような国は，自国の憲法に従い，この条約の適用を確保するために必要な措置をとることを約束するとされている（同条１項）。

ところで，批准・加入する改正条約について，23 条は，「この改正条約が全体として効力を生じた後は，いずれの国も，この条約の従前の改正条約に加入することができない」と規定している。ストックホルム改正条約は 1970 年５月 19 日に全体として効力を生じたので，その後は，同盟国であるか非同盟国であるかを問わず，この改正条約にしか批准・加入することはできず，これに先行する改正条約，例えばリスボン改正条約に加入することはできない。

５　条約の廃棄

パリ条約の有効期間は無期限であり（26 条１項），いずれの同盟国も，事務局長にあてた通告により，この改正条約を廃棄することができる（同条２項第１文）。ただし，同盟国として十分な経験を積むことなく早計に廃棄が決定されないように，同盟国となった日から５年の期間が満了するまでは，廃棄の権利を行使することができないと規定されている（同条４項）。

廃棄は，事務局長がその通告を受領した日の後１年で効力を生じる（同条３項）。廃棄は，従前のすべての改正条約の廃棄を伴うものである（同条２項第２文）。つまり，各国は全体として１個の同盟にだけ加入・脱退をすることができるのであり，この改正条約のみを廃棄し，先行する改正条約に加入し続けることはできない。また，廃棄の効力は廃棄を行った国についてのみ生じるのであり，他の同盟国については，この条約が引き続き効力を有する（同条２項第２文・第３文）。

6　条約の適用関係

パリ条約は新旧併存条約であり，この改正条約に加入していない同盟国があった場合，当該同盟国との間でどの改正条約が適用されるかが問題となる。この問題については，27条が規定している。

まず，①この改正条約は，それが適用される同盟国相互の関係においては，それが適用される範囲において，先行する改正条約にとって代わる（27条1項）。「それが適用される範囲」とは，この改正条約が全部適用される場合には全体を，一部適用される場合には当該部分を意味する。

次に，②この改正条約が全部又は一部適用されない同盟国であって，リスボン改正条約が適用されるものとの関係においては，リスボン改正条約が，全体として，又はこの改正条約が①によりとって代わる範囲を除き，引き続き効力を有する（同条2項a号）。同様に，③この改正条約が全部又は一部適用されない同盟国であって，リスボン改正条約も適用されないものとの関係においては，ロンドン改正条約が，全体として，又はこの改正条約が①によりとって代わる範囲を除き，引き続き効力を有する（同条2項b号）。同様に，④この改正条約が全部又は一部適用されない同盟国であって，リスボン改正条約もロンドン改正条約も適用されないものとの関係においては，ヘーグ改正条約が，全体として，又はこの改正条約が①によりとって代わる範囲を除き，引き続き効力を有する（同条2項c号）。

以上のように，ストックホルム改正条約が適用される同盟国とそうでない同盟国との間では，両者に共通する最新の改正条約が効力を有し，両国は当該改正条約を適用することができる。

最後に，同盟に属しない国でこの改正条約の締約国となるものは，この改正条約の締約国でない同盟国又はこの改正条約の締約国であるが1条から12条までの規定の留保宣言（20条1項b号(i)）を行った同盟国との関係において，この改正条約を適用し，前者の締約国は，後者の同盟国が，当該締約国との関係において，当該同盟国が締約国となっている最新の改正条約を適用することを承認しなければならない（27条3項）。

７　紛争の解決

パリ条約の解釈・適用に関して同盟国間で紛争が生じた場合において，交渉によって解決される場合又は紛争当事国が他の解決方法，例えば国際仲裁について合意している場合を除き，いずれか一方の紛争当事国が，国際司法裁判所規程に合致した請求を行うことにより，国際司法裁判所[72]に付託することができる。紛争が国際司法裁判所に付託される場合，付託する国は，その旨を国際事務局に通報しなければならず，国際事務局はそれを他の同盟国に通報する（28条1項）。これは，他の同盟国の注意を促すためであり，「事件の裁判によって影響を受けることのある法律的性質の利害関係をもつと認める国は，参加の許可の要請を裁判所に行うことができる」（国際司法裁判所規程62条1項）。

もっとも，いずれの国も，この改正条約の署名，批准書・加入書の寄託の際に，上記の司法的条項に拘束されないことを宣言することができる。この宣言を行った国と他の同盟国の間の紛争については，28条1項は適用されない（同条2項）。この宣言は，事務局長にあてた通告により，いつでも撤回することができる（同条3項）。

なお，TRIPS協定に関する紛争の解決には，WTO（世界貿易機関）の紛争解決手続を利用することができ（TRIPS協定64条⇒第3章第4節３），この点により，TRIPS協定がパリ条約に比べて相当にその実効性を高めている。

８　署名・言語

この改正条約は，フランス語による本書1通について署名するものとし，スウェーデン政府に寄託される（29条1項a号）。事務局長は，関係政府との協議の上で，ドイツ語，英語，スペイン語，イタリア語，ポルトガル語，ロシア語及び総会が指定する他の言語による公定訳文を作成する（同条1項b号）。ただし，これらの条約文の解釈に相違がある場合には，フランス文が優先する（同条1項c号）。

72）　国際司法裁判所とは，国際連合の主要な司法機関として国際連合憲章によって設置されたもので（国際司法裁判所規程1条），オランダのハーグに本部を置く。

第3章 知的所有権の貿易関連の側面に関する協定（TRIPS協定）

第1節　TRIPS協定の概要

POINT

- ◆ TRIPS協定とは，1995年に発効したWTO設立協定の附属書1C「知的所有権の貿易関連の側面に関する協定」である。
- ◆ 知的財産権問題がGATT/WTOで扱われる大きな理由は，TRIPS協定にかかる加盟国間の紛争について，制裁措置が可能になるWTOの多国間紛争解決手続が適用されるため，WIPO所管の知的財産に関する国際条約に比較して，執行力があることである。
- ◆ TRIPS協定の規定は，大別すると，一般原則，知的所有権の権利保護規範，及び権利行使手続に分けることができる。

1　TRIPS協定の成立

TRIPS協定は，「知的所有権の貿易関連の側面に関する協定」[1)]の略称であり，WTO（世界貿易機関）設立協定の附属書1Cである。なお，“intellectual property right”は，現在では，「知的財産権」と訳するのが一般的であるが，この条約については，「知的所有権」と訳されている。

⑴　米国の戦後構想

第二次世界大戦後の世界の経済秩序は，米国主導で構築されたものである。米国は，資本主義の大恐慌に始まった各国のいわゆるブロック経済の政策が国

1）Agreement on Trade-Related Aspects of Intellectual Property Rights.

際貿易の縮小と世界経済の混乱を招き，ひいては第二次世界大戦の勃発を招いたという反省に立ち，多角的な貿易・為替・投資の自由化を基礎とする国際経済秩序の構築を目指した。まず，為替と投資の通貨金融面では，1944 年７月に米国ニューハンプシャー州のブレトン・ウッズで開催された国際会議で，「国際通貨基金（IMF）設立協定」と「国際復興開発銀行（世界銀行）設立協定」が採択され，いわゆるブレトン・ウッズ体制が成立した。そして貿易面では，1947 年に「関税及び貿易に関する一般協定（GATT[2]，ガット）」が合意され，翌年１月１日より各国の関税譲許表とともに実施された。

⑵　GATT から WTO へ

GATT の下では，多角的な貿易交渉（ラウンドと呼ばれる）を通じて，貿易の自由化に向けた取組みが進められていたが，1986 年に始まったウルグアイ・ラウンドでは，GATT を全面的に強化するための交渉が行われた。物品貿易に関連する関税率の引下げや非関税障壁の撤廃等の伝統分野を交渉する従来のラウンドと異なり，「新分野」が交渉項目に加わった。新分野とは，サービス貿易，貿易関連投資措置，貿易関連知的財産権等である。

貿易関連知的財産権が交渉項目に加わったのは，米国の強い主張によるものであった。1980 年代から，米国は低下しつつある自国の産業競争力を回復するための方策として，知的財産権の保護を強化する政策（いわゆるプロパテント政策）を打ち出し，ウルグアイ・ラウンドにおいては，知的財産権の問題が物品の貿易に影響を与えていると主張し，交渉項目の１つとして扱うことを強く求めた。

知的財産権の保護に関する国際ルールとして，すでにパリ条約（⇒第２章），ベルヌ条約（⇒第７章）等があり，議論の場として世界知的所有権機関（WIPO）があるが，米国が GATT での交渉にこだわったのは，WIPO 所管の条約には条約違反に対する制裁措置が用意されていないという問題点があったからである。

ウルグアイ・ラウンドの交渉妥結に多くの年月を要したが，ついに 1994 年にモロッコのマラケシュで開かれた会議で交渉を終結させるマラケシュ宣言が

2）　General Agreement on Tariffs and Trade の略称である。

図1

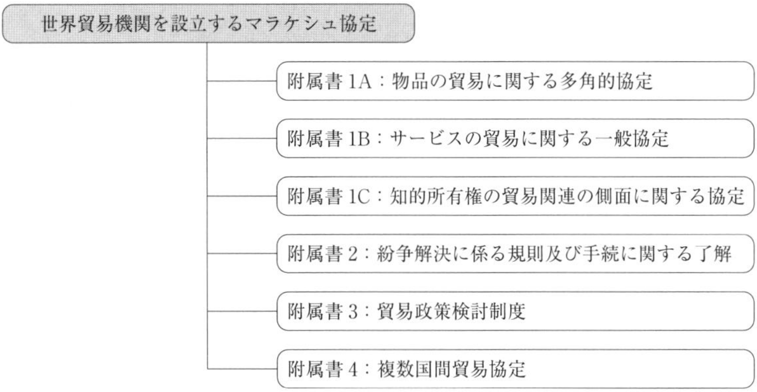

採択され，各国代表が最終文書に署名した。これにより，最終文書に添付された「世界貿易機関を設立するマラケシュ協定（WTO設立協定）」は翌1995年1月1日に発効し，TRIPS協定もWTO設立協定の附属書1Cとして発効したのである。

WTO加盟国は，2023年6月末現在，164か国である。わが国は，設立当初からWTO加盟国である。

(3)　WTO設立協定とその附属書

WTO設立協定は，本体及び附属書に含まれる各種協定からなる（図1）。16か条からなる本体は，WTOの機構，組織，意思決定手続のみを定めており，実質的な貿易ルールは，4つの附属書に定められている。これらの附属書のうち，附属書1～3はWTO設立協定の本体と一括受諾の対象とされており，WTO加盟国となるためには附属書1～3の全てを受諾しなければならない。附属書4は一括受諾の対象ではなく，受諾国間でのみ効力を有する。

2　TRIPS協定の構造

TRIPS協定は，前文と全7部の計73条からなる（図2）。

前文では，TRIPS協定の基本目的等が示されている。

第1部は，内国民待遇と最恵国待遇という基本原則，パリ条約の遵守義務等を定めている。

図２

- TRIPS 協定
  - 前文
（協定締結の理由と基本目的）
  - 第 1 部（1 条～8 条）：一般規定及び基本原則
（内国民待遇，最恵国待遇，パリ条約の遵守など）
  - 第 2 部（9 条～40 条）：知的所有権の取得可能性，範囲及び使用に関する基準
（特許，意匠，商標，著作権などの保護水準）
  - 第 3 部（41 条～61 条）：知的所有権の行使
（権利行使に関する民事上・行政上の救済措置）
  - 第 4 部（62 条）：知的所有権の取得及び維持並びにこれらに関する当事者間手続
（知的所有権の取得・維持手続）
  - 第 5 部（63 条・64 条）：紛争の防止及び解決
（紛争解決手続など）
  - 第 6 部（65 条～67 条）：経過措置
  - 第 7 部（68 条～73 条）：制度上の措置及び最終規定

第 2 部は，既存条約の実体規定をそのまま引用したうえ，著作権及び関連する権利，商標，地理的表示，意匠，特許，集積回路の回路配置，営業秘密等についてより高度な保護水準を定めている。

第 3 部は，知的所有権を行使するための手段について加盟国が遵守すべき基準を定めている。国内の司法手続等に関する具体的な規定を条約で規定したのは，TRIPS 協定が初めてである。

第 4 部は 62 条の 1 か条のみであり，知的所有権の取得・維持の条件と，取得・維持の手続，無効等の当事者間手続が従うべき基準を定めている。

第 5 部は，加盟国による TRIPS 協定の違反について，制裁措置が可能になる GATT の多数国間紛争解決手続を準用して解決することを定めている。

第 6 部は，開発途上国について TRIPS 協定を段階的に適用するための経過措置を定めている。

第7部は，TRIPS協定の実施，改正，安全保障のための例外措置等を規定している。

3　TRIPS協定の前文

⑴　前文の性格

TRIPS協定の前文は，法的文書としての本文と一体不可分のものであり，単なる宣言にとどまらず，加盟国に対して法的拘束力を有する。

⑵　第1段

GATTは物品貿易に関する協定であったため，GATTのウルグアイ・ラウンドにおいてTRIPS交渉を行うためには，知的所有権と物品貿易を関連づける必要があった。そこで，前文第1段では，知的所有権と国際貿易との関連性を示している。

なお，ここでは知的所有権の「有効かつ十分な保護」を強調する一方，知的所有権の「行使のための措置及び手続自体が正当な貿易の障害とならない」ことについても言及しているのは，知的所有権の保護という名目で，物品の輸入禁止措置を濫用することがあり得るという認識があったためである[3)]。

⑶　第2段

第2段では，TRIPS協定の特徴が5点にまとめられている。

(a)　**GATTの基本原則と既存の知的財産関係条約の適用**　　GATTの基本原則である「最恵国待遇」と「内国民待遇」は，TRIPS協定においても適用される（それぞれTRIPS協定4条と3条)。「最恵国待遇」は本来物品の貿易において発展してきたルールであり，TRIPS協定以前の知的財産関係条約で，「最恵国待遇」を定めるものはなかった。一方，「内国民待遇」は既存の知的財産関係条約にも規定されているものであるが，TRIPS協定3条や既存の知的財産関係条約における「内国民待遇」の内容と，GATTの「内国民待遇」の内容は異なる。すなわち，GATT3条の内国民待遇は，「国内産品」と「輸入品」との差別を禁止するものであるのに対して，TRIPS3条などの内国民待遇は，

3)　尾島12頁。

「自国民」と「外国人」との差別を禁止するものである。

既存の知的財産関係条約の適用に関して，TRIPS 協定はパリ条約，ベルヌ条約等の既存条約の実体規定をそのまま引用したうえ，これらにプラスしてより高度な保護水準を定めるという手法を採っている。これは「パリ条約プラス・アプローチ」,「ベルヌ条約プラス・アプローチ」等と呼ばれる手法である。

(b)　**貿易関連知的所有権に関する適切な基準の提供**　TRIPS 協定は，加盟国が遵守すべき最低基準（ミニマム・スタンダード）を規定している（1 条 1 項第 2 文)。もっとも，この最低基準でさえ，既存の知的財産関係条約の保護水準よりも高度なものになっている。

(c)　**知的所有権の行使手段の創設**　TRIPS 協定は，国内の知的所有権の行使手段としての司法手続について，加盟国が遵守すべき最低基準を具体的に規定している（第 3 部)。この点は国際条約として画期的である。

(d)　**多数国間における紛争解決手続の導入**　既存の知的財産関係条約には，加盟国による条約違反に対する効果的な紛争解決手続は設けられていなかった。これに対して，TRIPS 協定においては，これに違反した加盟国に対して，他の加盟国は違反措置の是正を求めて WTO の紛争解決機関に提訴することができ，是正勧告が出されたにもかかわらず違反国がこれに従わない場合に，その国に対して制裁措置を採ることが可能である（64 条 1 項⇒本章第 4 節 **3**)。

(e)　**開発途上国に対する経過期間の設定**　開発途上国・後発開発途上国に対して，相当高度な保護水準を定めた TRIPS 協定を先進国同様に一斉に適用することは不可能であったため，協定適用までの経過期間を与えている（第 6 部)。

(4)　第 3～5 段

ここでは，貿易との関連性の深い知的所有権の問題として，不正商品の国際的流通に対する規制の必要性に言及し（第 3 段)，知的所有権が私権であることを確認し（第 4 段)，知的所有権保護制度の根底にある公共政策目的を認識している（第 5 段)。

このうち特に重要なのは，知的所有権が私権であることを確認した第 4 段である。この性格づけは，第 3 部に定める知的所有権の行使手続に影響するものである。例えば，権利行使のために民事上の司法手続が利用可能でなければならないし（42条），侵害物品の水際規制においても，権利者の申立てによる手続が原則であり，職権規制は補充的であると位置づけられている（52条・58条）。

⑸　第６～８段

ここでは，後発開発途上国の事情を考慮して条約適用に最大限の柔軟性（すなわち長期の経過期間）を認め（第６段），国家間の紛争が生じた場合に，WTOが用意した多数国間紛争解決手続を利用し，一方的な制裁措置を用いるべきでないことを強調し（第７段），WTOとWIPOとの協力関係の確立を望むとしている（第８段）。なお，WTOとWIPOは1995年12月22日に，国内法令の通報，技術協力等に関する協定を締結した。

第２節　一般規定と基本原則

POINT

◆　TRIPS協定は，WTO加盟国に対しパリ条約の実体規定及びパリ条約の保護水準を超える新たな義務の履行を最低基準として遵守すべきこと（パリ条約プラス・アプローチ）を規定する。

◆　TRIPS協定が定める基本原則として，内国民待遇原則と最恵国待遇原則がある。

内国民待遇原則とは，他の加盟国の国民に対して，内国民と差別しない待遇を与えるという原則である。

最恵国待遇原則とは，他のいずれかの国民に与えた有利な待遇は，即時かつ無条件に他の加盟国の国民にも与えなければならないという原則である。

１　概　　説

１条～８条までの第１部（一般規定及び基本原則）では，TRIPS協定全体を通じる総則的な規定が定められており，加盟国は，知的所有権の保護に関し他の加盟国の国民に対し内国民待遇及び最恵国待遇を与えること，パリ条約の遵守義務を負うこと等が規定されている。

2　義務の性質と範囲

1条は，この協定の義務の性質及び範囲について規定している。

⑴　加盟国の義務と保護の最低基準

1条1項第1文は，この協定の各条項について，各加盟国に国際法上の実施義務があることを端的に規定している。これを違反した場合には，64条に定める紛争処理手続の対象となる。

第2文は，いわゆる最低基準（ミニマム・スタンダード）の原則を規定するものである。すなわち，TRIPS 協定が定める基準は，加盟国が一律に遵守しなければならない最低基準であって，この協定が適用される限り，国別の事情に応じた例外が一切認められないこと，加盟国がこの協定の基準よりも高いレベルの保護を国内法に定めて提供することはできるが，その義務を負わないことを意味する。もっとも，加盟国の国内法で提供する TRIPS 協定よりも高いレベルの保護は，協定自体のいずれかの条項に違反するようなものであってはならない。例えば，内国民待遇や最恵国待遇の原則に反して，自国民や特定の加盟国の国民のみに対して，より高度な保護を与えるような国内法は，この協定に違反するのである。

第3文は，この協定の各条項の実施方法については，各国の法制度の範囲内で自由に決めることができると規定しているが，上記の点からすれば当然のことであり，確認的な規定にすぎない。

⑵　保護の対象である知的所有権

1条2項は，TRIPS 協定における保護の対象である「知的所有権」の定義規定である。これによれば，第2部の第1節～第7節に規定される権利が対象である。すなわち，①著作権及び関連する権利，②商標，③地理的表示，④意匠，⑤特許，⑥集積回路の回路配置，⑦開示されていない情報の7つである。これは，工業所有権，具体的には，特許，実用新案，意匠，商標，サービス・マーク，商号，原産地表示，原産地名称，不正競争の防止を保護対象とするパリ条約と異なるものである（パリ条約1条2項⇒第2章第1節 3）。特に，実用新案が

TRIPS 協定の保護対象に含まれていないことに留意する必要がある。なお，サービス・マークは，「商標」の概念に含まれている（⇒本章第３節４⑵）。

⑶　保護を受ける「他の加盟国の国民」

３条，４条は内国民待遇と最恵国待遇を具体的に定めているが，そのような待遇を受けることのできる「他の加盟国の国民」の範囲を定めるのは，１条３項である。

１条３項では，既存の知的財産関係条約においてすでに形成されてきた秩序を変更することによる混乱を避けるために，「他の加盟国の国民」としてWTO 加盟国の国民に限定するというような単純な定義規定を置かなかった。むしろ，既存の知的財産関係条約，つまりパリ条約２条・３条，ベルヌ条約３条〜5 条，ローマ条約（「実演家，レコード製作者及び放送機関の保護に関する国際条約」⇒第８章第４節２）２条・４条〜６条，IPIC 条約（「集積回路についての知的所有権に関する条約」⇒第１章第２節３⑹）５条の規定がそれぞれ定めている内国民待遇原則が適用される者の範囲をそのまま踏襲するという形を採っている。

その結果，WTO 加盟国以外の国の者であっても，既存の条約によって内国民待遇を受けることができる者であれば，当該条約が保護する知的所有権に関して，TRIPS 協定上の利益を享受することができる。もっとも，このような利益を享受できるのは「者」（自然人又は法人）であって，その者が属するWTO 加盟国でない国は，WTO の紛争解決手続を利用することはできない。

なお，国家主権の存否とは無関係に一定の地域において関税を自由に決定できる等，対外通商関係および WTO がその対象とする事項の処理について完全な自治権を有する政府が存在していれば，いわゆる「独立の関税地域」としてWTO に加入することができる。そのため，例えば，香港，台湾のような独立の関税地域が WTO に加盟した場合，そこに住所を有しているか又は現実に真正の工業上若しくは商業上の営業所を有する自然人又は法人も，TRIPS 協定上の「他の加盟国の国民」に該当することになる（1条3項注1）。香港，台湾は，実際に WTO に加盟している。

３　パリ条約プラス・アプローチ

２条１項は，すべての加盟国に対し，パリ条約の実体規定及びパリ条約の保護水準を超える新たな義務の履行を最低基準として遵守すべき旨を定めている。これは「パリ条約プラス・アプローチ」と呼ばれるものである。

その結果，パリ条約の同盟国ではなくても，WTO 加盟国であれば，パリ条約の規定，すなわち特許，実用新案，意匠，商標，サービス・マーク，商号，原産地表示，不正競争防止等の規定に関する利益を享受することができると同時に，これらを遵守する義務も生じ，違反があれば，WTO の紛争解決手続の対象となる。

商号に対する TRIPS 協定の適用が争点の一つとなった欧州共同体（EC）と米国との WTO の紛争解決手続では，上級委員会は，TRIPS 協定の下において WTO 加盟国は商号を保護する義務を有すると判断した[4)]。この事件において，パネルは，TRIPS 協定１条２項によれば協定の対象となるのは第２部第１節から第７節までの規定にいう知的所有権であって，２条１項も加盟国が「第２部から第４部までの規定について」パリ条約を遵守すると定めるのみで，第２部から第４部までに列挙されていない商号を保護対象とする必要はないと解釈した。これに対して，パネル報告に対する上訴を受けた上級委員会は，植物の品種のように，第２部第１節から第７節までの「表題」に記載されていないものを保護する条文（27 条３項）もあることに言及したうえ，２条１項は商号の保護を規定したパリ条約８条（⇒第２章第５節 11）を引用しており，パネルの解釈は２条１項の文言に反するとしてこれを覆した。

なお，TRIPS 協定では，パリ条約プラス・アプローチの他にも，著作権について「ベルヌ条約プラス・アプローチ」，集積回路の回路配置について「IPIC 条約プラス・アプローチ」が採用されているが，関連する権利（著作隣接権）について「ローマ条約プラス・アプローチ」は採用されていない。

２条２項は，パリ条約等の既存の条約によって加盟国間にすでに発生している義務が TRIPS 協定によって影響を受けない旨を定めている。これは国際法上当然のことを確認的に規定しているに過ぎない。

4）　パネル報告 WT/DS176/R（提出日 2001 年８月６日），上級委員会報告 WT/DS176/AB/R（提出日 2002 年１月２日，採択日 2002 年２月１日）。松下満雄「『米国のオムニバス法 211 条』パネル報告・上級委員会報告」『WTO パネル・上級委員会報告書に関する調査研究報告書 2002 年度版』〈https://www.meti.go.jp/policy/trade_policy/wto/3_dispute_settlement/33_panel_kenkyukai/2002/02-5.pdf〉（2023 年７月 24 日最終アクセス）参照。

４　基本原則と例外

⑴　概　説

TRIPS 協定は，GATT と同様に加盟国に対し，内国民待遇原則（3 条）及び最恵国待遇原則（4 条）を義務づけている。これらの原則は，知的所有権の取得，範囲，維持，さらに権利行使及び使用に関する事項にも適用される（3 条脚注）。

⑵　内国民待遇原則

３条１項１文は，内国民待遇について，「各加盟国は，知的所有権の保護……に関し，自国民に与える待遇よりも不利でない待遇を他の加盟国の国民に与える」と規定している。すなわち，内国民待遇原則とは，他の加盟国の国民に対して，自国民と差別しない待遇を与える原則をいう。内国民待遇原則は，パリ条約２条１項，ベルヌ条約５条等にも定められているが（⇒第２章第２節 **2**，第７章第２節 **2**），TRIPS 協定は，GATT ３条４項と同様に，「より不利でない待遇」という文言を使用していることに特徴がある。ただし，GATT の内国民待遇と TRIPS 協定の内国民待遇は，その内容が異なることに注意すべきである。すなわち，GATT ３条の内国民待遇は，あくまでも輸入品と国内産品の差別を禁止するという「物」を対象にしているものであるのに対して，TRIPS 協定は自国民と外国人の差別を禁止するという「人」に関するものを対象としている。

「より不利でない待遇」と規定されているため，他の加盟国の国民に対して自国民と同一の待遇を与えるほか，自国民よりも有利な待遇を与えることも許される。

実演家，レコード製作者及び放送事業者の権利，いわゆる著作隣接権に関しては，TRIPS 協定に規定された権利についてのみ内国民待遇を与えれば足りる旨が規定されている（3 条 1 項第 2 文）。これは，米国には著作隣接権の概念がなく，ローマ条約にも加入していないため，これらの権利についても特許権等と同様に内国民待遇を義務づけると，米国のただ乗りを許すことになってしまうと考えられたからである[5)]。

なお，内国民待遇を受けることができる「他の加盟国の国民」の範囲について，前述したとおり，1条3項において規定している。

(3) 内国民待遇原則の例外

(a) **3条1項ただし書による例外**　3条1項ただし書は内国民待遇の例外を定めている。つまり，パリ条約2条3項，ベルヌ条約2条7項，6条，7条8項，14条の3第2項，ローマ条約16条1項，IPIC条約5条2項に規定される例外は，TRIPS協定上も例外となる。

また，ベルヌ条約6条及びローマ条約16条1項b号は内国民待遇の例外を援用するための手続要件として，それぞれWIPOの事務局長，国際連合の事務総長への通告を課しているが，これらの規定を用いる加盟国は，WTOのTRIPS理事会（貿易関連知的所有権理事会）[6)]に対して上記通告を行うことが定められている（3条1項第3文）。

なお，5条による例外もあるが，この点は後述する。

(b) **3条2項による例外の制限**　3条2項は，司法手続及び行政手続に関しては，既存の諸条約よりも更に限定された範囲でしか内国民待遇の例外を認めないこととする規定である。本項は，①この協定に反しない法令の遵守を確保するために必要であり，かつ，②その例外の実行が貿易に対する偽装された制限とならない態様で適用される場合に限って認められるとすることにより，例外の援用を厳しく制限している。例えば，パリ条約2条3項では，司法上の手続，行政上の手続，裁判管轄権，住所の選定，代理人の選定等について，パリ条約における内国民待遇の例外を同盟国の国内法令で何ら制約なしに定めることができることになるが，本項によれば，そのような場合であっても内国民待遇原則の例外は，上記①②の条件を満たす場合のみ，その援用が認められるということである。

5）　尾島35頁。

6）　TRIPS理事会とは，TRIPS協定の実施に関することをつかさどるWTOの機関であり（WTO設立協定4条5項），TRIPS協定の「実施，特に，加盟国のこの協定に基づく義務の遵守を監視し，及び加盟国に対し，知的所有権の貿易関連の側面に関する事項について協議の機会を与える」（68条）。

(4)　最恵国待遇原則

４条第１文は，最恵国待遇について，「知的所有権の保護に関し，加盟国が他の国の国民に与える利益，特典，特権又は免除は，他のすべての加盟国の国民に対し即時かつ無条件に与えられる」と規定している。すなわち，最恵国待遇原則とは，他のいずれかの国民に与えた有利な待遇は，即時かつ無条件に他の加盟国の国民にも与えなければならない原則をいう。

最恵国待遇原則は，GATT の基本原則であるが，パリ条約やベルヌ条約等の既存の知的財産関係条約にはみられない原則である。従来，知的財産権保護の分野で自国民よりも外国人を優遇することはなく，内国民待遇を規定すれば内外権利者の差別をなくすという意味で問題は生じないと考えられていたために，既存の条約では最恵国待遇は規定されなかった。しかし，例えば，1986年に締結された米韓協定において韓国が米国民の発明に対してのみ医薬品の物質特許を認めたこと等をきっかけに，内外権利者のみならず加盟国の国民間の差別的な待遇を回避するために，最恵国待遇の規定を設ける必要性が認識された。そして，TRIPS 協定においては，後述する限定的な例外を認めたうえ，最恵国待遇が規定されることになった。ただし，GATT と同じ最恵国待遇原則といっても，内国民待遇と同様に，GATT の最恵国待遇は，あくまでも物品に着目し，物品の原産地による差別を禁じるものであるのに対し，TRIPS 協定の最恵国待遇は，人に着目し，関係者の「国籍」による差別を禁じるものである。

なお，「他の国の国民に与える利益」と規定されているので，有利な待遇は他の同盟国の国民に与えたものに限られず，非加盟国の国民に与えたものまでも含まれる。そのため，非加盟国の国民に与えた利益も他のすべての加盟国の国民に対し即時かつ無条件に与えなければならないことになる。

(5)　最恵国待遇原則の例外

４条第２文は「加盟国が与える次の利益，特典，特権又は免除は，そのような義務から除外される」と規定し，最恵国待遇原則について，(a)〜(d)の４つの例外を認めている。

(a)は一般的な司法共助及び法執行に関する国際協定に基づく例外である。司法制度に関しては，各加盟国に相当の相違があり，また，様々な形で司法共助及び法執行に関する国際協定が締結されている中で，これらをすべて最恵国待遇原則の対象に加えるのは相当ではないとして，例外とするものである。

(b)は，ベルヌ条約又はローマ条約においてすでに存在する相互主義条項が認められているものを例外とするものである。

(c)は，実演家，レコード製作者及び放送機関の権利のうち，TRIPS 協定に規定されていないものを例外としている。よって，TRIPS 協定に実演家等の権利として規定されているもの（⇒第 8 章第 4 節 4）についてのみ最恵国待遇を認めれば足りる。それ以外の権利については，最恵国待遇原則の適用の義務がない。その理由は 3 条 1 項と同様で，著作隣接権の概念が存在しない加盟国によるただ乗りを最小限にするためである[7)]。

(d)は，WTO 設立協定の発効前に発効した国際条約に基づくものを例外としている。ただし，この例外を認める条件としては，当該国際協定が TRIPS 理事会に通報され，かつ，他の加盟国の国民に対する恣意的又は不当な差別とならないことである。したがって，国際協定に基づかずに国内法令で他の国民に付与された待遇は，この例外には該当しない。何が「恣意的又は不当な差別」になるかの判断は，紛争が生じた際に WTO の紛争解決機関が設置するパネルが行うことになる。

なお，上記通報に関して，通報の方法や期限についての定めは置かれていない。

(6)　５条による例外

5 条は，3 条及び 4 条に「基づく義務は，知的所有権の取得又は維持に関して WIPO の主催の下で締結された多数国間協定に規定する手続については，適用しない」と規定する。

本条は，内国民待遇原則及び最恵国待遇原則の例外として，既存の WIPO 所管の条約中に規定された知的所有権の取得・維持に関する手続を挙げている。既に確立している条約秩序に混乱をきたすのを避けるためと，既存の条約に加入せず，条約の義務を履行しないまま利益のみを得ようとするような不当なただ乗りを防ぐためである[8)]。

---

7)　尾島 41 頁。

なお，UPOV 条約（植物の新品種の保護に関する国際条約⇒第１章第１節３(3)）はWIPO 所管の条約ではないため，本条の対象に含まれない。

(7)　４条の改正

最恵国待遇原則の重要性に鑑み，４条の改正には厳格な条件が課されている。つまり，本条の改正は，全加盟国の受諾がなければ発効しない旨が WTO 設立協定 10 条２項に規定されている。

(8)　わが国法との関係

従来のわが国法はパリ条約の内国民待遇の原則に対応するものであった。しかし，TRIPS 協定によって，パリ条約の諸規定が取り入れられ，内国民待遇とともに最恵国待遇が基本原則となったため，優先権の適用範囲が拡大し，パリ同盟国の国民以外でも優先権の主張が可能となった。そこで，TRIPS 協定に従いつつ，優先権の適用範囲を明確にするために，「パリ条約の例による優先権主張」として特許法 43 条の２と 43 条の３が設けられた。

注目すべき点は，まず，パリ同盟国の国民は，自国が WTO 加盟国でなくとも WTO 加盟国においてした出願に基づき優先権を主張できるとしていることである。そして，WTO 加盟国の国民は，WTO 加盟国でなくてもパリ同盟国においてした出願に基づき優先権を主張できることとしていることである。整理すると，つぎのようになる。

① WTO 加盟国の国民は，WTO 加盟国においてした出願に基づく優先権を主張することができる。これは TRIPS 協定２条１項の規定に基づく優先権である。

② WTO 加盟国の国民は，パリ同盟国においてした出願に基づく優先権を主張することができる。これは TRIPS 協定の内国民待遇及び最恵国待遇の規定に基づく優先権である。

③パリ同盟国の国民は，WTO 加盟国においてした出願に基づく優先権を主張することができる。これはパリ条約２条の内国民待遇の規定に基づくものではなく，TRIPS 協定３条及び４条との関係で政策的に拡充したものと解される。

---

8)　尾島 45 頁。

5 消　　尽

(1) 消尽とは

例えば，特許権者は，特許権の効力として，特許発明の実施（使用，譲渡等）をする権利を専有する（特許 68 条)。では，特許権者又は特許権者から許諾を受けた者によって適法に流通に置かれた特許発明の実施品を，他人が使用し又は転売することも特許権を侵害することになるか。このような行為を国内で行うことは，特許権の侵害にならないとされるが，そのために用いられるのが「権利の消尽」という概念である。

権利の消尽とは，知的財産権に係る物品が一旦権利者自身またはその承諾を得た者によって市場の流通に置かれた後は，当該物品に対する権利は使い尽されたものとみて，それ以降はもはや当該物品について再度権利を主張することができず，したがって他者による当該物品の使用・販売等は権利の侵害行為にならないとされるものである。これらの行為が同一国内で行われる場合に権利の消尽（国内消尽）を認めることは，国際的にも通説になっている。

問題は，国際的な場面での権利の消尽（国際消尽）を認めるかどうかである。国際消尽を認めない立場では，一旦 A 国で市場の流通に置かれた物品が B 国に輸入されてきた場合に，B 国における権利者は知的財産権を行使して当該物品の輸入を差し止めることができることになる。逆に，国際消尽を認める立場では，A 国で市場の流通に置かれた以上，権利は消尽するので，B 国においても輸入を差し止めることができない。

この問題は，並行輸入を法的に規制するか，また規制するとしてどのように規制するかに直結するため，貿易関連の知的財産権問題を対象とする TRIPS 協定の交渉では，極めて重要な項目として取り上げられ，最終段階まで米国と開発途上国との間で激しく議論された。

交渉の末，6 条が妥協の産物として生まれた。

(2) 6 条の趣旨

6 条は，「この協定に係る紛争解決においては，第 3 条及び第 4 条の規定を除くほか，この協定のいかなる規定も，知的所有権の消尽に関する問題を取り扱うために用いてはならない」と規定している。

この規定は，国際消尽について価値中立的なものになっている。つまり，ある加盟国が国際消尽を認める，又は認めない制度を持っているとしても，これをTRIPS協定に違反するとして，WTOの紛争解決手続を利用することはできないのである。特に関係する規定としては，輸入を特許権の内容に含める28条１項があるが，国際消尽の肯定（並行輸入の認容）を，同項に違反するものとして，紛争解決手続の対象にすることはできない。

もっとも，６条は「第３条及び第４条の規定を除く」と規定しているから，国際消尽は例外的に，内国民待遇原則及び最恵国待遇原則の制約を受けることになる。例えば，自国民の特許権は消尽しないのに，外国人の特許権は消尽するという加盟国の制度は内国民待遇原則に違反する。また，同じく加盟国であるのに，A国人の特許権は消尽しないのに，B国人の特許権は消尽するという制度は最恵国待遇原則に違反する。これらの違反は，国際消尽の問題ではあっても，紛争解決手続の対象になる。

なお，EU（欧州連合）の域内消尽の制度の下では，同じ商標が付された商品であっても，域内の国からの並行輸入はできるのに，域外の国からの並行輸入はできないことになる[9)]。同制度は権利者の国籍に基づく区別をしていないので，最恵国待遇原則に違反するものではない。ただし，GATT１条の最恵国待遇原則に抵触するかという問題がある。この点は結局，関税同盟，自由貿易地域といった地域経済統合を許容するGATT 24条の解釈問題である。つまり，EU域内の物の自由移動の原則がGATT１条に反しないとすれば，EU域内消尽もGATT１条に抵触しないということになろう。

⑶　わが国法との関係

わが国では，最高裁は，特許権に関するベーベーエス事件において，特許権の国際消尽論を否定しつつ，「我が国の特許権者又はこれと同視し得る者が国外において特許製品を譲渡した場合においては，特許権者は，譲受人に対しては，当該製品について販売先ないし使用地域から我が国を除外する旨を譲受人との間で合意した場合を除き，譲受人から特許製品を譲り受けた第三者及びそ

9)　ボードウィック（小川明子・訳）「欧州連合における知的財産権の消尽」高林龍ほか編集代表『現代知的財産法講座Ⅲ：知的財産権法の国際的交錯』（日本評論社，2012年）253頁参照。

の後の転得者に対しては，譲受人との間で右の旨を合意した上特許製品にこれを明確に表示した場合を除いて，当該製品について我が国において特許権を行使することは許されない」と述べた[10)]。また，商標権に関するフレッドペリー事件において，いわゆる商標的機能論に基づき，商標権侵害とならない「真正商品の並行輸入」に該当するための要件を挙げた[11)]。

６　目的及び原則

⑴　TRIPS 協定の目的

７条は，「知的所有権の保護及び行使は，技術的知見の創作者及び使用者の相互の利益となるような並びに社会的及び経済的福祉の向上に役立つ方法による技術革新の促進並びに技術の移転及び普及に資するべきであり，並びに権利と義務との間の均衡に資するべきである」と規定している。この規定は，知的所有権の保護及び行使がいかなる目的を持つべきかという精神的な目標を掲げるものである。

本条は単なる精神規定であるため，これ自体が特に TRIPS 協定中の他の規定の権利義務関係に影響を与えることはない。

⑵　TRIPS 協定の原則

８条１項は，「加盟国は，国内法令の制定又は改正に当たり，公衆の健康及び栄養を保護し並びに社会経済的及び技術的発展に極めて重要な分野における公共の利益を促進するために必要な措置を，これらの措置がこの協定に適合する限りにおいて，とることができる」と規定している。交渉過程で特に念頭に置かれていたのは，医薬品や食品等に関する物質特許であるが，本項によれば，加盟国は国内法を制定又は改正する際に，公共の利益を促進するために必要な措置をとることができるが，その措置は TRIPS 協定に適合するものでなければならない。

８条２項は，「加盟国は，権利者による知的所有権の濫用の防止又は貿易を

10）　最判平成９年７月１日民集 51 巻６号 2299 頁〔ベーベーエス事件〕。茶園（特許）286～287 頁［茶園］参照。

11）　最判平成 15 年２月 27 日民集 57 巻２号 125 頁〔フレッドペリー事件〕。茶園（商標）237～240 頁［茶園］参照。

不当に制限し若しくは技術の国際的移転に悪影響を及ぼす慣行の利用の防止のために必要とされる適当な措置を，これらの措置がこの協定に適合する限りにおいて，とることができる」と規定している。本項は，開発途上国の主張に配慮して置かれた規定で，１項と同様に，「この協定に適合する限りにおいて」という限定条件付きで，加盟国は，権利者による知的所有権の濫用に対して適当な措置を講ずることができることを定めている。なお，本項に関連する条文として，後述する 40 条がある。

第３節　知的所有権の保護

POINT

◆　TRIPS 協定は，知的所有権全般にわたって保護水準を定めている。本節では，①特許，②意匠，③商標，④地理的表示，⑤集積回路の回路配置，⑥開示されていない情報，及び⑦反競争的行為の規制に関する規定を取り扱う。

１　概　　説

TRIPS 協定は，知的所有権全般にわたって保護水準を定めている。以下では，保護される権利のうち，特許，意匠，商標，地理的表示，集積回路の回路配置，開示されていない情報について，この順序で述べる。また，反競争的行為の規制に関する規定について説明する。ただし，著作権及び関連する権利については，後述する（⇒第８章第２節・第４節４）。

２　特　　許

⑴　概　説

TRIPS 協定における特許に関する規定は，27 条～34 条である。このうち，27 条は特許の対象，28 条は特許権の内容，30 条は 28 条の例外を定めている。また，29 条は特許出願人の発明開示等，31 条は強制実施権等，32 条は特許の取消し又は特許権の消滅，33 条は保護期間，34 条は方法特許の立証責任をそれぞれ定めている。

⑵　特許の対象

⒜　**特許要件**　　27 条１項第１文は,「2 及び 3 の規定に従うことを条件として，特許は，新規性，進歩性及び産業上の利用可能性（注）のあるすべての技術分野の発明（物であるか方法であるかを問わない。）について与えられる」と規定し，特許要件として,「新規性」,「進歩性」と「産業上の利用可能性」を挙げている。第１文によれば，後述する２項と３項の除外に該当せず，かつ上記３つの特許要件を満たせば，その発明の属する技術分野を問わず，加盟国は物の発明であれば物の特許を，方法の発明であれば方法特許を付与しなければならない義務を負う。

もっとも，これらの要件はあくまで特許を付与すべき実体的要件であり，これらのほかに，所定の出願手続に基づいて出願し，出願料や特許料を支払うこと等の手続的要件を，各加盟国が定めることは当然許される。

なお，１項の注によれば，27 条の適用上,「加盟国は,『進歩性』及び『産業上の利用可能性』の用語を，それぞれ『自明のものではないこと』及び『有用性』と同一の意義を有するとみなすことができる」とされている。これは米国特許法の用語との整合性を保つために挿入されたものである。

⒝　**発明地等による差別の禁止**　　27 条１項第２文はさらに，いくつかの例外規定に従うことを条件として,「発明地及び技術分野並びに物が輸入されたものであるか国内で生産されたものであるかについて差別することなく，特許が与えられ，及び特許権が享受される」と規定している。これは①発明地が国内か国外かによって，②いかなる技術分野における発明であるかによって，また，③発明の対象物が輸入品か国産品かによって，特許の付与及び特許権の享受について差別することを原則禁止する旨の規定である。

特許の付与だけではなく，特許権の享受についても差別を禁止しているため，特許付与後の強制実施権の設定についても，この差別禁止の規定が適用されることになる。

⒞　**不特許事由**　　27 条２項は，不特許事由として，加盟国が公序良俗を守ることを目的として，商業的な実施を自国内で防止する必要がある発明を特許の対象から除外することができると規定している。ただし，その除外が，単に当該加盟国の国内法令によって当該実施が禁止されていることを理由として行われてはならないとされている。

つまり，不特許事由として認められるには，以下の要件を満たす必要がある。

(i)　公序良俗を守ることを目的とすること　　ここで注意すべきは，2項でいう公序良俗は，一般的にいう「公の秩序又は善良の風俗」よりも広い点であり，括弧書きで「人，動物若しくは植物の生命若しくは健康を保護し又は環境に対する重大な損害を回避することを含む」という文言が挿入されているように，公衆衛生と環境の保護もその対象となる。

(ii)　商業的実施を自国の領域内において防止すること　　ある発明を特許の対象から除外するためには，単に公序良俗を守ることを目的とするだけでは不十分であり，必ずその発明の国内における商業的な実施を防止する措置がとられなければならない。これは人間等の健康を守ることを口実にして，医薬品の発明を特許の対象から除外するという抜け道を防止するための規定である。

(iii)　単に国内法による実施の禁止を理由とする除外は認められない　　加盟国の国内法令が当該実施を禁止していることのみを理由に，発明を特許の対象から除外することはできない。パリ条約にも類似する規定がある（パリ条約4条の4⇒第2章第3節**3**）。

なお，わが国特許法32条は，「公の秩序，善良の風俗又は公衆の衛生を害するおそれがある発明」は特許を受けることができないと定めており，本項と整合的である。

(d)　**特許の対象から除外できるもの**　　27条3項は，2項の一般的な不特許事由とは別に，加盟国が国内法によって特許の対象から除外することができる発明を限定列挙している。なお，2項と同様に，3項は「特許の対象から除外することができる」という文言を使用しているため，ここで列挙されたものを特許の対象から除外することは加盟国の義務ではない。

3項が除外できるものとして限定列挙している発明は，以下の2種類である。

(i)　人又は動物の治療のための診断方法，治療方法及び外科的方法（a号）　　a号はいわゆる医療行為に関する発明を特許の対象から除外できるようにした規定である。医療行為に関する発明は，「産業上の利用可能性」という特許要件を満たさないとも解し得るが，明確性を期することに加えて，倫理上・人道上の問題もあることから，診断方法，治療方法及び外科的方法を列挙したのである。

なお，医薬品等の物質特許について，開発途上国・後発開発途上国には経過期間が認められるものの（65 条２項・４項，66 条１項⇒本章第４節４(1)），本号によって特許対象からは除外されない（70 条８項も参照）。

(ii)　微生物以外の動植物並びに非生物学的方法及び微生物学的方法以外の動植物の生産のための本質的に生物学的な方法（b 号）　　クローン技術などのバイオテクノロジー技術は，産業上の重要性が否定できない一方，倫理上・宗教上の問題も生じるため，意見の相違が多い分野である。そこで，b 号は微生物以外の動植物自体を特許の対象から除外できるようにし，さらに微生物学的方法以外の動植物を生産するための本質的に生物学的な方法を，方法特許の対象から除外できるようにしている。

ただし，植物の品種については，まったく保護が認められないのではなく，加盟国は，特許もしくは特別の制度（例えば，わが国では種苗法）による保護，または両者の組合せによる保護を与えなければならない。

なお，わが国特許法に関しては，平成６年改正前は，原子核変換物質が不特許事由とされていた。しかしながら，原子核変換物質は，TRIPS 協定 27 条３項はこれを定めていないため，平成６年改正により不特許事由から削除された。

(3)　特許権の内容と例外

(a)　**排他的権利**　　28 条１項は，特許権者が有する排他的権利を，物の発明と方法の発明に分けて定めている。

(i)　物の発明　　特許権者は，「特許権者の承諾を得ていない第三者による当該物の生産，使用，販売の申出若しくは販売又はこれらを目的とする輸入を防止する」排他的な権利を有する（a 号）。

この条文の交渉で特に議論されたのは，「輸入」を防止する権利を含めるべきかどうかであった。「輸入」を防止する権利を含めた場合，特許製品の並行輸入を阻止する根拠と解されてしまう可能性があり，特に開発途上国は強く反対していた。これは，６条をめぐる交渉において，消尽ないし並行輸入に関する規定を TRIPS 協定に入れるかどうかに関して米国と開発途上国との間に意見の対立があったのと同様の構図であった（⇒本章第２節５）。

しかし，決着した６条によれば，WTO の紛争解決手続において，28 条１項を含む TRIPS 協定の規定を，消尽に関する問題を取り扱うために援用できないことになっており，さらに 28 条の注においても，輸入を防止する権利は６

条の規定に従うということが確認的に言及されたため，輸入の防止を特許権者の排他的権利に含めることに対する反対はなくなった[12)]。

(ii)　方法の発明　　特許権者は，「特許権者の承諾を得ていない第三者による当該方法の使用を防止し及び当該方法により少なくとも直接的に得られた物の使用，販売の申出若しくは販売又はこれらを目的とする輸入を防止する」排他的な権利を有する（b 号）。

したがって，方法の発明の特許権者が有する排他的な権利は，その方法によって直接的に得られた物の使用や販売等に及ぶのであって，間接的に得られた物についてまで権利が及ぶようにしなければならないという義務は，加盟国に課されていない。

(iii)　わが国法との関係　　28 条にいう「販売の申出若しくは販売」のうち，「販売の申出」は，物を販売のために展示する行為だけでなく，カタログによる勧誘やパンフレットの配布等を含む概念であると解される。

これに対して，わが国特許法２条３項１号，３号では，「販売」の代わりに「譲渡等」，そして「販売の申出」の代わりに「譲渡等の申出」という文言を使用しており，TRIPS 協定 28 条とは異なる表現になっている。もっとも，「販売」は有償の「譲渡」と解されるため，「譲渡」は「販売」よりも広い概念である。したがって，特許法の上記規定は，TRIPS 協定 28 条よりも広く特許権者の権利を認めていると考えられ，ミニマム・スタンダードの原則に合致するものである。

なお，特許法２条３項１号，３号は，物の輸入行為だけではなく，輸出行為までも発明の実施行為と規定しているが，これは平成 18 年の法改正で追加されたものであり，侵害行為を水際で規制できるようにした規定である。

(b)　**その他の権利**　　28 条２項は，「特許権者は，また，特許を譲渡し又は承継により移転する権利及び実施許諾契約を締結する権利を有する」と定めている。

したがって，特許権者は，特許権を譲渡したり，相続により承継したりすることができ，さらに特許権についてライセンス契約を締結したりすることができる。

---

12)　尾島 133〜135 頁参照。

(c)　**特許権の効力の例外**　　30 条は,「加盟国は，第三者の正当な利益を考慮し，特許により与えられる排他的権利について限定的な例外を定めることができる。ただし，特許の通常の実施を不当に妨げず，かつ，特許権者の正当な利益を不当に害さないことを条件とする」と規定する。

この規定は，著作権に関する 13 条，商標に関する 17 条，意匠に関する 26 条２項とほぼ同様のものである。これらの規定は，知的所有権の効力に例外を定めるものである。具体的な例外を列挙せず，一般的・抽象的な規定にしたのは，限定列挙とすると条文が煩雑になってしまうからである。

WTO の紛争解決手続では，特許権の例外として，法令に基づく医薬品（複製品）の販売許可を得るために第三者が特許権者の承諾なしに特許発明を実施することを認め，また，特許の有効期間満了前６か月間の間その医薬品の貯蔵の例外を認めるカナダ特許法が問題となった事件がある[13)]。パネルは，30 条によって前者は正当化され，後者は正当化されないと判断した。

なお，わが国法との関係については，特許法 69 条は，試験又は研究のためにする特許発明の実施（特許 69 条１項），医師又は歯科医師の処方せんにより調剤する行為及び医師又は歯科医師の処方せんにより調剤する医薬（同条３項）には，特許権の効力が及ばないと規定しているが，これらは TRIPS 協定 30 条によって許容される例外である。ほかに，先使用による通常実施権（特許 79 条），特許権の移転の登録前の実施による通常実施権（特許 79 条の 2），無効審判の請求登録前の実施による通常実施権（特許 80 条），意匠権の存続期間満了後の通常実施権（特許 81 条・82 条），不実施の場合の通常実施権の裁定の設定（特許 83 条），再審により回復した特許権の通常実施権（特許 176 条）等の制限がある。

(4)　特許出願人の発明開示等

(a)　**発明の開示**　　29 条１項第１文は,「加盟国は，特許出願人に対し，その発明をその技術分野の専門家が実施することができる程度に明確かつ十分

---

13)　パネル報告 WT/DS114/R（提出日：2000 年３月 17 日，採択日：2000 年４月７日）。中川淳司「『カナダの医薬品特許保護』パネル報告」『WTO パネル・上級委員会報告書に関する調査研究報告書 2001 年度版』〈https://www.meti.go.jp/policy/trade_policy/wto/3_dispute_settlement/33_panel_kenkyukai/2001/01-1.pdf〉（2023 年７月 24 日最終アクセス）参照。

に開示することを要求する」と規定する。

「要求することができる」ではなく，「要求する」と規定されているため，加盟国は特許出願人に対して発明の十分な開示を要求するような制度を設けなければならないことになる。

第２文は，加盟国は，特許出願人に対し，出願日（優先権が主張される場合には，優先日）において発明者が知っている発明を実施するための最良の形態（ベストモード）を示すことを要求することができると規定する。これは本来，米国特許法に存在する独特な制度であるが，TRIPS 協定に盛り込まれたことによって，加盟国は任意に，出願人に発明実施に関するベストモードを要求する制度を設けてもよいということになる。もっとも，このベストモードは出願日又は優先日において発明者が知っているものに限定される。

⒝　**外国情報の提供**　29 条２項は，「加盟国は，特許出願人に対し，外国における出願及び特許の付与に関する情報を提供することを要求することができる」と定めている。

審査能力が不十分な開発途上国では，審査官が外国における出願や審査情報を得ることができれば，より効率的に審査できると考えられる。そこで，本項は加盟国が外国情報の提供を特許出願人に要求する制度を任意に設けることができるようにした。

⑸　強制実施権等

31 条は，30 条に規定された特許権の効力の例外とは別に，加盟国が強制実施権等の特許権者の許諾を得ていない特許の対象の使用の許諾を国内法で定める場合に遵守すべき条件を明示したものである。

⒜　**特許権者の許諾を得ていない他の使用**　強制実施権は，通常，特許権者の許諾なしに，国が特許権者以外の第三者に当該特許を実施する権利を強制的に付与するものをいうが，本条ではこれよりも広く，30 条に規定する以外の，特許権者の許諾を得ないで行われる特許の対象の使用（「他の使用」と呼ばれる）を対象として捉えている。よって，通常の強制実施権だけではなく，政府自身あるいは政府から認められた者による使用も，本条の対象に含まれる。

本条では，強制実施権等の他の使用の規律方法として，先進国が主張する強制実施権を設定できる理由を限定列挙するという方法ではなく，設定する際の条件を限定列挙するという方法が採られた。前者はグラウンド・アプローチ，後者はコンディション・アプローチと呼ばれる[14)]。

(b)　**個別的な判断**　　31 条 a 号は，「他の使用は，その個々の当否に基づいて許諾を検討する」と定めている。したがって，強制実施権等の他の使用の許諾をする際には，個別の案件ごとに当否を検討しなければならない。もっとも，個々の特許ごとに許諾の当否を判断しなければならないということまでは，要求されていない。

(c)　**事前交渉義務と通知義務**　　(i)　事前交渉義務　　b 号第１文は，「他の使用は，他の使用に先立ち，使用者となろうとする者が合理的な商業上の条件の下で特許権者から許諾を得る努力を行って，合理的な期間内にその努力が成功しなかった場合に限り，認めることができる」と定め，強制実施権等の申立人が申立ての前に，特許権者とライセンス契約の交渉を試みなければならないと規定している。「合理的な商業上の条件の下で」と「合理的な期間内」という言及があるため，申立人が非常識な要求を掲げて交渉し，あるいは不当に交渉を遅延させたような場合には，努力したとは認められず，強制実施権等の設定は認められない。

(ii)　事前交渉の例外と通知義務　　b 号第２文は，事前交渉の要件を免除できる２つの例外を定めている。①国家緊急事態等の時間的に切迫している場合と，②特許の公的な非商業的使用という場合である。②の例外について，想定されているのは政府が大規模な軍事技術開発や宇宙開発を行う際の特許の政府使用であるが，単に「政府使用」や「公的使用」とすると政府による濫用が懸念されるため，第１文の事前交渉義務が免除された政府使用は，「公的な非商業的使用」に限定されている。

また，第３，４文では，事前交渉なしに強制実施権等が設定される場合に，特許権者に対して通知をする義務があると規定されている。これは特許権者の保護を考慮したものである。この通知義務は，国家緊急事態等の場合と公的な非商業的使用の場合では，異なるものになっている。前者の場合には，その緊急性を考慮し，「合理的に実行可能な限り速やかに通知」すれば足りる。後者の場合には，そもそも政府等が特許の調査をしていない場合が多いことから，

---

14)　尾島 145〜146 頁参照。

「有効な特許が使用されていること又は使用されるであろうことを知っており又は知ることができる明らかな理由を有するとき」に限り，「速やかに通知」すれば足りるとされている。

(d)　**範囲と期間の限定**　　c号第1文は，「他の使用の範囲及び期間は，許諾された目的に対応して限定される」と規定している。これは，強制実施権等の設定の濫用を防止しようとする規定である。ここでいう「範囲」には，強制実施権等が設定される特許の客観的範囲だけでなく，付与される者の主観的範囲も含まれると解される。したがって，ある特許に複数のクレームがある場合に，付与の目的からみて不必要なクレームについてまで強制実施権等を設定することは許されないし，また付与の目的からみて不必要な者にまで強制実施権等を設定することも許されない。

第2文は，半導体技術に係る特許について強制実施権等を設定する理由に制限を加え，「公的な非商業的使用目的」と「反競争的と決定された行為を是正する目的」に限定している。この規定は，交渉の最終段階に米国などの提案によって挿入されたものである[15)]。

上述したように，TRIPS協定は強制実施権等の規律方法として，設定する際の条件を列挙するコンディション・アプローチを採用しているが，本号第2文により，半導体技術に係る特許についてのみ，強制実施権等の設定理由に制限が加えられることになる。

(e)　**非排他性**　　d号は，「他の使用は，非排他的なものとする」と定めている。したがって，強制実施権等が設定されても，特許権者や特許権者から実施許諾を受けた者は，当該特許の対象を実施することは許される。

(f)　**非譲渡性**　　e号は，「他の使用は，当該他の使用を享受する企業又は営業の一部と共に譲渡する場合を除くほか，譲渡することができない」と規定し，強制実施権等が，企業又は営業の譲渡を伴う場合を除き，原則的に譲渡できない旨示している。したがって，強制実施権者による他者への実施許諾は許されない。

パリ条約においても，非譲渡性に関する規定があるが（パリ条約5条A4項），特許の不実施と不十分な実施を理由とする強制実施権に限定されている（⇒第

15)　尾島150頁。

2章第3節４(1))。これに比べて，本号では，このような限定がなく，強制実施権等の非譲渡性について包括的に定められている。

(g)　**国内供給目的の限定**　f号は，「他の使用は，主として当該他の使用を許諾する加盟国の国内市場への供給のために許諾される」と定め，強制実施権等の設定範囲を主として国内市場への供給を目的とする行為に限定している。

本号で特に問題となるのは，強制実施権者が特許製品の輸入・輸出をすることができるかであるが，本号の文言上，輸入は国内市場への供給のためであれば許されるし，輸出についても，「主として」という文言があるため，完全に否定されるわけではない。

なお，f号の適用除外に関する31条の2については，後述する。

(h)　**取消しの条件**　g号第1文は，「他の使用の許諾は，その許諾をもたらした状況が存在しなくなり，かつ，その状況が再発しそうにない場合には」，取消すことができると規定し，特許権者の保護を図っている。同時に，「許諾を得た者の正当な利益を適切に保護することを条件」とする点も明記しており，取消しによって許諾を受けた者が正当な利益を害されないように配慮している。

g号第2文は，許諾をもたらした状況が継続して存在するかどうかについての審査を求める申立権を特許権者に付与する規定である。もっとも，申立てを受けた権限ある当局は，「検討する権限を有する」とされているため，審査するかどうかの裁量権を有すると解される。

(i)　**適当な報酬の支払義務**　h号は，「許諾の経済的価値を考慮し，特許権者は，個々の場合における状況に応じ適当な報酬を受ける」と定め，強制実施権等の設定に当たって，特許権者に「適当な」報酬を支払うべきことを義務づけている。本号には例外は設けられていないため，政府による公的な非商業的使用についても適用されることになる。また，適当な報酬額が過小評価されることに対する歯止めとして，「許諾の経済的価値を考慮」することも明記されている。

(j)　**有効性と報酬額の審査**　i号とj号は，強制実施権等の設定あるいは設定拒絶に関する決定，設定の際に特許権者に認める報酬額の決定を，司法機関又は独立した行政機関の審査対象にする規定である。

(k)　**反競争的行為の例外**　k号第1文は，司法上又は行政上の手続の結果反競争的であると決定された行為を是正するための強制実施権等について，事前交渉義務に関するｂ号と国内市場への供給目的の限定に関するｆ号を適用する義務がないという例外を定めたものである。

ｂ号の適用を排除したのは，反競争的行為があったならば，そもそも当事者間の事前交渉は想定しにくいからである。また，ｆ号の適用を排除したのは，反競争的行為を是正するために，国内市場だけでなく，海外市場への輸出を含めた許諾が必要になる場合もあり得ると考えられるからである。

第２文は，是正の必要性を考慮して，報酬額を低額ないし０にすることが可能であることを示す規定である。なお，第３文は，ｇ号（強制実施権の設定を取り消す条件）第１文を考えれば，当然のことを規定したに過ぎない。

(1)　**利用発明に関する追加的条件**　１号は，自己の特許（第２特許）を実施するために，必然的に他人が有する特許（第１特許）を侵害するような発明（いわゆる利用発明）に関して，強制実施権等を設定する際の追加的条件を定めた規定である。

これは米国と日本が特に対立した分野である。米国は自国産業が重要な基本特許（第１特許）を保有しているという認識に基づき，利用発明について強制実施権を設定すべきではなく，クロス・ライセンス契約によって解決すべきと主張し，これに対して日本は優れた第２特許が第１特許権者の恣意的な妨害によって実施が妨げられることがあるとして，利用発明について強制実施権制度が必要であると反論した。最終的には，厳格な追加的条件の下で利用発明についての強制実施権が認められることになった[16)]。

この追加的条件とは，以下の３つである。

(i)　第２特許の経済的重要性　１号(i)では，「第２特許に係る発明には，第１特許に係る発明との関係において相当の経済的重要性を有する重要な技術の進歩を含む」ことを追加的条件として定めている。これは技術水準の低い第２特許のために強制実施権等が濫用的に設定されることを防止するためである。

(ii)　相互実施許諾を得る第１特許権者の権利　１号(ii)は，「第１特許権者は，合理的な条件で第２特許に係る発明を使用する相互実施許諾を得る権利を有する」と定めている。これは，第１特許権者と第２特許権者の公平を図るために，第１特許権者に，第２特許についてのクロス・ライセンスを得る権利

16)　尾島155頁。

を認めたものである。

(iii)　非譲渡性　　上述した e 号は，強制実施権等が企業又は営業譲渡を伴う場合を除き，原則的に譲渡できないとしているが，利用発明についての強制実施権にはこれに加え，さらにより厳格な譲渡制限が設けられている。すなわち，l 号(iii)によれば，利用発明についての強制実施権は第２特許とともに譲渡するのでなければ譲渡できないとされる。

(m)　**わが国法との関係**　　わが国特許法では，強制実施権として，不実施の場合の裁定実施権（特許 83 条），利用関係にある場合の裁定実施権（特許 92 条）及び公共の利益のための裁定実施権（特許 93 条）が規定されている。わが国法の規定はほぼ TRIPS 協定 31 条に対応している。ただし，半導体技術に係る特許に関する c 号第２文や国内供給目的の限定を定める f 号については，明文の規定はなく，これらの規定の内容に即した運用を行うこととされている。

なお，日米包括経済協議の成果として，平成 6（1994）年 8 月に「日米両特許庁『共通の理解』」（日米合意）が取り交わされ，この合意における日本側の措置事項の１つとして，「1995 年 7 月 1 日以降，司法又は行政手続を経て，反競争的であると判断された慣行の是正又は公的・非商業的利用の許可以外には，日本国特許庁は，利用発明関係の強制実施権設定の裁定を行わない」と規定されている[17]。

(6)　31 条 f 号の適用除外[18]

(a)　**改正の経緯**　　医薬品の生産能力が不十分又は無い開発途上国においては，感染症等による公衆の健康の問題に対処するためには，外国からの医薬品の輸入に頼らざるを得ない。しかし，医薬品の生産能力を有する国が，自国において特許権が付与された医薬品をこれらの諸国への輸出のために生産する

17）中山信弘『特許法〔第 4 版〕』（弘文堂，2019 年）570 頁は，この日米合意について，「その法的性格は必ずしも明確ではなく，法的な効力があるのか，はなはだ疑わしい。しかしながら日本政府が交わした約束であり，特許庁長官としては，この日米合意に従った運用をなすであろうから，現実問題としてはこの合意が実務指針となる」と述べる。

18）山根裕子『知的財産権のグローバル化――医薬品アクセスと TRIPS 協定』（岩波書店，2008 年），加藤暁子「医薬品アクセス改善と WTO の TRIPs 協定改正議定書」法学セミナー 650 号（2009 年）1 頁，中村真由子「TRIPS 協定改正議定書について」時の法令 2048 号（2018 年）41 頁参照。

ことにつき「強制実施許諾」を与えることは，主として国内市場への供給であることを要件とする31条f号に抵触するおそれがあった。

そこで，開発途上国の医薬品アクセスを改善するための議論が行われ，2001年にWTOの閣僚会議において，「TRIPS協定及び公衆の健康に関する宣言」（ドーハ宣言）が採択された。そして，ドーハ宣言に基づいて，31条f号の適用を一定の場合に免除する規定を，31条の2として追加するTRIPS協定改正議定書が2005年に採択され，2017年1月に発効した。これにより，31条の2が新設され，この議定書の附属書がTRIPS協定に加えられた。

(b)　**31条の2第1項と附属書**　31条の2第1項によれば，31条f号は，附属書の(2)に定める条件に従い，「医薬品を生産し，及びそれを輸入する資格を有する加盟国に輸出するために必要な範囲において当該輸出加盟国が与える強制実施許諾については，適用しない」。

附属書の(1)によれば，31条の2の対象となる「医薬品」とは，ドーハ宣言において認められる公衆の健康に関する問題（HIV/AIDS，結核，マラリアや他の感染症など）に対処するために必要とされる医薬分野の特許を受けた物又は特許を受けた方法によって生産された物（診断用品を含む）をいう。また，「輸入する資格を有する加盟国」とは，TRIPS理事会にこの制度を輸入国として利用する意図を有する旨の通告を行った加盟国をいう。なお，日本や米国，欧州共同体（EC）とその構成国などが輸入国として本制度を使用しないことを宣言している。

輸出加盟国は，輸入する資格を有する加盟国のニーズを満たすために必要な量のみを生産することができ，その全部を輸出する。輸入する資格を有する加盟国は，輸入された医薬品の再輸出を防止するための合理的な措置をとる。加盟国は，生産された医薬品が不正に迂回して自国の領域に輸入され，販売されることを防止するため，TRIPS協定に既存の手段をとる。

(c)　**31条の2第2項～第5項**　輸出加盟国では，輸入する資格を有する加盟国にとって有する経済的価値を考慮して31条h号所定の報酬が支払われる。この場合，輸入する資格を有する加盟国において重ねてh号規定の報酬を支払う必要はない（31条の2第2項）。

地域貿易協定の締約国の半数以上が後発開発途上国である場合（例えば，アフリカ大陸自由貿易協定）には，WTO加盟国である同地域貿易協定の一の開発途上締約国における強制実施許諾に基づいて生産し，又は輸入した医薬品を同地域貿易協定の他の開発途上締約国（WTO 加盟国であるかどうかを問わず）に輸出する場合には，31 条 f 号の適用が除外される（同第 3 項）。

この制度は，WTO の紛争解決手続の対象外とされている（同第 4 項）。また，31 条の 2 は，31 条 f 号の「主として」の解釈を変更するものではない（同第 5 項）。

⑺　取消し又は消滅

32 条は，「特許を取り消し又は特許権を消滅させる決定については，司法上の審査の機会が与えられる」と規定している。これは特許の取消しと消滅に関する行政上の決定の濫用を防止するために，これらを司法上の審査対象にしたものである。

⑻　保護期間

33 条は，「保護期間は，出願日から計算して 20 年の期間が経過する前に終了してはならない」と規定している。特許の保護期間は，短くても出願日から 20 年以上でなければならないということを意味する。本条は保護期間の上限を特に定めていないため，20 年以上であれば，加盟国は任意に長期の保護期間を設けることができる。

保護期間の起算日は，出願日であるので，優先権の主張を伴う出願であっても，優先日からではなく，加盟国における現実の出願日から起算することになる。これはパリ条約 4 条の 2 第 5 項の規定内容でもあり（⇒第 2 章第 2 節 **4**⑴），TRIPS 協定 2 条 1 項によって加盟国が遵守しなければならないことになっている。

⑼　方法特許の立証責任

⒜　**34 条 1 項・2 項**　　方法特許が侵害された場合に，侵害者が特許された方法を使用して物を製造したことを，特許権者側で立証することは非常に困難なケースが多い。このような場合における特許権者の立証責任を軽減するために，34 条 1 項第 1 文は，方法特許の侵害について，加盟国の司法当局が民事上の手続における立証責任を侵害者側に転換することができる旨定めている。

そして，１項第２文では，立証責任の転換がなされる場合として，以下の２つの場合が挙げられており，加盟国はこのうち少なくともいずれか１つを法制度として取り入れることが義務づけられている。

① 特許を受けた方法によって得られた物が新規性のあるものである場合（a号）。

② 同一の物が特許を受けた方法によって生産された相当の可能性があり，かつ，特許権者が妥当な努力により実際に使用された方法を確定できなかった場合（b号）。

34条２項は１項第２文と内容的に重複しており，確認的に規定したものに過ぎない。

なお，わが国特許法104条は，TRIPS協定34条１項a号に整合するものと解される。

(b) **34条３項**　34条３項は，「反証の提示においては，製造上及び営業上の秘密の保護に関する被申立人の正当な利益を考慮する」と規定し，立証責任の転換により自らの製造方法を開示しなければならなくなる被申立人の秘密情報の保護に対する配慮を要求する。

なお，わが国法に関しては，平成16年の改正で追加された特許法105条の4〜7（秘密保持命令などについての規定）は，米国法を参考に導入されたものであるが，TRIPS協定34条３項にいう配慮に該当すると考えることが可能である。

３ 意　匠

(1) 概　説

意匠の保護に関して，パリ条約は極めて簡潔な１か条を設け，同盟国に保護を要求するのみで，保護の具体的内容については各同盟国に委ねている（パリ条約５条の５⇒第２章第４節）。TRIPS協定も，25条と26条の２か条を設けるのみで，それほど詳細な保護の基準を定めたわけではないが，一定の要件を満たした意匠が全加盟国で保護され，かつその権利がTRIPS協定第３部の規定を通じ，司法手続等により確実に行使できるようになったことの意義は大きいものといえる。

(2) 保護の要件

(a) **意匠が保護されるための要件**　25 条 1 項第 1 文は,「加盟国は，独自に創作された新規性又は独創性のある意匠の保護について定める」とし，意匠が保護されるための要件を規定している。

この規定の文言は，交渉の過程で,「新規又は（or）独創的」とするか「新規かつ（and）独創的」とするかで意見が対立していたが，最終的に「新規又は独創的」の前に「独自に創作された」という文言を付け加えることで妥結した。「独自に創作された」という文言の付加により，実際上は「新規かつ独創的」とするのと意味が異ならないであろう[19)]。

第 2 文は,「加盟国は，意匠が既知の意匠又は既知の意匠の主要な要素の組合せと著しく異なるものでない場合には，当該意匠を新規性又は独創性のある意匠でないものとすることを定めることができる」と規定し，加盟国がこのような要件を課す法制を有してもよいとする趣旨である。ここで想定されているのは，意匠が保護されるための要件として，非自明性（特許でいう進歩性に相当する概念）を要求する米国法である。

第 3 文は,「加盟国は，主として技術的又は機能的考慮により特定される意匠については，このような保護が及んではならないことを定めることができる」と規定している。これは，加盟国は，技術的な理由あるいは機能から自ずと決定されることになるような意匠について，保護しなくてもよいとする規定である。

結局，25 条 1 項をまとめると，意匠が保護されるための要件は,「独自に創作された新規性又は独創性があること」であり，加盟国が保護しなくてもよい意匠は，既知の意匠又は既知の意匠の主要な要素の組合せと著しく異なるものではないものと，技術的又は機能的考慮により特定されるものである。

(b) **繊維の意匠の保護のための要件**　繊維製品に関する意匠は，ライフサイクルが短いという特質がある。そこで，25 条 2 項第 1 文は,「加盟国は，繊維の意匠の保護を確保するための要件，特に，費用，審査又は公告に関する要件が保護を求め又は取得する機会を不当に害しないことを確保する」と規定し，加盟国に対し，権利取得の費用や審査手続等によって繊維の意匠が保護の機会

19）尾島 117～118 頁。

を実質的に奪われないことを確保するよう求めている。繊維製品に関する意匠に強い競争力を持つヨーロッパ諸国の強い主張により盛り込まれた規定である。

第２文は，「加盟国は，意匠法又は著作権法によりそのような義務を履行することができる」と規定している。これは，意匠の保護に関する各国の法制度の状況を反映し，著作権と同様に無審査で保護する方法と，特許と同様に登録により保護する方法のいずれの方式も許容する趣旨である。

(3) 保　護

(a) **意匠権の効力**　26条1項は，「保護されている意匠の権利者は，その承諾を得ていない第三者が，保護されている意匠の複製又は実質的に複製である意匠を用いており又は含んでいる製品を商業上の目的で製造し，販売し又は輸入することを防止する権利を有する」と規定している。

本項で意匠権の対象とされているのは，保護されている意匠の「複製又は実質的に複製」である意匠の製造，販売又は輸入であり，輸出には及ばない。「複製又は実質的に複製」という語を用いたのは，著作権と同様な保護方法を採用する国を考慮したためである。

なお，わが国意匠法は，意匠権の効力を，業として登録意匠及びこれに類似する意匠の実施をする排他的独占権と定め（意匠23条），意匠の実施に，意匠に係る物品の使用，貸渡し，輸出，譲渡若しくは貸渡しの申出も含めている（意匠2条3項）。これはTRIPS協定26条1項よりも手厚く意匠を保護するものであるが，保護の最低基準を規定するTRIPS協定に反するものではない。

(b) **意匠権の制限**　26条2項は，「加盟国は，第三者の正当な利益を考慮し，意匠の保護について限定的な例外を定めることができる。ただし，保護されている意匠の通常の実施を不当に妨げず，かつ，保護されている意匠の権利者の正当な利益を不当に害さないことを条件とする」と規定している。

本項は，意匠権の制限規定であり，上述した特許に関する30条と同旨の規定である。

なお，わが国意匠法では，先使用による通常実施権（意匠29条），先出願による通常実施権（意匠29条の2），無効審判の請求登録前の実施による通常実施権（意匠30条），意匠権等の存続期間満了後の通常実施権（意匠31条・32条），通常実施権の裁定の設定（意匠33条）等の制限がある。

(c)　**意匠の保護期間**　26 条 3 項は,「保護期間は, すくなくとも 10 年とする」と規定している。この規定は, 意匠の保護期間を少なくとも 10 年以上とすることを加盟国に義務づける規定である。もっとも, 保護期間は更新によって通算 10 年以上となるような制度でも本項に反しないと解される。

なお, わが国の意匠権の存続期間は, 意匠登録出願の日から 25 年である（意匠 21 条 1 項)。

４ 商　標

(1) 概　説

商標の保護に関する規定は, TRIPS 協定 15 条〜21 条に置かれている。このうち, 15 条は保護の対象, 16 条は商標権の内容, 17 条は 16 条の例外を定めている。また, 18 条は保護期間, 19 条は不使用商標の取消し, 20 条はその他の要件, 21 条は使用許諾及び譲渡をそれぞれ定めている。

(2) 保護の対象

(a)　**15 条 1 項**　15 条 1 項第 1 文は,「ある事業に係る商品若しくはサービスを他の事業に係る商品若しくはサービスから識別することができる標識又はその組合せは, 商標とすることができるものとする」と規定している。したがって, 商標登録の対象となる標識は, ①商品・サービスを対象とすること, ②識別可能なものであること, が必要である。よって, サービス・マークも保護されなければならない。

標識自体には関連する商品・サービスを識別する識別性がない場合には, 加盟国は, 第 3 文により, そのような標識の使用によって獲得された識別性を商標の登録要件とすることができる。

第 2 文は,「その標識, 特に単語（人名を含む。), 文字, 数字, 図形及び色の組合せ並びにこれらの標識の組合せは, 商標として登録することができるものとする」と規定し, 登録の対象となる標識の態様を具体的に例示列挙している。ここでいう図形は, 2 次元の図案を指すものと解されるため, 立体商標を登録の対象とすることは, TRIPS 協定上の義務とはされていないと理解することができる。実際, わが国はこのように解して, 立体商標制度は WTO 設立協定の批准に伴う平成 6 年改正ではなく, その 2 年後の平成 8 年の商標法改正において独自に導入した。

第４文は，加盟国が標識を視覚によって認識することができることを登録要件とすることを許容している。よって，音響や香りなどの標識は，視覚的に認識可能ではないことから，TRIPS 協定上は登録が義務づけられていないことになる。なお，わが国では，平成 26 年の商標法改正により，音が商標登録の対象となった。

⒝　**15 条２項〜５項**　　15 条２項は，１項に該当する標識であっても，加盟国がパリ条約の規定に反しない限り，その他の登録拒絶事由を定めることを許容する規定である。ここでいうパリ条約の規定は具体的に，６条の５Ｂにおける商標登録の拒絶あるいは無効事由を指すものである（⇒第２章第５節２⑶）。

３項は，使用主義を採る米国等に配慮して，標識の使用を登録要件とすることを許容する規定である。ただし，使用を要求することができるのは，登録の条件としてであって，出願の条件としてではない点に注意すべきである。さらに，出願日から３年の間は，使用の猶予期間として認められ，その間に使用がなされなかったとしても，それのみを理由として，商標の登録が拒絶されることはない。

４項は，パリ条約７条（⇒第２章第５節３）と同趣旨の規定であり，「商標が出願される商品又はサービスの性質は，いかなる場合にも，その商標の登録の妨げになってはならない」と定めている。ただし，TRIPS 協定が商標の対象をサービスにも拡大したことに伴い，本項では，商品についてのみ規定したパリ条約７条と違って，サービス・マークに関しても同様な義務が課されている。

５項は，商標登録に関する公告，商標取消制度を整備する義務を加盟国に課し，さらに異議申立制度を設けることを許容する規定である。

⑶　商 標 権

⒜　**商標権の内容**　　16 条１項第１文は，「登録された商標の権利者は，その承諾を得ていないすべての第三者が，当該登録された商標に係る商品又はサービスと同一又は類似の商品又はサービスについて同一又は類似の標識を商業上使用することの結果として混同を生じさせるおそれがある場合には，その使用を防止する排他的権利を有する」と規定している。したがって，①登録商標と同一・類似の標識を登録商標と同一・類似の商品・サービスに使用し，②

その使用の結果混同が生じるおそれがある場合に，権利者がこのような行為の差止めを請求することができる。

そして，第 2 文は，「同一の商品又はサービスについて同一の標識を使用する場合は，混同を生じさせるおそれがある場合であると推定される」と規定し，「混同のおそれ」の推定規定をおいている。ただし，この推定規定には，類似の標識が対象に含まれない点に注意する必要がある。

なお，わが国商標法 37 条 1 号では，混同のおそれの有無に関係なく，類似性のみを要件に侵害が認められており，TRIPS 協定 16 条 1 項よりも手厚く商標権者を保護している。

第 3 文は，「そのような排他的権利は，いかなる既得権も害するものであってはならず，また，加盟国が使用に基づいて権利を認める可能性に影響を及ぼすものであってはならない」と規定している。これは使用主義を採るコモンロー諸国の要求により入れられたものであり，その目的は，商標の使用によって発生するコモンロー上の権利にいかなる影響も及ぼさないようにすることである。

(b)　**周知商標の保護**　　16 条 2 項は，周知商標の保護を図る規定である。第 1 文は，パリ条約 6 条の 2（⇒第 2 章第 5 節 1）をサービス・マークに準用すると規定し，第 2 文は，周知性の判断基準を定めている。

周知性の判断をあまりに厳格にすると，周知商標としての保護を受けることができなくなるという問題意識から，第 2 文は，「加盟国は，商標が広く認識されているものであるかないかを決定するに当たっては，関連する公衆の有する当該商標についての知識（商標の普及の結果として獲得された当該加盟国における知識を含む。）を考慮する」として，周知性の判断基準をある程度緩やかなものにしている。すなわち，当該商品と無縁の公衆に知られていなくても，商品の購買に関係を有する公衆に広く知られていれば，周知性があると判断するのに十分であり，また，当該商標に対する知識は，企業による宣伝広告等の普及活動の結果として獲得されたものであってもよいのである[20)]。

また，16 条 3 項は，パリ条約 6 条の 2 を，登録された商標に係る商品・サービスと類似していないものに商標が使用された場合に準用することを定めて

20)　尾島 88 頁。

いる。これはブランドの名声の稀釈化を防止したいECの要望で議論され，入れられた規定である[21)]。ただし，過度の保護とならないように，商標の使用によって，①当該類似していない商品・サービスと商標権者との関連性が示唆されること，②商標権者の利益が害されるおそれがあることが必要とされている。

(c)　**例外**　17条は商標権の効力の例外規定であり，「加盟国は，商標権者及び第三者の正当な利益を考慮することを条件として，商標により与えられる権利につき，記述上の用語の公正な使用等限定的な例外を定めることができる」と規定している。「記述上の用語の公正な使用」は例示であり，加盟国は，これ以外にも国内法で例外を定めることが可能であるが，商標権者と第三者の正当な利益を考慮して定めなければならない。

(4)　保護期間

18条第1文は，登録された商標の保護期間を，最低7年間と定めている。もっとも，第2文は，「商標の登録は，何回でも更新することができるものとする」と規定している。

(5)　不使用商標の取消し

わが国を含め，使用されていない登録商標を取り消す制度を有する国は多い。19条は，このような制度に関して，商標権者を保護し登録商標が不当に取り消されることのないことを確保しようとする規定である。類似する規定はパリ条約5条C1項にもあるが（⇒第2章第5節5(1)），TRIPS協定19条は登録商標の不使用を理由とする取消しについてより明確な制限条件を定めている。

まず，使用されていないことを理由に登録を取り消そうとする場合には，3年間以上継続して使用しなかったことが必要である（19条1項第1文）。さらに，商標権者が使用に対する障害が存在するという正当な理由を示した場合には，商標の登録が取り消されない（同項第2文）。この点に関し，商標権者の意思とかかわりなく生じる状況であって，輸入制限や政府の課す他の要件等の商標の使用に対する障害となるもの（例えば，特定商品の一定期間の使用禁止）は，使用しなかったことの正当な理由と認められる（同項第3文）。

---

21)　尾島89頁。

また，19 条２項は，商標権者が自ら使用しなくても，他の者（例えば，ライセンシー）による商標の使用を管理している場合には，登録を維持する使用として認められると規定している。

⑹　その他の要件

20 条は，商標の識別力の低下を防止するために，加盟国に対して，原則として，商標の識別力を損なわせる方法での使用を要件として課すことを禁止する。

20 条によって禁止されるのは，他の商標との併用や，特殊な形式による使用又は識別力を損なわせる方法による使用を，商標の商業上の使用の要件として課すことである（同条第１文）。ただし，医薬品等の商品については，生産者を表示する公益的必要性があることから，商品・サービスの生産者を特定する商標を，商品・サービスを識別する商標と併記するよう義務づけることが例外として許容されている（同条第２文）。

⑺　使用許諾及び譲渡

21 条は，「加盟国は，商標の使用許諾及び譲渡に関する条件を定めることができる。もっとも，商標の強制使用許諾は認められないこと及び登録された商標の権利者は，その商標が属する事業の移転が行われるか行われないかを問わず，その商標を譲渡する権利を有することを了解する」と定め，商標の強制使用許諾の禁止及び商標の自由譲渡性の原則を規定している。

特許等と異なり，商標の強制使用許諾を禁止すべきことについて，各国に異論はなかった。

商標の譲渡は原則自由であるが，本条によれば，加盟国は事業の移転を伴うことを商標譲渡の要件とすることが許容される。

5　地理的表示

⑴　概　説

TRIPS 協定は 22 条～24 条に，「地理的表示」について高度な保護水準を定めている。同協定以前では，パリ条約 10 条が原産地に関する虚偽の表示を規制する規定を定め（⇒第２章第５節 13⑴），また 1947 年の GATT 9 条にも原産地表示に関する規定があった。これら以外にも，マドリッド原産地表示協定（⇒第１章第２節３(3)）とリスボン協定（⇒第１章第２節３(9)）も原産地表示の保護を定めているが，いずれも加入していない主要国が存在し，国際的な保護としては不十分であった。

(2)　地理的表示の保護

22条は，地理的表示の定義と，加盟国が確保すべき地理的表示の不正使用等を防止するための法的手段等を規定している。

(a)　**地理的表示の定義**　　22条１項は，地理的表示を，「ある商品に関し，その確立した品質，社会的評価その他の特性が当該商品の地理的原産地に主として帰せられる場合において，当該商品が加盟国の領域又はその領域内の地域若しくは地方を原産地とするものであることを特定する表示」と定義している。

したがって，TRIPS協定上の地理的表示は，商品についてのみ認められ，サービスについての地理的な表示は含まれない。他方，同協定で保護されるのは，「名称」ではなく，「表示」であるため，文字はもちろん，地理的なものを図形等で示した表示も保護の対象となり得る。

地理的表示として保護を受けるためには，以下の３つの要件を満たす必要がある。

①商品に確立した品質，社会的評価その他の特性があること。

②それらが当該商品の地理的な由来に帰せられること。

③品質，評価その他の特性と地理的な要素との関連性が本質的なものであること。

③にいう地理的要素として，その地方の風土などの自然要素（商品例として，例えばボルドーワイン），その地方に伝来する生産技術と文化などの人的要素（同じく，例えばペルシャー絨毯），これら両者の混合（同じく，例えば九谷焼の陶磁器）等が考えられる。

(b)　**確保すべき法的手段**　　２項は，加盟国は，商品の地理的原産地について，公衆を誤認させるような表示がなされる場合又はパリ条約10条の２に規定する不正競争行為（⇒第２章第５節14(1)）を構成する使用がある場合に，これを防止するための法的手段を，利害関係を有する者に与えなければならない旨を規定している。

ここでいう「法的手段」とは，民事上の司法手続を利用した権利行使を意味する（42 条⇒本章第 4 節 1 (3)(a)）。また，「利害関係を有する者」とは，2 条 1 項によればパリ条約 10 条 2 項の利害関係人の定義による（⇒第 2 章第 5 節 13 (1)）[22]。

(c)　**その他**　3 項は，地理的表示を含み又は地理的表示から構成される商標を，当該地理的表示に係る領域を原産地としない商品について使用することが，真正の原産地について公衆を誤認させるような場合に，加盟国は職権又は利害関係人の申立てにより，その商標の登録を拒絶し又は無効とすべき旨を規定している。

4 項は，真正の原産地を偽りなく表示するものであっても，当該商品が他の領域を原産地とするものであると公衆に誤解させて示すものについても，1 項～3 項が適用されることを規定する。これは，欧州と北米には，同じ地名がよくみられることを背景とした規定である。

(d)　**わが国法との関係**　わが国商標法 4 条 1 項 16 号は，「商品の品質又は役務の質の誤認を生ずるおそれがある商標」を，拒絶理由（商標 15 条 1 号），異議申立理由（商標 43 条の 2 第 1 号），無効理由（商標 46 条 1 項 1 号）としており，TRIPS 協定 22 条 3 項と整合的である。また，原産地等の虚偽の表示の取締りについて，関税法と不正競争防止法においてそれぞれ規定が置かれている（関税法 71 条 1 項，不競 2 条 1 項 20 号・3 条）[23]。

22）　WTO の紛争解決手続において，EC 域外に係る地理的表示について，その地域が属する国が EC と同等の保護制度を採用することを保護条件として定める EC の「農産物及び食品に関する地理的表示及び原産地呼称に関する理事会規則」が，TRIPS 協定 3 条 1 項の内国民待遇に反すると判断されている（パネル報告 WT/DS174/R & WT/DS290/R，提出日 2005 年 3 月 15 日，採択日 2005 年 4 月 20 日）。その理由は，地理的表示の保護を求める者はほとんどの場合当該地域が属する国の国民であるから，EC 域内の地域に係る地理的表示と域外の地域に係る地理的表示との間に保護の条件に差を設けることは，域内の国民と域外の国民との間の待遇の違いと同視できるというものである。鈴木将文「EC の地理的表示制度を巡る WTO 紛争に係るパネル報告書の分析」AIPPI 51 巻 8 号（2006 年）474 頁参照。

23）　また，平成 26 年に「特定農林水産物等の名称の保護に関する法律（地理的表示法）」が制定された。同法により，品質等の特性が産地と結び付いており，その結び付きを特定できるような名称（地理的表示）が付されている農林水産物・食品について，その地理的表示を知的財産として登録することを可能にする地理的表示保護制度が創設された。内藤恵久『地理的表示法の解説』（大成出版社，2015 年），荒木雅也『地理的表示法制の研究』（尚学社，2021 年）136 頁以下，今村哲也『地理的表示保護制度の生成と展開』（弘文堂，2022 年）150 頁以下参照。

(3)　ぶどう酒及び蒸留酒の地理的表示の追加的保護

23条は，特別にぶどう酒と蒸留酒（spirits）の地理的表示について，公衆の誤認という要件を不要にして，22条よりも高度な保護を与えている。本条は，ECがTRIPS協定の交渉において非常に重視した規定である[24)]。

まず，23条1項では，「加盟国は，利害関係を有する者に対し，真正の原産地が表示される場合又は地理的表示が翻訳された上で使用される場合若しくは『種類（kind）』，『型（type）』，『様式（style）』，『模造品（imitation）』等の表現を伴う場合においても，ぶどう酒又は蒸留酒を特定する地理的表示が当該地理的表示によって表示されている場所を原産地としないぶどう酒又は蒸留酒に使用されることを防止するための法的手段を確保する」と規定され，ぶどう酒及び蒸留酒の地理的表示については，22条の保護を受けるために必要とされる「真正の原産地について公衆を誤認させる」という条件を不要とし，誤認の有無にかかわらず保護することにされている。

その結果，他の産地のぶどう酒・蒸留酒に，保護されているぶどう酒・蒸留酒の地理的表示が付されている限り，真正の産地が表示されていて，又は保護されている地理的表示の表現の仕方が直接的ではなく，公衆を誤認させないとしても，加盟国はそのような使用を防止するための法的手段を確保しなければならない。これにより，例えば，「山梨産ワイン，ブルゴーニュ風」のような表示は許されないことになる。

ここでいう「法的手段」については，本項の注によれば，民事上の司法手続に代えて行政上の措置を用いてもよい。この点に関し，わが国には，23条1項により求められている法的手段として，民事上の司法手続に関する実体規定はない。上述した不正競争防止法2条1項20号は誤認を要件としているからである。しかし，行政上の措置による保護も許容されるところ，酒税の保全及び酒類業組合等に関する法律86条の6第1項に基づく地理的表示に関する表示基準を，同条2項によって告示することにより，本項の義務が果たされている。

次に，23条2項は，商標に関しても，ぶどう酒又は蒸留酒を特定する地理的表示を含むか又は特定する地理的表示から構成される商標については，公衆

24)　尾島103頁。

を誤認させるという要件を課さないで，その登録を拒絶し又は無効とすべき旨を定めている。わが国では，これに対応するために，平成６年法改正で，商標法４条１項17号が新設された。

23条３項と４項は，ぶどう酒のみを対象とする規定である。３項では，２以上のぶどう酒の地理的表示が同一である場合について規定している。この場合に，それぞれの地理的表示に保護が与えられるが，上述した22条４項に従い，公衆に原産地を誤解させる表示であってはならず，また，加盟国は生産者及び消費者の利益を衡量して，この同一の地理的表示が相互に区別できるように実際の条件を定めなければならないとしている。また，４項では，ぶどう酒の地理的表示の通報及び登録に関する多数国間の制度について，TRIPS 理事会において交渉を行う旨を規定している。

⑷　国際交渉及び例外

24条では，地理的表示に関する国際交渉と例外について規定されている。それによれば，地理的表示の保護の強化を目的として加盟国が交渉することが奨励され（同条１項），TRIPS 理事会は地理的表示に関する規定の実施について見直しを行う（２項）。そして，協定の実施により，加盟国において既に与えられている保護を減じてはならないが（３項），加盟国は原産国において保護されていないか，保護が終了した又は使用されなくなった地理的表示を保護する義務を負わない（９項）。

また，同条４項～８項に，地理的表示の保護の例外が定められている。４項は，地理的表示の既得権保護による例外であり，加盟国は，1994年４月15日（TRIPS 協定成立の日）の前に，10年間以上又は善意で使用してきた他の加盟国のぶどう酒又は蒸留酒の地理的表示について，継続して使用することを認めることが許容される。これにより，たとえば，カリフォルニア・シャブリという地理的表示の使用が可能になる。

５項は，加盟国において22条～24条を適用するようになった日又は地理的表示がその原産国において保護される日よりも前に，使用を通じて保護される場合を含め，地理的表示と同一・類似の商標の権利が取得された場合に，その既得権を保護するための例外規定である。本項の規定による既得権の保護を受けるためには，その商標が登録された必要はなく，出願さえなされていれば足りる。

6項は，商品・サービスの一般名称となっている地理的表示及びぶどう品種の名称となっている地理的表示についての例外規定である。これらの地理的表示について例外規定を設けるかどうかは，加盟国の判断に委ねられる。わが国では，不正競争防止法19条1項1号がこれに該当する。

7項は，保護されている地理的表示の使用や商標登録が悪意でなされたものではない場合には，使用の差止請求や商標登録の無効請求をするのは，表示の不当な使用が一般に知られるようになった日又は商標登録の日から5年以内でなければならないと，加盟国が制限することができる旨の規定である。わが国では，商標法47条1項がこれに該当する。

8項は，公衆に誤認を生じさせない限り，地理的表示と同じ名称を持つ者が自己の名称を使用することが妨げられないことを認めている。

6　集積回路の回路配置

⑴　概　説

TRIPS協定では，集積回路の回路配置の保護について，いわゆる「IPIC条約プラス・アプローチ」を採用している。IPIC条約とは，1989年にワシントンで採択された「集積回路についての知的所有権に関する条約」である（⇒第1章第2節３⑹）。

⑵　IPIC条約との関係

35条は，加盟国に対して，IPIC条約2条から7条まで（6条3項を除く），12条及び16条3項並びにこの協定36条から38条までの規定に従って集積回路の回路配置の保護を定めることを義務づける規定であり，IPIC条約のうちTRIPS協定上の義務として引用するものを明確にしている。

⑶　保護の範囲

36条は，保護されている回路配置，その回路配置を組み込んだ集積回路又はその集積回路を組み込んだ製品（違法に複製された回路が現に含まれている場合に限る）の輸入，販売その他の商業上の目的のための頒布が権利者の許諾を得ないで行われる場合には，加盟国はこれらの行為を違法とする旨を規定している。

括弧書きとなっている「違法に複製された回路が現に含まれている場合に限る」という文言は，違法に複製された回路配置を製品からはずした場合には，その製品を流通させることができることを確認的に規定したものである。

なお，わが国では，1985 年に制定された半導体集積回路の回路配置に関する法律は，本条の要請を満たす内容となっている。

⑷　権利者の許諾を必要としない行為

37 条 1 項第 1 文は，客観的・外形的には侵害行為となるような前条に規定する行為を行った者が，その集積回路又はその組込製品を取得した時に，違法に複製された回路配置が組み込まれていたことを知らず，かつ知ることができる合理的な理由を有しなかった場合には，その者の行為を違法としてはならない旨の規定である。集積回路又はその組込製品の流通に関わる者にとって，回路配置が違法に複製されたものであることを認識することは通常困難であることを考慮し，それらの者が善意無過失である場合に，行為の違法性を否定するための規定である。なお，わが国の半導体集積回路の回路配置に関する法律 24 条 1 項は同旨を定めている。

1 項第 2 文は，第 1 文に規定する善意無過失の取得者が権利者から回路配置が違法に複製されたものであることを十分に説明する通知を受けた場合には，その時点において既に引渡しを受け在庫となっているか，又は既に注文済みの物については，販売等の処分をすることが妨げないものの，通常の利用許諾契約に基づく合理的な額の利用料を権利者に支払わなければならないことを規定している。これは権利者と流通に関わる者の利益調整を図る規定である。なお，わが国の半導体集積回路の回路配置に関する法律 24 条 2 項は同旨を定めている。

37 条 2 項は，回路配置の強制利用許諾又は政府使用については，TRIPS 協定 31 条の⒜から⒦までを準用し，特許権者の許諾を得ていない他の使用の場合に準ずるとしている。

⑸　保護期間

38 条は，回路配置の保護期間を 10 年以上とし，1 項と 2 項において，保護の条件として登録を要する加盟国と登録を要しない加盟国に分けて，それぞれ保護期間の起算点を明確にしている。すなわち，保護の条件として登録を要する加盟国では，保護期間は登録出願の日又は世界における最初の商業的利用の日から起算する。他方，登録を要しない加盟国では，世界における最初の商業的利用の日から起算する。

また，加盟国は，回路配置創作後15年経過すると，それが登録出願の日あるいは世界における最初の商業的利用の日から10年以内であっても，保護が消滅する旨を国内法で規定することができる（38条3項）。

なお，わが国の半導体集積回路の回路配置に関する法律10条では，回路配置利用権が設定登録によって発生し，その存続期間は設定登録の日から10年とされている。

７　開示されていない情報

⑴　概　説

「開示されていない情報」（非開示情報）の保護及び保護の方法は，TRIPS協定39条に定められている。1条2項の定義規定によれば，「開示されていない情報」も知的所有権の１つであるとされる。ここでいう「開示されていない情報」は，わが国法では営業秘密に当たる。

39条1項は，加盟国はパリ条約10条の2に規定する不正競争（⇒第2章第5節14⑴）からの有効な保護を確保するために，非開示情報の保護をしなければならない旨を規定している。1項の文言は先進国と開発途上国との対立を背景としたものであり，結局，非開示情報を新たに創設した知的所有権としてではなく，従来あったパリ条約に規定する不正競争からの保護の一環として保護するに過ぎないことを明示することになった[25]。

⑵　非開示情報の保護

39条2項は，自然人又は法人は，合法的に自己の管理する情報が，公正な商慣習に反する方法で自己の承諾を得ないで他の者が開示，取得又は使用されることを防止することができる旨を規定している。

25）尾島184～185頁。

ここでいう「公正な商慣習に反する方法」とは，同項の注の定義によれば，「少なくとも契約違反，信義則違反，違反の教唆等の行為をいい，情報の取得の際にこれらの行為があったことを知っているか又は知らないことについて重大な過失がある第三者による開示されていない当該情報の取得を含む」とされている。

非開示情報が保護されるための要件は，２項 a 号〜c 号に定められている。

a 号は，秘密性の要件を定めたものであり，「当該情報が一体として又はその構成要素の正確な配列及び組立てとして，当該情報に類する情報を通常扱う集団に属する者に一般的に知られておらず又は容易に知ることができないという意味において秘密であること」と規定している。なお，わが国不正競争防止法２条６項は，秘密性について「公然と知られていない」という抽象的な規定しか設けていないが，その解釈が a 号に抵触することは TRIPS 協定の違反になり許されない。

b 号は，「秘密であることにより商業的価値があること」を要件として規定している。商業的，経済的価値がない秘密は，プライバシーとして保護されることがあるかもしれないが，本項による保護は受けない。なお，わが国不正競争防止法２条６項は，「生産方法，販売方法その他の事業活動に有用な技術上又は営業上の情報」と規定しており，b 号と同旨である。

c 号は，秘密保持の合理的措置が講じられていることを要件として定めている。なお，わが国不正競争防止法２条６項では，「秘密として管理されている」と規定しており，同旨である。

(3)　政府当局に提出されたデータの保護

39 条３項は，医薬品又は農業用の化学品の販売の承認申請の際に，政府当局に提出する非開示の試験データ等の秘密保護について規定したものである。先進国の製薬業界が強く求めた規定である。

３項第１文は，加盟国に上記のようなデータを不公正な商業的使用から保護する義務を課している。また，第２文は，加盟国に上記のようなデータを開示から保護する義務を課している。ただし，公衆保護の必要がある場合には例外が認められる。

なお，わが国の医薬品，医療機器等の品質，有効性及び安全性の確保等に関する法律（旧薬事法），農薬取締法，肥料取締法，国家公務員法などの法規は，本項に合致するものとされる[26)]。

8　反競争的行為の規制

40条は，先進国の企業が知的所有権のライセンス契約を通じて，開発途上国において行う競争制限的な活動を規制しようとするもので，開発途上国が強く求めたものである。

40条1項は，知的所有権に関する競争制限的なライセンス契約が貿易に悪影響を及ぼし，技術移転を妨げることがあり得ることを，確認した宣言的な規定である。

2項は，加盟国がTRIPS協定に反しない限り，国内法において競争制限的で知的所有権の濫用となるようなライセンス契約における行為又は条件を特定し，そのような行為や条件を防止し又は規制するために適切な措置をとることを許容している。2項において，ライセンス契約における競争制限的な行為として例示されているのは，排他的なグラント・バック条件，有効性の不争条件，強制的な一括実施許諾である。

排他的なグラント・バック条件とは，ライセンシーに対し，ライセンシーによる改良発明，応用発明等について，ライセンサーにその権利自体を帰属させ又はその独占的実施を許諾する義務を課すことである。

有効性の不争条件とは，いわゆる不争義務と呼ばれるものであり，ライセンシーに対し，実施許諾された特許権やノウハウの有効性について争わない義務を課すことである。

強制的な一括実施許諾とは，ライセンシーに対し，複数の特許やノウハウについて抱き合わせて実施許諾を受ける義務を課すことである。

3項と4項は，加盟国Aの国民又は居住者が上述のような競争制限的な活動を加盟国Bで行ったとされるときに，A国とB国は互いに相手国の要請に応じて協議し，さらに秘密保持の下，公に入手可能な関連情報を提供しなければならない旨を定めている。ただし，ここで想定する協議は，加盟国Bの独占禁止法等の国内法の適用に関する純粋な2国間協議であり，当該国内法と

26）　尾島190～191頁。

TRIPS 協定との整合性を問題とするものではなく，WTO の紛争解決手続を利用するものでもない。

第４節　その他の規定

POINT

- ◆ TRIPS 協定は，知的所有権の侵害を救済する民事上の司法手続，行政手続，暫定措置，国境措置，及び刑事上の手続がそれぞれ従うべき基準を定めている。
- ◆ TRIPS 協定は，知的所有権の取得・維持の条件と，取得・維持の手続，無効等の当事者間手続が従うべき基準を定めている。
- ◆ TRIPS 協定の権利義務をめぐる加盟国間の紛争について，制裁措置が可能な WTO の多数国間紛争解決手続が適用される。
- ◆ 開発途上国について，TRIPS 協定を段階的に適用するための経過措置が適用される。

1　知的所有権の行使

(1)　概　説

TRIPS 協定は第３部において，知的所有権の侵害に対する効果的な権利行使措置がとられるように，加盟国が適正な権利行使手続を整備する義務を負うことを明確にしたうえ（41 条），民事上及び行政上の手続及び救済措置（42 条～49 条），暫定措置（50 条），国境措置（51 条～60 条），刑事上の手続（61 条）についてそれぞれ規定している。

(2)　一般的義務

41 条は，知的所有権の行使を確保するための加盟国の一般的な義務を定めたものであり，加盟国が整備しなければならない知的所有権の侵害に対する効果的な権利行使手続及びその手続の適正に関する最低基準について規定している。

TRIPS 協定では，知的所有権の実体的な保護水準を高める規定が設けられていることは，すでに見てきたとおりである。しかし，それだけでは不十分で，権利行使の手続の整備も必要であるという認識から，司法手続等の権利行使手続を詳細に定めた規定も設けられることになった。従来の国際条約では，このような手続は国内裁判制度の問題として取り上げられてこなかったことを考えれば，本条は画期的な規定ということができる。

41条1項によれば，各加盟国は，TRIPS協定が対象とするすべての知的所有権（1条2項⇒本章第2節２⑵）の侵害行為に対して，効果的な措置がとれるように，権利行使手続を国内法において確保しなければならない。また，その権利行使手続は，①侵害を防止するための迅速な救済措置及び将来の追加的な侵害を抑止するための救済措置を含むこと，②正当な貿易の新たな障害とならないこと，かつ，③手続の濫用に対する保障措置があること，が必要である。

2項は，権利行使手続のあり方を定めるものであり，権利行使手続に対する要請として，①公正かつ公平であること，②不必要に複雑で費用を要しないこと，③不合理な期限を付されないこと，④不当な遅延がないこと，を定めている。

3項は，権利行使手続の公正性についてさらに具体的に定めるものである。これによれば，本案，すなわちある行為が知的財産権の侵害に当たるかどうか，救済を認めるかどうかについての最終的な判断は，①できる限り書面によって行い，かつ，理由を示さなければならない，②少なくとも手続の当事者に対して不当に遅延することなく提供されなければならない，③当事者にはすべての証拠について反論の機会を与えられ，このような証拠以外のものを判断の基準にしてはならない。ただし，保全処分の決定は，緊急性及び不意打ちという性質上，後述する50条2項により，相手方に反論の機会を与えることなく発令することができる。

4項は，行政上の最終決定に対する司法審査と，第1審判決に対する少なくとも法律面の上訴が確保されなければならないと定めている。ここでいう法律面の上訴の確保というのは，第1審の事実認定に対する上訴を確保する義務はないことを意味する。

5項は，加盟国には一般的な司法制度と区別した，知的所有権の行使に関する独自の司法制度を設ける義務がないことを定めている。人的，財政的資源に問題を抱える開発途上国の立場を配慮して盛り込まれたものである。

(3) 民事上及び行政上の手続及び救済措置

42 条〜49 条は，民事上及び行政上の手続及び救済措置について，公正かつ公平な民事上の司法手続を権利者に提供すること，司法当局は，知的所有権侵害の差止め，権利者に対する損害賠償その他の救済措置を命ずる権限を有すること等を規定している。以下では，このうち重要な条文を取り上げて説明する。

(a) **公正かつ公平な手続**　42 条は，加盟国が知的所有権の権利者に民事上の司法手続を利用できるようにしなければならないことと，その司法手続の手続的保障について定めている。

その手続的保障の内容は，第 2 文以下に規定されている。つまり，①被申立人に対して，適時に，書面により十分な内容の告知をしなければならない（第 2 文）。②当事者には，独立の弁護士を代理人として選任する権利が保障され，当事者本人に過度に重い出頭義務をかけてはならない（第 3 文）。③当事者には立証する権利が保障されなければならない（第 4 文）。

第 5 文は，憲法の要請に反しない限り，民事上の司法手続に，秘密情報を特定・保護する手段を設けなければならない旨規定している。

(b) **証拠**　43 条は，民事訴訟における相手方当事者の手持ち証拠の収集に関する規定である。

1 項は，当事者がその主張を支持するための十分な，合理的に入手可能な証拠を示し，かつその主張の立証に関連する証拠を特定した場合に，裁判所は相手方の手持ち証拠の提出を命じる権限を有する旨を規定している。

2 項は，当事者が裁判所の証拠提出命令に従わない等の場合に，裁判所が採り得る措置について規定している。

(c) **差止命令**　44 条 1 項は，知的所有権の侵害に対する差止め，特に侵害物品の輸入の差止めを命じる権限を裁判所に付与すべき旨を規定している。

2 項は，政府使用に対する知的所有権の権利者の救済について定めている。これによれば，TRIPS 協定 31 条の条件に従う限り，政府使用に対する救済は 31 条 h 号の補償の支払に限定されるが，31 条の条件を満たさない場合には，原則として差止請求の対象とし得ることとなる。ただし，当該国において国に対する差止請求が認められない場合には，当該使用が違法であることの宣言判決と適当な賠償の支払を命じることになる。

(d) **損害賠償**　45 条 1 項は，知的所有権の侵害者に対して適当な損害賠償を命じる権限を裁判所に付与すべき旨を規定している。本項が過失責任主義に立脚していることは，「侵害活動を行っていることを知っていたか又は知ることができる合理的な理由を有していた」という文言をみれば明らかである。

２項は，第１文において，裁判所に弁護士報酬を含む裁判費用の賠償を命じる権限が付与されると定めている。さらに，第２文では，無過失責任主義の立場を採ることを容認し，利益の回復や法定の損害賠償の支払を命じる権限を裁判所に付与することができるとしている。これらは，無過失責任，３倍賠償や懲罰的損害賠償等の制度を持つ米国法を反映したものであるが，加盟国に同様な制度を義務づけるものではない。

(e)　**他の救済措置**　　46条は，権利侵害物品そのものや権利侵害に用いられる道具等の廃棄等を命じる権限を裁判所に付与すべき旨を規定している。

(f)　**情報に関する権利**　　47条は，侵害者に対して，権利侵害に関与した第三者や侵害品の流通経路等に関する情報を，権利者に提供するよう命じる権限を，裁判所に与えることができると規定している。

米国とECは，権利者を保護する強力な情報収集制度の導入を要求したが，日本などは，民事訴訟を別訴準備のための情報収集の手段として使用することにつながるとして反対したため，加盟国の裁量で導入可能な制度にとどめられた[27]。

(g)　**暫定措置**　　50条は，本案に対する最終判断が出るまでの間の暫定措置（わが国法でいう保全処分）について規定している。

１項は，司法当局は，①知的所有権の侵害の発生を防止すること（a号），申し立てられた侵害に関連する証拠を保全すること（b号），を目的として迅速かつ効果的な暫定措置をとることを命じる権限を有すると定めている。

a号は，侵害の発生を防止するものであり，わが国法における侵害行使の差止めの仮処分に相当する。b号は，侵害とされるものに関連する証拠を保全するためのものであり，わが国法の証拠保全に類似する。ただし，民事訴訟法234条に規定する証拠保全は，あらかじめ証拠調べをしておかなければその証拠を使用することが困難となる事情があると認めるときに行う正規の証拠調べそのものであり，50条の暫定措置とは性質上異なる[28]。

27)　尾島220～221頁。

2項は，裁判所に，遅延により権利者に回復できない損害が生じるおそれがある場合又は証拠が破棄される明らかな危険がある場合その他適当な場合には，他方の当事者の意見を聞かずに，一方的に暫定措置をとる権限を有すると規定する。この点は，わが国法においても当然のことである（民事保全法3条）。

3項は，裁判所は，①申立人が権利者であり，かつ，②権利が侵害されていること又は侵害が差し迫ったおそれがあることの証拠を提出するよう要求し，また，③被申立人の保護及び濫用防止のため，申立人に担保を命じる権限を有すると定めている。申立人による暫定措置の濫用を防止するための規定である。わが国においては，民事保全法13条，14条等に同旨の規定がある。

4項は，当事者の意見を聞かずに暫定措置が採られた場合に，利害関係を有する当事者に遅滞なく通知し，かつその後暫定措置について争う機会を与える旨を定めている。わが国においては，民事保全法17条，26条などに同旨の規定がある。

5項は，暫定措置を執行する機関は，申立人に対し関連物品の特定に必要な情報の提供を要求できると定めている。わが国においては，民事執行法5条に同旨の規定がある。

6項は，本案についての決定に至る手続が合理的な期間内に開始されない場合には，暫定措置は，被申立人の申立てに基づいて取り消され又は効力を失う旨を規定している。わが国においては，民事保全法37条が本項の要請を満たすものである。

7項は，裁判所は，暫定措置が取り消された場合，暫定措置が申立人の作為若しくは不作為によって失効した場合又は知的所有権の侵害若しくはそのおそれがなかったことが後に判明した場合には，被申立人者に対する適当な損害賠償の支払を申立人に命じる権限を有すると定めている。この場合の申立人の損害賠償責任について，過失責任主義か無過失責任主義のいずれとするかは，各加盟国法に委ねられている。この点に関し，わが国の判例上，保全処分の場合，申立人に故意過失があれば原則的には不法行為賠償責任を認め，その上，特段の事情のない限りは故意過失は推定されると解されている[29)]。

28）尾島227頁。

29）最判昭和43年12月24日民集22巻13号3428頁。

8項は，行政機関が暫定措置を行う場合にも，50条に定める原則に従う旨を規定する。なお，わが国では行政機関が行うこの種の暫定措置はない。

(4)　国境措置

51条〜60条は，商標権及び著作権を侵害する物品等に対する通関停止という国境措置について規定している。

(a)　**税関当局による物品の解放の停止**　　51条は，まず第1文において，加盟国は，輸入される不正商標商品又は著作権侵害物品に対して，権利者が通関停止措置を申し立てることを認める手続を設ける義務があることを規定している。対象を不正商標商品と著作権侵害物品に限定したのは，加盟国の義務を比較的容易に侵害判断が可能なこれらのものに限定すべきという開発途上国の主張があったためである[30)]。

ここで注意すべきは，注によれば，「不正商標商品」とは，「ある商品について有効に登録されている商標と同一であり又はその基本的側面において当該商標と識別できない商標を許諾なしに付した，当該商品と同一の商品（包装を含む。）であって，輸入国の法令上，商標権者の権利を侵害するもの」であり，同一の商品に類似の商標を付したものや類似の商品に同一・類似の商標を付したものは含まれないという点である。また，注によれば，「著作権侵害物品」とは，「著作権又は関連する権利の侵害」となる複製物であるため，著作隣接権の侵害も対象となるが，物品は複製物に限定される。

第2文は，加盟国はこれらのもの以外の知的財産権の侵害を伴う物品に関しても，51条〜60条の規定に従うことを条件に，第1文と同様な手続を設けることができると規定する。

第3文は，加盟国は輸出に関しても同様に，侵害物品の通関停止手続を設けることができると規定する。この点について，第2文と違い，51条〜60条の規定に従うことが要件とされていない。

(b)　**わが国法における国境措置の対象品**　　わが国では，知的財産権侵害物品に関する国境措置は関税法に定められている。同法69条の11第1項9号，9号の2と10号によれば，特許権，実用新案権，意匠権，商標権，著作権，

---

30)　尾島233頁。

著作隣接権，回路配置利用権又は育成者権を侵害する物品，外国から日本国内にある者に宛てて発送した貨物のうち，持込み行為に係る意匠権又は商標権を侵害する物品，不正競争防止法２条１項１号～3 号，10 号，17 号又は 18 号に掲げる行為（適用除外等に該当する行為を除く）を組成する物品は「輸入禁止品」であり，69 条の２第１項３号と４号によれば，特許権，実用新案権，意匠権，商標権，著作権，著作隣接権又は育成者権を侵害する物品，不正競争防止法２条１項１号～3 号，10 号，17 号又は 18 号に掲げる行為（適用除外等に定める行為を除く）を組成する物品は「輸出禁止品」である。

専門的知識を有しない税関長が，知的財産権侵害物品か否かを判断することは容易ではないことから，関税法は，税関長は，輸入されようとする貨物が知的財産侵害物品であると思料するときに，侵害か否かを認定する手続（認定手続）を執らなければならないと規定する一方（関税法 69 条の 12），特許権者等の権利者には，必要な証拠を提出して認定手続を執るよう申し立てることを認めている（同法 69 条の 13）。輸出に関しても，同様である（69 条の３・69 条の４）。

(c)　**その他の規定**　　52 条（申立て）は，申立てをする権利者は証拠を提出し，物品を特定しなければならないこと，当局は申立ての受理の有無と，通関停止措置を決定した場合にはその措置の期間を，合理的な期間内に申立人に通知しなければならないことを定めている。

53 条（担保又は同等の保証）は，当局は申立人に対して担保の提供を要求する権限を有する旨を規定する。被申立人及び当局を保護し，申立ての濫用を防止するための規定である。

54 条（物品の解放の停止の通知）は，適正手続の一環として，輸入者及び申立人は，通関停止措置の迅速な通知を受けなければならないと規定している。

55 条（物品の解放の停止の期間）は，申立人が前条の通知の送達を受けてから原則 10 執務日以内に，税関当局は，本案手続の開始又は輸入禁止の仮処分が行われたことの通知を受けない限り，物品を通関させなければならない旨を規定している。

56 条（物品の輸入者及び所有者に対する賠償）は，関係当局は物品の不法な留置等について，申立人に対して損害賠償を命じる権限を有すると規定している。

57 条（点検及び情報に関する権利）は，秘密情報の保護を害さない範囲で，権利者に対して，税関に留置された物品を点検するための機会を与えなければならない旨を規定している。

58条（職権による行為）は，加盟国に通関の停止を職権で行う場合の手続がある場合に，申立てにより開始する手続の規定を準用して，手続が恣意的にならないようにしている。

59条（救済措置）は，当局は侵害物品の廃棄又は処分を命じる権限を有し，不正商標商品については，例外的な場合を除いて，単なる積戻し（陸揚げした輸入予定の貨物を，輸入手続をせずに外国へ送り出すこと）を認めてはならない旨を規定している。侵害物品の積戻しは，侵害物品の他国への再流入を意味し，国際貿易の正常化の観点からは正当化され得ないからである。

60条（少量の輸入）は，旅行者の手荷物に含まれるか，小型貨物で送られる少量の非商業的な性質の物品を，国境措置の対象外とすることができる旨を規定している。

⑸　刑事上の手続

61条は，少なくとも故意による商業的規模の商標の不正使用及び著作物の違法な複製に対しては，刑事制裁が科されなければならないと規定している。多くの国で刑事制裁は商標権及び著作権侵害に限定されることを反映した規定である[31)]。

なお，刑事手続についても，41条に定められている手続の適正に関する最低基準が適用される。

２　知的所有権の取得・維持等

62条１項は，加盟国は，知的所有権の取得・維持の条件として，合理的な手続及び方式に従うことを要求できる旨を規定している。ここで対象となるのは，TRIPS協定第２部の第２節から第６節までに規定する知的財産権（商標，地理的表示，意匠，特許，集積回路の回路配置）である。第２部の第１節に規定する著作権及び関連する権利については，TRIPS協定が無方式主義を採用するベルヌ条約５条２項（⇒第７章第２節３）を準用した関係で，方式主義の法制を採りえないため，本項の対象から除外されている。ほかに第２部第７節に規定

31）　尾島251頁。

する非開示情報が除外されているのは，その権利の性質上当然である。

2 項は，知的所有権の取得について権利が登録され又は付与される必要がある場合には，加盟国は，その登録又は付与のための手続を合理的な期間内に行うことを確保する旨を規定している。

3 項は，パリ条約 4 条（優先権⇒第 2 章第 2 節 3）がサービス・マークについて準用されることを規定している。

4 項は，知的所有権の取得・維持等に関する行政的手続に TRIPS 協定 41 条 2 項及び 3 項に規定する一般原則を準用する旨の規定である。

5 項は，本条が対象とする行政的な最終決定についても，司法審査ないし準司法審査に服することを確保すべき旨を定めている。

3　紛争の防止及び解決

TRIPS 協定は，63 条と 64 条において，紛争の防止及び解決に関する規定を設けている。

63 条は，知的財産権に関する加盟国の法令・判例等の情報開示義務を規定している。

64 条は 1 項において，この協定に別段の定めがない限り，TRIPS 協定上の権利義務をめぐる紛争解決に関しては，加盟国に対する制裁措置を可能とする WTO の紛争解決手続（GATT 22 条，23 条及び附属書 2「紛争解決に係る規則及び手続に関する了解」）が適用されることを規定している。WTO の紛争解決手続を適用し，加盟国の協定違反に対する制裁措置を可能にした点は，TRIPS 協定締結の最大の成果といえる。

WTO の紛争解決手続によれば，加盟国間に WTO 各協定をめぐって紛争が生じた場合に，まず当事国間で協議をする。協議要請後 60 日以内に紛争が解決しない場合には，提訴国は WTO の一般理事会に設けられた紛争解決機関（DSB[32]）にパネル（小委員会）の設置を求めることができる。パネルは当該案件に関して，被提訴国の慣行が協定を違反するか否かについて判断し報告書を提出する。パネル報告書の法的判断の側面に関して，当事国は上級委員会に上訴できる。上級委員会の報告書及び上訴がない場合のパネル報告書は，DSB

32） Dispute Settlement Body の略称である。

における採択を経て決定される。重要なのは，DSBにおけるパネル設置の決定，パネル報告の採択，上級委員会報告書の採択は，いずれもいわゆる「ネガティブ・コンセンサス方式（全員一致で反対しない場合には可決される）」によって決定されることである。この方式の採用により，実際には設置の決定と報告書の採択はほぼ自動的に行われる。

64条1項にいう別段の定めとして，64条2項のほか，消尽に関する6条，地理的表示に関する紛争についてTRIPS理事会が行う協議を定めた24条2項，反競争的行為に関する加盟国間の協議を定めた40条3項，4項，TRIPS理事会の協議に関する権限を定めた68条等がある。

なお，64条2項は，協定の違反がなくても一定の場合に他の加盟国の措置に対して紛争解決手続に持ち込めるとするGATT 23条1項b号及びc号の規定が，WTO協定の効力発生の日から5年間は，TRIPS協定が対象とする知的財産権保護の分野について適用されないと規定し，3項はこの問題を将来の検討課題として先送りしている[33)]。

4 その他

(1) 経過措置

65条は，WTOに新規に加盟する国に対する，TRIPS協定の経過措置を定めた規定である。

1項は，すべての加盟国について，WTO設立協定の効力発生（1995年1月1日）から1年，同協定適用までの経過期間を付与する規定である。

2項は，開発途上国については，本条第1項の1年間の経過期間に加えて，さらに4年間，合計5年間の経過期間を付与する旨の規定である。ただし，TRIPS協定3条から5条までの義務（内国民待遇，最恵国待遇）は除外され，これらの条項の適用についての経過措置は，開発途上国であっても，また後述する66条にいう後発開発途上国であっても1年である。

3項は，東ヨーロッパ諸国を念頭に置き，中央計画経済から市場自由企業経済への移行過程にあり，かつ，知的所有権制度の構造的な改革を行い，知的所

33）この点を検討する論考として，鈴木將文「TRIPS協定に係る非違反申立制度の意義」名古屋大学法政論集245号（2012年）37頁。

有権法令の準備と施行についての特別な問題に直面している加盟国について，開発途上国と同様に 5 年間の経過期間を付与する旨の規定である。

4 項は，開発途上国は，物質特許（念頭においているのは，医薬品，化学物質，食品等）について，10 年間経過期間を認める旨の規定である。

5 項は，経過期間中は，知的所有権の保護水準を従前よりも引き下げてはならないことを規定している。

66 条は，いわゆる後発開発途上国について，65 条 1 項に規定されている 1 年間の経過期間に加えて，さらに 10 年間，合計 11 年間の経過期間を付与する旨を規定している。もっとも，この経過期間は TRIPS 理事会において，数度にわたり延長することが決定され，最近では，2021 年 6 月 29 日付けの理事会決定において，2034 年 7 月 1 日または後発開発途上国が後発開発途上国でなくなる日のいずれか早い日まで延長することが決定された。

⑵　留　保

72 条は，「この協定のいかなる規定についても，他のすべての加盟国の同意なしには，留保を付することができない」と定めている。これにより，TRIPS 協定の規定の適用に留保を付することはほとんど不可能となっている。

第4章 特許協力条約（PCT）

第1節 特許協力条約の概要

POINT

- ◆ 特許協力条約（PCT）は，特許の分野の国際協力を図るものである。
- ◆ PCTの主たる目的は，国際出願制度の創設による特許出願の手続面での協力と，技術情報の拡散及び技術的業務の提供による協力である。
- ◆ PCTは，前文と69か条からなる。PCTの細目は規則に定められ，この規則の適用についての細目は実施細則に規定されている。
- ◆ PCTは，パリ条約19条の特別の取極の一つである。わが国では，PCTを実施するために国際出願法が制定されている。
- ◆ PCT締約国における発明の保護のための出願が国際出願である。国際出願は，国際段階を経た後，指定国の国内段階に移行する。国際段階では，国際調査，国際公開，請求により国際予備審査が行われ，指定国の国内段階では，各国の国内法に従って特許付与に向けた各種手続が行われる。

1 概　　説

特許協力条約（PCT[1)]）は，1970年6月19日にワシントンで作成され，1978年1月24日に発効した多国間条約であり，特許の分野の国際協力を図るものである。2023年3月時点の締約国は157か国である。わが国については，1978年10月1日に発効した。

1) Patent Cooperation Treatyの略である。PCTの沿革については，後藤・PCT 11～371頁参照。

PCT は，複数の国において発明の保護が求められている場合に，発明の保護の取得を簡易かつ経済的なものとする条約である。また，PCT は，公衆による技術情報の利用を容易なものとし，開発途上国に対し技術的業務を提供して特許制度の発展に協力するという側面も併せ持つ。

PCT の締約国は，発明の保護のための出願[2)] 並びにその出願に係る調査及び審査[3)] における協力のため並びに特別の技術的業務の提供のための同盟を形成する。この同盟を国際特許協力同盟という（1条）。PCT の締約国となるのは，パリ条約の同盟国に限られる（62条）。

PCT 締約国における発明の保護のための出願を，国際出願（3条）という。PCT の主たる目的の１つは，国際出願制度の創設による特許出願の手続面での協力である。国際出願は，国際段階の手続を経て，各締約国の国内段階に移行するが，PCT は，その第１章から第２章において，国際出願の国際段階の手続を規定する。国内段階では，国際出願は各締約国の国内法（特許法）に従って処理される。したがって，国際出願に対し，国際段階では特許は付与されず，各締約国の国内段階に移行した後に特許が付与されることとなる。

国際出願に係る調査として，PCT では国際調査制度（15条）が創設された。原則として全ての国際出願に対して国際調査が行われる。また，国際出願に係る審査として，PCT 第２章に規定する国際予備審査制度（31条）が創設された。国際予備審査は，出願人の請求による任意手続であり，保護が求められている発明の特許性に関する見解を示すものであるが，各締約国における特許性判断を拘束するものではない。

技術情報の拡散及び技術的業務の提供による協力も，PCT の主たる目的の１つである。技術情報の拡散は，国際段階で行われる国際公開（21条）を通じて行うことができ，発明の理解や技術的評価等に寄与する。また，開発途上国に対しては，技術情報等の情報の提供や，専門家の養成や派遣等の技術援助を通じて技術的業務の提供を行うこととされている。

2） 特許出願とはいわずに，発明の保護のための出願と称しているのは，発明者証の出願（2条(i)）のような他の種類の保護の出願を考慮したからである。

3） ここでいう審査は，通常の特許出願に対して行われる審査ではなく，国際段階で行われる国際予備審査（31条）を意味する。

2　国際出願制度の創設

図1

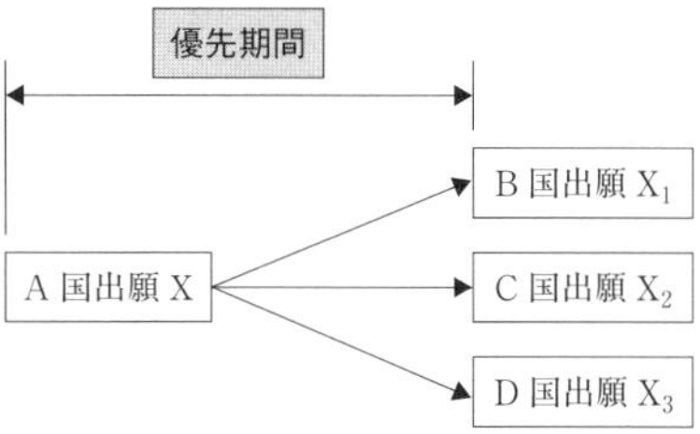

外国に特許出願を行う場合，各国ごとに定められた書式の出願書類を各国の言語で作成し，各国特許庁に出願しなければならない。そのため，各国ごとに出願書類やその翻訳文を準備しなければならない。また，パリ条約に基づく優先権（⇒第２章第２節３）を主張するためには，出願は優先期間である１年以内（パリ条約４条Ｃ項１項）に行わなければならない。例えば，図１に示すように，Ａ国で出願された特許出願Ｘを基礎出願としてパリ条約に基づく優先権を主張して，Ｂ国に特許出願 X_1，Ｃ国に特許出願 X_2，Ｄ国に特許出願 X_3 を行う場合には，１年以内に各国ごとに出願書類やその翻訳文を準備し，それぞれの国の特許庁に個別に出願しなければならない。つまり，特許出願Ｘの出願人は，３つの特許出願 X_1，X_2，X_3 を行わなければならない。

他方，特許出願の実体審査を行う各国特許庁では，独立して実体審査に必要な情報を収集し，先行技術調査を行った上で，新規性等の特許性の判断を行っている。そのため，複数の国に特許出願が行われた場合には，各国特許庁において同様の先行技術調査等の作業が重複して行われることとなる。このような出願人と特許庁の双方における労力を軽減すべく，国際出願制度が創設された。

国際出願は，PCT 締約国の中の１つの国の受理官庁（２条(xv)）[4] 又は国際事務局（２条(xix)）[5] に対して，PCT に規定する要件を満たす１つの出願を行うだけで，指定国である複数の PCT 締約国に実際に出願したのと同様の効果が得

4）　受理官庁とは，国際出願がされた国内官庁又は政府間機関をいう（２条(XV)号）。

5）　国際事務局は，世界知的所有権機関（２条(xviii)）の国際事務局及び，それが存続する限り，知的所有権保護合同国際事務局（BIRPI）をいい（２条(xix)），スイスのジュネーブにある。世界知的所有権機関（WIPO：World Intellectual Property Organization）は，知的所有権関係のストックホルム外交会議で調印された 1967 年７月 14 日の世界知的所有権機関設立条約により設立され，1970 年４月 26 日に発足した。国連の 14 番目の専門機関である。BIRPI（Bureaux Internationaux Réunis de la Protection de la Propriété Intellectuelle）は，パリ同盟の国際事務局と，著作権のベルヌ同盟の国際事務局が合同したものであり，国際事務局がその後継機関にあたる。橋本 59 頁。

られる出願である。指定国とは，国際出願に基づいて発明の保護が求められている一又は二以上の締約国であって，願書において出願人により指定された締約国をいう（4条1項(ii)）。なお，選択国とは，国際予備審査の請求書において表示された国であり，国際予備審査の結果を利用することを出願人が意図する一又は二以上の締約国をいう。選択国は，既に指定された指定国の中から選択される（31条4項a号）。

図2に示すように，例えば1つのPCT締約国（A国）に1つの国際出願Yを行うと，この国際出願Yに対し国際段階の手続が行われ，国内移行手続を経て指定国である各PCT締約国（B国，C国，D国）の国内段階に移行することとなる。図2に示す例では，1つの国際出願Yが，3つのPCT締約国に移行することとなる。ここで，A国において国際出願Yの国際出願日が認められれば，B国，C国，D国においてそれぞれ同時に出願を行なったのと同様の扱いを受けることができる。このとき，B国，C国，D国における出願日は，各国への移行日ではなく，A国への国際出願Yの出願日である国際出願日となる。

図2

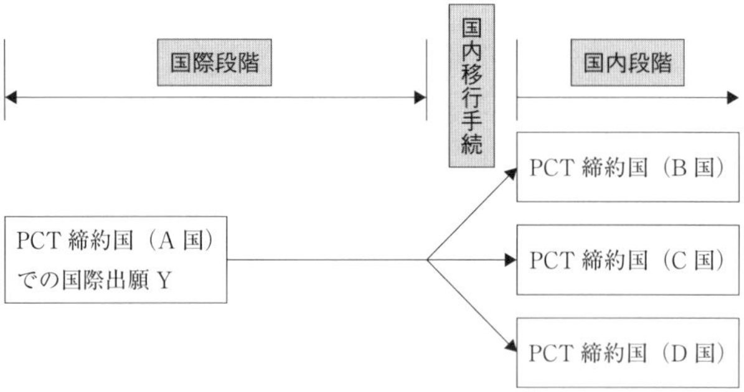

3　技術情報の拡散及び技術的業務の提供

技術情報の拡散は，新たな発明を記載した文書に含まれている技術情報の公衆による利用が容易かつ速やかに行われるようにする（PCT前文）ために行われる。この技術情報の拡散のために，国際公開制度（21条）が創設された。国際公開により，国際出願は，世界的な言語で早期に公開されることとなる。

技術的業務の提供は，開発途上国への情報提供業務や，開発途上国に対する技術援助等を通じて行われる。技術的業務に関しては，PCT 第 4 章に規定されている。具体的には，国際事務局による特許情報提供業務（50 条）や，技術援助委員会[6]による技術援助（51 条）が規定されている。

4　PCT の構造

表 1　PCT と規則との対応関係

PCT	PCT に基づく規則
序 1 条，2 条	A 部　序 第 1 規則，第 2 規則
第 1 章（国際出願・国際調査） 3 条〜30 条	B 部　第 1 章に関する規則 第 3 規則〜第 52 規則
第 2 章（国際予備審査） 31 条〜42 条	C 部　第 2 章に関する規則 第 53 規則〜第 78 規則
第 3 章（共通規定） 43 条〜49 条	D 部　第 3 章に関する規則 第 79 規則〜第 83 規則
第 4 章（技術提供業務の提供） 50 条〜52 条	——
第 5 章（管理規定） 53 条〜58 条	E 部　第 5 章に関する規則 第 84 規則〜第 89 規則
第 6 章（紛争） 59 条	——
第 7 章（修正及び改正） 60 条，61 条	——
第 8 章（最終規定） 62 条〜69 条	——
——	F 部　2 以上の章に関する規則 第 89 規則の 2〜第 96 規則

PCT は，前文と 69 か条からなり，それに 95 の規則を伴って採択された[7]。2022 年 7 月 1 日発効の PCT に基づく規則では，第 1〜第 96 規則が規定され

6）技術援助委員会は，総会により設置され（51 条 1 項），国際特許協力同盟の内部機関である。
7）橋本 16 頁。

ている。PCT の前文と 69 か条には，PCT における最も重要な事項が含まれる。規則は，条約に附属するものであり，条約と同一の外交会議で採択され，調印された条約の後に添付された[8)]。規則は，PCT の細目を定めたものであり，A 部から F 部に分かれ，条約に対応して配列されている。各規則は，小数点以下の番号付けを行って細分化されている。例えば，第 2 規則は，規則 2.1～規則 2.4 に細分化されている。表１に，PCT と規則との対応関係を示す。

PCT では，69 か条の条約と規則に加え，実施細則（89 規則）も規定されている。実施細則は，総会[9)] の監督の下に事務局長[10)] によって作成される（58 条 4 項）。実施細則には，規則において，実施細則に明示的にゆだねられている事項，規則の適用についての細目に関する規定が設けられる（89 規則(a)）。

５　パリ条約及び国内法令との関係

⑴　PCT とパリ条約との関係

PCT は，パリ条約 19 条の特別の取極の 1 つであり，PCT 締約国はパリ条約の同盟国（パリ同盟国）に限定される（62 条 1 項）。PCT のいかなる規定も，パリ条約に基づく権利を縮減するものと解してはならない（1 条 2 項）。このため，PCT 発効後も，パリ条約に基づく優先権主張を伴う出願を従来通り行うことができる。

⑵　PCT とわが国法との関係

わが国において PCT を実施するために，国際出願法（特許協力条約に基づく国際出願等に関する法律）が制定された。国際出願法は，PCT に基づく国際出願，国際調査及び国際予備審査に関し，わが国の特許庁と出願人との間における手続を定めるものである（国際出願法 1 条）。つまり，国際出願の国際段階の手続として，わが国の特許庁と出願人との間で行う手続を規定する。例えば，わが国の出願人が国際出願を行う際には，国際出願法に基づいて，受理官庁としてのわが国の特許庁に対して出願手続を行うことができる。

---

8)　橋本 259 頁。

9)　総会とは，国際特許協力同盟の総会をいい（2 条（xvii）），53 条に規定されている。

10)　事務局長とは，世界知的所有権機関の事務局長及び，それが存続する限り，知的所有権保護合同国際事務局の事務局長をいう（2 条（xx））。

⑶　特許法，実用新案法

国際出願は，国際段階を経た後，指定国の国内段階に移行する。前述したように，わが国の特許庁に出願された国際出願の国際段階の手続は，国際出願法に規定されている。しかし，わが国が指定国，又は国際予備審査の請求により選択された選択国である場合の，国際出願の指定国又は選択国における国内段階の手続は，国際出願法には規定されていない。その手続は，わが国の特許法又は実用新案法に規定されている。具体的には，特許法においては第９章に，実用新案法においては第７章に，特許協力条約に基づく国際出願に係る特例として規定されている。

6　国際出願手続の流れ

⑴　国際段階の手続

⒜　**国際出願**　　国際出願は，図３に示すように，受理官庁又は国際事務局に対して行うことができる。国際出願の１通は受理官庁用写しとして受理官庁が保持し，１通（「記録原本」）は国際事務局に送付され，他の１通（「調査用写し」）は16条に規定する管轄国際調査機関（⇒本章第３節 2）に送付される（12条１項）。

記録原本は，国際出願の正本となる（12条２項）。ここで，記録原本とは，受理官庁が国際出願日を認めた国際出願の願書に押印をして国際事務局に送付した国際出願の１通をいう（規則20.2⒝）。調査用写しとは，受理官庁が国際調査機関に送付する（規則23）国際調査を行うための国際出願の１通をいう。

⒝　**国際調査**　　国際出願は，図３に示すように，管轄国際調査機関による国際調査の対象とされる（15条）。国際調査は，請求の範囲に記載された発明について，関連のある先行技術を発見することを目的として行われる（15条２項）。国際調査が行われた国際出願については，例外的な場合を除いて国際調査報告が作成される（18条１項）。国際調査報告は出願人と国際事務局に送付される（18条２項）。

⒞　**国際公開**　　国際出願は，所定の例外を除いて，図３に示すように，国際事務局により，国際公開される（21条）。このように国際事務局が国際公開することで，各国で個別に各国の言語で公開する場合と比較して，一般公衆にとっては利用し易くなる。国際公開は，出願書類や国際調査報告等を電子形

式又はパンフレット形式で刊行することにより行われる。

(d)　**国際予備審査**　　国際出願は，出願人の国際予備審査の請求により，国際予備審査の対象とされる（31条1項）。図３に示すように，国際予備審査は，管轄国際予備審査機関（32条⇒本章第５節２）により行われ（32条２項），国際出願の請求の範囲に記載された発明の新規性，進歩性（自明のものではないもの）及び産業上の利用可能性の有無について予備的かつ拘束力のない見解が示される（33条１項）。国際予備審査報告は，所定の附属書類とともに出願人及び国際事務局に送付される（36条１項）。

図３

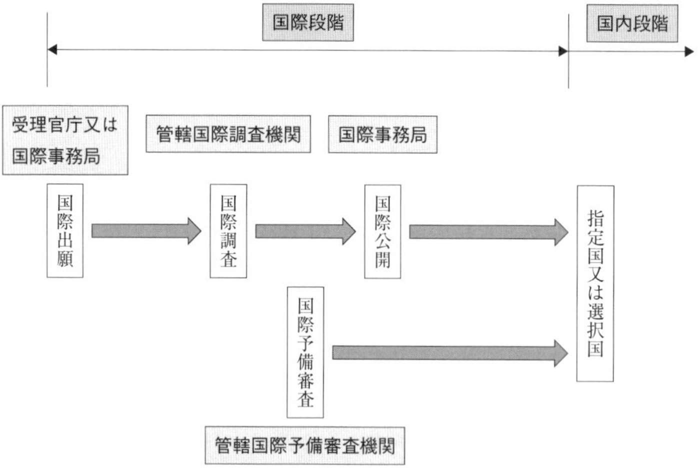

(2)　国内段階の手続

図３に示すように，国際出願は，国際段階を経た後に，指定国又は選択国に移行する。国内段階の手続は，出願人が優先日[11]から30か月経過するまでに国際出願の翻訳文の提出や国内手数料の支払等を行うことで開始されるのが

11）　PCTでは，優先日とは，期間の計算上，次の(a)～(c)の日をいうものと定義されている（２条(xi)）。(a)国際出願が８条の規定による優先権の主張を伴う場合には，その優先権の主張の基礎となる出願の日，(b)国際出願が８条の規定による二以上の優先権の主張を伴う場合には，それらの優先権の主張の基礎となる出願のうち最先のものの日，(c)国際出願が８条の規定による優先権の主張を伴わない場合には，その出願の国際出願日。

通例である。指定国又は選択国の国内段階では，その国内官庁等である指定官庁[12]又は選択官庁[13]に対し，当該国における特許付与に向けた手続が行われる。実体審査を行う指定国又は選択国では，国内段階に移行した後に実体審査が行われることとなる。なお，指定国又は選択国における国内段階の手続は，国際段階の間は繰り延べられる（23条・40条）。

第２節　国際出願制度

POINT

◆　国際出願は，PCTによってなされる出願であり，締約国における発明の保護のための出願である。

◆　締約国の居住者又は国民が国際出願をすることができる。

◆　国際出願の出願人は，願書，明細書，請求の範囲，必要な図面及び要約を所定の言語で作成し，所定の受理官庁又は国際事務局に提出しなければならない。

◆　国際出願がなされると，受理官庁は，所定の要件が受理の時に満たされていることを確認することを条件として，国際出願の受理の日を国際出願日として認める。国際出願日の認められた国際出願は，国際出願日から指定国における正規の国内出願としての効果を有し，国際出願日は，指定国における実際の出願日とみなされる。

１　概　　説

国際出願は，PCTによってなされる出願であり（2条(vii)），締約国における発明の保護のための出願（3条1項）である。保護対象は，発明であり，意匠や商標は保護対象ではない。ただし，各国法制の違いを考慮して，特許以外の出願（発明者証，実用証，実用新案，追加特許，追加発明者証，追加実用証）[14]でも，

12）　指定官庁とは，PCT第1章の規定に従い出願人によって指定された国の国内官庁又はその国のために行動する国内官庁をいう（2条(xiii)）。

13）　選択官庁とは，PCT第2章の規定に従い出願人によって選択された国の国内官庁又はその国のために行動する国内官庁をいう（2条(xiv)）。なお，国際予備審査の手続が国際段階で行われた場合，指定官庁は選択官庁と呼ばれる。

締約国が認める場合には保護を求めることができる（2 条(ii)・43 条）。

国際出願は，1 つの受理官庁又は国際事務局に対して 1 つの言語で行えばよい。この 1 つの国際出願を適法に行うことで，複数の PCT 締約国に同時に特許出願したのと同様の効果が得られる。そして，1 つの受理官庁又は国際事務局により国際出願日が認定されれば，この国際出願日が，指定国における実際の出願日とみなされる（11 条 3 項）。

2　国際出願の出願人

(1)　PCT の規定

PCT 締約国の居住者又は国民は，国際出願をすることができる（9 条 1 項・3 項）。ここで，「締約国」とは，PCT が適用される国をいい，具体的には，PCT の批准国，加入国，（対外関係について）責任を有する領域をいう（62 条）。締約国の「居住者」とは，締約国に住所を有する者であり，締約国において現実かつ真正の工業上又は商業上の営業所を有することはいかなる場合にも当該締約国に住所を有するものとみなされる（規則 18.1(b)(i)）。締約国の「国民」とは，締約国の国籍を有する者であり，締約国の国内法令に従って設立された法人はいかなる場合にも当該締約国の国民とみなされる（規則 18.1(b)(ii)）。締約国の「居住者」又は「国民」であるか否かは締約国の国内法令によるものとし，受理官庁が決定する（規則 18.1(a)）。

総会の決定により，PCT 締約国ではないがパリ同盟国であるいずれかの国の居住者及び国民も，国際出願をすることができる（9 条 2 項）。出願人が複数である場合，出願人のうち少なくとも 1 人が 9 条の規定に基づき国際出願をする資格を有するときは，国際出願をすることができる（規則 18.3）[15)]。

(2)　わが国法との関係

出願人が 9 条の規定により国際出願をする資格を有し，かつ特許法 25 条の

14)　発明者証は，旧ソ連にあった制度である。実用証は，1969 年からフランスにおいて創設された特許の 1 種である。実用新案は，日本，ドイツ等にある制度であるが，特に審査を行ってから登録していた日本の旧実用新案制度に配慮して加えられた。橋本 57 頁。追加特許は，発明の追加に対し，同様に与えられるが，この発明は必ずしも改良である必要はない。ボーデンハウゼン 21 頁。追加実用新案は，そのような制度を持つ国がなかったため省かれている。橋本 57 頁。

規定によりわが国における権利能力が認められている場合には，わが国での国際特許出願の出願人としての資格を有する。

PCT は，特許権等の権利を享有できない外国人であっても，共同出願人の1人としてであれば，国際出願をすることを認めている。しかし，これはあくまで国際段階のことであって，各国が権利の享有を認めるか否かは，各国の判断に委ねられている。

３　国際出願の手続

⑴　概　説

国際出願の出願人は，願書，明細書，請求の範囲，必要な図面及び要約を所定の言語で作成し，所定の受理官庁[16] 又は国際事務局[17] に提出しなければならない。例えば，国際出願の出願人が日本の国民又は居住者の場合，日本特許庁又は国際事務局に提出しなければならない。国際出願に際しては，受理官庁に手数料[18] を支払わなければならない。

以下，願書等の国際出願の必要書類，国際出願の言語，国際出願がパリ条約に基づく優先権主張を伴う場合の優先権主張及び手続について説明する。

⑵　国際出願の必要書類

国際出願は，願書，明細書，請求の範囲，必要な図面及び要約を含むことが

---

15)　2人以上の出願人がある場合，(i)出願人のうちの少なくとも1人がその居住者若しくは国民である締約国の国内官庁又はその締約国のために行動する国内官庁に対して国際出願をすることができ，(ii)出願人のうちの少なくとも1人が締約国の居住者又は国民であるときは，国際事務局に対して国際出願を行うことができる（規則 19.2）。出願人が2人以上であって，それぞれ異なる国の国民又は居住者である場合，管轄受理官庁は複数となり，その中から選択することができる。下道 82 頁。

16)　出願人の国籍又は住所によって国際出願を提出する受理官庁が決められている。これを管轄受理官庁という。受理官庁として行動するのは，締約国の特許庁等の国内官庁，ヨーロッパ特許庁等の政府間機関及び国際事務局である。下道 81 頁。管轄受理官庁以外の受理官庁に国際出願をした場合には，その管轄外の官庁が国際事務局に代わって国際出願を受理したものとみなされ，その国際出願は国際事務局に送付される。この場合，管轄外の官庁が国際出願を受理した日が国際出願日となるので，出願人に不利になることはない。下道 83 頁。

17)　国際事務局は，1994 年1月1日より受理官庁としての行動を開始した。下道 82 頁。

18)　国際出願に際しては，送付手数料（規則 14.1），国際出願手数料（規則 15.1），調査手数料（規則 16.1）を受理官庁に支払わなければならない。各手数料の支払期間は，国際出願の受理の日から1か月以内である（規則 14.1(c)，規則 15.3，規則 16.1(f)）。

必要である（3条2項）。願書については4条に，明細書については5条に，請求の範囲については6条に，図面については7条に，要約については3条3項にそれぞれ規定されている。表２に，願書等の各書面に記載すべき事項の概要をまとめる。

表２　国際出願の必要書類

願　書	願書には，4条1項に規定される事項を記載する。具体的には，下記の(i)〜(v)の事項を記載する。 (i)国際出願がPCTに従って処理されることの申立て。 (ii)国際出願に基づいて発明の保護が求められている1又は2以上の締約国の指定[19]（指定国）。広域特許を受けることを希望する場合には，願書にその旨を表示する[20]。願書における国の指定は，国際出願に特有のものである。 (iii)出願人及び，該当する場合には，代理人の氏名又は名称並びにこれらの者に関するその他の所定の事項。 (iv)発明の名称。 (v)指定国のうち少なくとも1の国の国内法令が国内出願をする時に発明者の氏名又は名称その他の発明者に関する所定の事項を表示することを定めている場合には，それらの事項。
明細書	明細書には，当該技術分野の専門家が実施できる程度に明確かつ十分に発明を開示する（5条）[21]。 原則として，技術分野，背景技術，発明の開示，図面がある場合には図面の簡単な説明，発明を実施するための最良の形態，産業上の利用可能性をこの順序で記載する。
請求の範囲	請求の範囲[22]には，保護が求められている事項を明示する。また，請求の範囲は，明確かつ簡潔に記載されていなければならず，明細書により十分な裏付けがされていなければならない（6条）。[23]
図　面	発明の理解に必要な場合に要求される（7条1項）[24]。 指定官庁は，発明の理解に必要でなくても発明の性質上図面によって説明することができるときは，出願人に対し，図面の提出を要求することができる（7条2項(ii)）。
要　約	技術情報としてのみ用い，求められている保護の範囲を解釈するために考慮に入れてはならない（3条3項）。

(3)　国際出願の言語

国際出願は所定の言語で作成する（3条4項(i)）。国際出願のために認められる言語は受理官庁が特定する（規則 12.1(a)）。受理官庁は，受理官庁に提出された国際出願の国際調査を管轄する国際調査機関が認める言語であって国際公開の言語のうち少なくとも一の言語を認める（規則 12.1(b)）。わが国では，国際出願が作成される言語は日本語又は英語である（国際出願法３条）。

(4)　優先権主張

(a)　**パリ条約に基づく優先権主張**　　国際出願は，パリ条約の締約国にお

19)「指定は，43 条に規定する他の種類の保護が出願人によって求められている場合を除くほか，求められている発明の保護が指定国により又は指定国について与えられる特許であることを意味するものとする」(4 条 3 項)。なお，2004 年 1 月 1 日以降の指定制度下では，国際出願の願書の提出により，①国際出願日に PCT に拘束される全ての締約国を指定し，② 43 条又は 44 条が適用される指定国において，その国を指定することによって得られる全ての種類の保護を求める旨の表示をし，③ 45 条 1 項が適用される指定国において広域特許を求める旨の表示とみなされ，45 条 2 項が適用される場合を除いて国内特許を求める旨の表示とみなされる（規則 4.9(a)）。

20)　指定国について広域特許を受けることが可能であり，かつ，出願人が国内特許ではなく広域特許を受けることを希望する場合には，願書にその旨を表示する。広域特許に関する条約により出願人がその条約の締約国のうち一部の国にその出願を限定することができない場合には，その条約の締約国のうち一の国の指定及び広域特許を受けることを希望する旨の表示は，その条約のすべての締約国の指定とみなされる。指定国の国内法令に基づきその国の指定が広域特許の出願としての効果を有する場合には，その国の指定は，広域特許を受けることを希望する旨の表示とみなされる（4 条 1 項(ii)）。指定国の指定は出願の際にしなければならず，出願の後に指定国を追加することはできない。しかし，指定を撤回することはできる。橋本 65 頁。

21)　5 条では，明細書には，いわゆる当業者が容易に理解できる程度に発明を開示するという基本原則が定められている。橋本 69 頁。明細書の記述方法の詳細は規則 5 に規定されている。国際出願において使用してはならない表現等は規則 9 に，用語及び記号については規則 10 に，国際出願の様式上の要件については規則 11 に規定されている。

22)　請求の範囲の数及び番号の付け方については規則 6.1 に，国際出願の他の部分の引用については規則 6.2 に，請求の範囲の記述方法については規則 6.3 に，従属請求の範囲については規則 6.4 に規定されている。

23)　6 条では，請求の範囲が図面によって裏付けがされていなければならないとは規定されていない。これは，請求の範囲が，明細書には示されず，図面だけに示される事項を含んでもよいという解釈を避けるためである。ただし，図面と明細書をともに用いなければ発明を十分に表現できない場合には，請求の範囲が明細書により裏付けられているか否かの判断は，図面との関連で明細書を考慮することが必要であると考えられている。実際に文字で十分に表現できない事項は，図面が示され，その図面が明細書中で引用されることにより，明細書に示されていると解することができる。橋本 71 頁。

24)　7 条は，発明の理解に必要な場合だけ図面を要求する国内法を持つ国（日本の特許法等）と，常に図面の添付を要求する国内法を持つ国（日本の実用新案法や米国等）との間で，調和のとれた統一規定とすることができなかったため，このような規定となっている。橋本 72 頁。

いてされた先の出願[25]又はパリ条約の締約国についてされた先の出願[26]に基づく優先権を主張する申立てを伴うことができる（8条1項，規則4.1(b)(i)）[27]。優先権の主張の条件及び効果は，パリ条約4条の定めるところによる（8条2項a号⇒第2章第2節3）。

パリ条約のストックホルム改正条約に加入していないPCT締約国でも，PCTの国際出願では，パリ条約4条Iの発明者証に基づく優先権の効果が認められる。またWTO加盟国において又はWTO加盟国についてされた出願に基づく優先権主張も認められる（規則4.10(a)）。

(b)　**自己指定**　　いずれかの締約国において又はいずれかの締約国についてされた先の出願（国内出願又は国際出願）に基づく優先権の主張を伴う国際出願には，当該締約国の指定を含めることができる（8条2項b号前段）。これがいわゆる「自己指定」である。例えば，日本の企業が日本で特許出願を行い，この特許出願に対して優先権を主張して日本特許庁に国際出願を行った場合，この国際出願で日本を指定すると，日本について自己指定したことになる。

パリ条約では，優先権は，第1国出願と第2国出願とが異なる同盟国にされる場合を想定して規定されている。つまり，第1国出願と第2国出願とが同一の国にされる場合をパリ条約は想定していない。

この問題について，PCTは，統一的な解決はせず，各国の国内法令に委ねることとした。国際出願がいずれかの指定国の国内出願に基づく優先権の主張を伴う場合，当該国の指定は認めるが，当該指定国における優先権の主張の条件及び効果は，当該指定国の国内法令によるとしているのである（8条2項b号後段）。この「自己指定」を契機として各国で国内優先の制度が導入された。わが国では，昭和60年改正でいわゆる国内優先権制度が導入されたので，これ以降自己指定が認められることとなった。わが国における自己指定の場合，

25）　パリ条約の締約国においてされた国内出願を意味する。

26）　パリ条約の締約国についてされた広域特許出願等を意図したものである。

27）　パリ条約に基づく優先権は，パリ同盟国である第1国に特許出願した者が，他のパリ同盟国である第2国に特許出願する際に，上記第1国の特許出願に対して主張するものである。それに対し，国際出願の場合，例えばPCT締約国である第1国に特許出願を行い，この特許出願に対してパリ条約に基づく優先権を主張して国際出願を行うこととなる。基礎出願である特許出願と，優先権主張を伴う国際出願は，同一国の特許庁に対して行うことができる。また，先の国際出願に対して優先権主張をして更に国際出願をすることもできる。

国内優先権主張の条件及び効果が適用される（特許41条・42条・184条の15）[28]。

上述の例において，国際出願で日本を指定すると，この国際出願について主張した優先権の効果は，日本において国内優先権の主張を行った場合と同じ効果となる。つまり，基礎出願である日本の特許出願はその出願の日から15か月経過後に取り下げたものとみなされる（特許42条1項）。よって，基礎出願である日本の特許出願と同一内容で国際出願を行い，日本を指定した場合には，日本で出願された特許出願が取り下げたものとみなされるので，国際出願を日本の国内段階に移行させる必要が生じる。

(c)　**優先権主張の手続**　(i)　優先権主張の申立て　　優先権主張の申立ては願書で行う（規則4.1(b)(i)）。願書には，先の出願の日付，先の出願の番号，先の出願が国内出願である場合，その出願がされたパリ同盟国の国名又はWTO加盟国の国名，先の出願が広域出願である場合，広域特許[29]を与える当局，先の出願が国際出願である場合，その国際出願がされた受理官庁を記載する[30]。

(ii)　優先権書類の提出　　優先権書類[31]は，原則として優先日から16か月以内に国際事務局又は受理官庁に提出する（規則17.1(a)）。

(iii)　優先権の主張の補充や追加　　出願人は，優先日から16か月の期間又は，優先権の主張の補充若しくは優先権の主張の願書への追加により優先日について変更が生じる場合には，変更された優先日から16か月の期間のうちいずれか早く満了する期間内に，受理官庁又は国際事務局に提出する書面によって，優先権の主張の補充又は追加をすることができる。ただし，当該書面が国際出願日から4か月を経過する時までに提出することができる場合に限る（規則26の2.1(a)）。

---

28)　国内優先権制度については，茶園（特許）132～137頁〔立花顕治〕参照。

29)　広域特許とは，二以上の国において効力を有する特許を与える権限を有する国内当局又は政府間当局によって与えられる特許をいう（2条(iv)）。広域特許条約は，広域特許を付与することを定める条約であり，欧州特許条約（European Patent Convention：EPC），ユーラシア特許条約（Eurasian Patent Convention）が代表的である。広域特許としては，アフリカ知的所有権機構（OAPI）やアフリカ地域工業所有権機構（ARIPO）によって付与されるものもある。橋本良郎『特許関係条約〔第4版〕』（発明協会，2005年）205～235頁参照。

30)　下道114頁。

31)　優先権書類（Priority document）とは，先の国内出願又は国際出願を受理した当局が認証したその出願の謄本をいう（規則17.1(a)）。

(iv)　優先権主張の取下げ　　優先権主張の取下げは，国際出願が国際段階にある間（優先日から30か月）は認められる。優先権主張を取り下げると，国際出願の優先日に変更が生じる場合がある。例えば，１つの基礎出願に対し優先権を主張して国際出願を行った場合に，その優先権主張を取り下げると，優先日はその国際出願の国際出願日となる（2条(xi)参照）。このように優先日に変更が生じる場合，もとの優先日から起算した期間が満了していない期間は変更された優先日から起算される（規則90の2.3(d)）。

(d)　**優先権の回復**　　国際出願において優先権を主張するには，優先権主張の基礎となる最先の特許出願の出願日から12か月以内に国際出願をしなければならない。しかし，2006年4月発効のPCT規則改正により，国際出願日が基礎出願の出願日から12か月より後であっても，優先期間である12か月の期間の満了後２か月以内であれば，出願人の請求により優先権の回復が認められることとなった。ただし，優先期間を遵守できなかった理由が所定の基準を満たす場合に限られる。優先権回復の手続としては，受理官庁に対する手続（規則26の2.3(a)）[32]と，指定官庁に対する手続（規則49の3.2(a)）[33]がある。受理官庁や指定官庁によっては，優先権の回復の請求を認めないところもある。

32）　規則26の2.3(a)は，次のように規定している。

「国際出願の国際出願日が，当該優先期間の満了の日の後であるが，当該満了の日から２か月の期間内である場合には，受理官庁は，出願人の請求により，かつ，規則26の2.3(b)から(g)までの規定に従うことを条件として，当該受理官庁が採用する基準（「回復のための基準」）が満たされていること，すなわち，当該優先期間内に国際出願が提出されなかったことが，次のいずれかの場合によると認めた場合には，優先権を回復する。

(i)　状況により必要とされる相当な注意を払ったにもかかわらず生じた場合

(ii)　故意ではない場合

各受理官庁は，これらの基準のうち少なくとも一を適用するものとし，また，これらの両方を適用することができる。」

33）　規則49の3.2(a)は，次のように規定している。

「国際出願が先の出願に基づく優先権の主張を伴い，国際出願日が当該優先期間の満了の日の後であるが，当該満了の日から２か月の期間内である場合には，指定官庁は，規則49の3.2(b)の規定に基づく出願人の請求によって，当該指定官庁が適用する基準（「回復のための基準」）が満たされていること，すなわち，優先期間内に国際出願が提出されなかったことが，次のいずれかの場合によると認めたときには，優先権を回復する。

(i)　状況により必要とされる相当な注意を払ったにもかかわらず生じた場合

(ii)　故意ではない場合

各指定官庁は，これらの基準のうち少なくとも１つを採用し，また基準の両方を採用することができる。」

表３に，2022 年 12 月時点の，優先権の回復（規則 26 の 2.3）の請求を認めない受理官庁，受理官庁による優先権の回復の効果（規則 49 の 3.1）を認めない指定官庁，優先権の回復（規則 49 の 3.2）の請求を認めない指定官庁を示す。わが国特許庁は，2015 年 6 月時点で，いずれの回復も認めている。

表３　優先権の回復の請求を認めない受理官庁等

優先権の回復の請求（規則 26 の 2.3）を認めない受理官庁	受理官庁による優先権の回復の効果（規則 49 の 3.1）を認めない指定官庁	優先権の回復の請求（規則 49 の 3.2）を認めない指定官庁
ブラジル，コロンビア，キューバ，チェコ，ドイツ，アルジェリア，ギリシャ，インドネシア，インド，韓国，フィリピン	ブラジル，カナダ，中国，コロンビア，キューバ，チェコ，ドイツ，アルジェリア，インドネシア，インド，韓国，メキシコ，フィリピン	ブラジル，カナダ，中国，コロンビア，キューバ，チェコ，ドイツ，アルジェリア，インドネシア，インド，韓国，メキシコ，フィリピン

WIPO の HP より

４　国際出願の効果

⑴　受理官庁による点検・処理

所定の受理官庁[34]にされた国際出願は，受理官庁による点検及び処理の対象とされる（10 条）。

受理官庁は，国際出願が 11 条 1 項の要件を満たすか否かを点検する。また，受理官庁は，国際出願に次のいずれかの欠陥が含まれていないかどうかも点検する（14 条 1 項 a 号）。①規則の定めるところによる署名がないこと，②出願人に関する所定の記載がないこと，③発明の名称の記載がないこと，④要約が含まれていないこと，⑤所定の様式上の要件が規則に定める程度にまで満たされていないこと，である。

処理に関して，受理官庁は，国際出願日を認定する。また，受理官庁は，国際出願の記録原本を国際事務局に送付し，国際出願の調査用写しを管轄国際調査機関に送付する（12 条 1 項）。14 条 1 項 a 号に記載のいずれかの欠陥を発見

34）　所定の受理官庁となるのは，出願人の住所又は国籍のある国の特許庁であることが原則である（規則 19.1（a））。

した場合には，受理官庁は，出願人に対し所定の期間内に国際出願の補充をすることを求め（14条1項b号），出願人が補充をしなかった場合には，その国際出願が取り下げられたものとみなし，その旨を宣言する（14条1項b号）。受理官庁は，これ以外にも規則に規定された様々な処理を行う（規則20.1〜20.3等）。

⑵　国際出願日の認定

国際出願がなされると，受理官庁は，下記の①〜③の要件が受理の時に満たされていることを確認することを条件として，国際出願の受理の日[35]を国際出願日として認める（11条1項）[36]。

①　出願人が，当該受理官庁に国際出願をする資格を住所又は国籍上の理由により明らかに欠いている者でないこと。

②　国際出願が所定の言語[37]で作成されていること。

③　国際出願に少なくとも次の(i)〜(v)が含まれていること。

(i)　国際出願をする意思の表示，(ii)少なくとも一の締約国の指定，(iii)出願人の氏名又は名称の所定の表示，(iv)明細書であると外見上認められる部分[38]，(v)請求の範囲であると外見上認められる部分。

上記の要件を満たしていない場合，受理官庁は，出願人に対して必要な補充を求める（11条2項a号）。出願人が補充しない場合，国際出願として取り扱われない旨が出願人に通知される（規則20.4）。他方，出願人が補充した場合，補充の受理の日を国際出願日と認める（11条2項b号）。

⑶　指定国における実際の出願日

国際出願日の認められた国際出願は，国際出願日から指定国における正規の国内出願としての効果を有し，国際出願日は，指定国における実際の出願日[39]とみなされる（11条3項）[40]。つまり，1つの国際出願を1つの言語で作成して

35）　受理の日は，発送の日ではなく，受理官庁に到達した日である。橋本85頁。

36）　11条の規定は，国際出願の最も重要な性格を定めたもので，これによってPCTはパリ条約による優先権をさらに一歩進めたものとなった。橋本85頁。

37）　受理官庁が国際出願のために認める言語をいう（規則12.1）。

38）　明細書が5条や規則5.1，5.2の規定を満たすか否かを問題にしているのではない。受理官庁は，明細書と思われる部分が存在するか否かを判断するだけである。橋本86〜87頁。請求の範囲についても同様である。

１か所（受理官庁）に提出することで，各国特許庁に各国それぞれの言語でそれぞれの方式に従って提出したのと同一の効果が得られる。例えば，日本語で作成した国際出願を，受理官庁である日本特許庁に適式に出願すれば，国際出願日に全ての指定国に直接出願したのと同様の効果が得られる[41)]。

(4)　優先権の発生

国際出願については，①パリ同盟国の国民等による出願であること，②正規かつ最先の出願であること，③特許，実用新案又は発明者証の出願であること，という条件を満たせば，パリ条約に基づく優先権が発生する。

(5)　国際調査，国際公開，国際予備審査の対象

適法になされた国際出願は，所定の例外を除いて，国際調査，国際公開の対象となる。また，出願人が請求をした場合には，国際予備審査の対象ともなる。

(6)　指定国での検査の対象

国際出願について，受理官庁が国際出願日を認めることを拒否した場合（規則 20.4）若しくは国際出願が取り下げられたものとみなす旨を宣言した場合（14 条）又は国際事務局が記録原本を受理しなかったと認定した場合でも，出願人が，必要な国内手数料の支払及び所定の適当な翻訳文を提出して請求すれば，上記拒否，宣言又は認定が PCT 及び規則に照らし正当であるかどうかについての指定官庁による検査の対象となる（25 条）。

指定官庁による検査によって，受理官庁や国際事務局に過失があったと認められた場合，その指定国における効果として，そのような過失がなかったもの

---

39)　実際の出願日（actual filing date）と規定したのは，旧米国特許法 102 条(e)のように先行技術としての効果が実際の出願日からしか生じないという国内法令を有する国に対処したものである。橋本 88 頁参照。

40)　指定国における正規の国内出願としての効果を持つのは，受理官庁が国際出願日を認定した国際出願だけである。国際出願日は一度認定されれば取り消されることはない。国際出願日の認定後に，11 条１項(i)～(iii)の要件を満たしていなかったと受理官庁が認定したとしても，国際出願が取り下げられたものとみなされるだけである（14 条４項）。国際調査報告が作成されなかった場合でも，正規の国内出願としての効果は失われない。橋本 87～88 頁。

41)　ただし，64 条４項ａ号の宣言を行った締約国では，先行技術の問題について，国際出願日が，自国における実際の出願と同等に扱われない場合がある。

として扱われる。ただし，この指定国の判断は，その国限りのものであり，国際段階での判断には影響を与えない[42]。

(7) 指定国（選択国）での処理又は審査の繰延べ

国際出願日が認められると，一連の国際段階の手続が順に進行することとなり，指定官庁における国際出願についての手続は繰り延べられる。具体的には，国際出願の指定官庁による処理又は審査は優先日から30か月を経過するまで行われない（23条1項）[43]。ただし，指定官庁は，出願人の明示の請求により，国際出願の処理又は審査をいつでも行うことができる（23条2項）。

選択国に関し，締約国の選択が優先日から19か月を経過する前に行われた場合には，23条の規定は，当該締約国については適用されない。この場合，当該締約国の国内官庁又は当該締約国のために行動する国内官庁は，優先日から30か月の期間の満了前に，国際出願の審査及び他の処理を開始してはならない（40条1項）。ただし，選択官庁は，出願人の明示の請求により，国際出願の審査及び他の処理をいつでも開始することができる（40条2項）。

(8) 秘密保持義務の対象

国際事務局及び国際調査機関は，国際出願の国際公開が行われる前に，いかなる者又は当局に対しても国際出願が知得される[44]ようにしてはならない。ただし，出願人の請求による場合又はその承諾を得た場合は例外となる（30条1項a号）。また，管轄国際調査機関への国際出願の送付，指定官庁への国際出願の送達（20条1項a号），指定官庁への国際出願の写しの送付（13条1項）の場合も例外となる（30条1項b号）。

国内官庁[45]は，次の(i)～(iii)の日のうち最も早い日前に，第三者に対し国際出願が知得されるようにしてはならない。ただし，出願人の請求による場合又

42） 橋本143頁。

43） 23条は，翻訳文の提出等の期間が満了するまでは，指定国における国際出願の審査や処理が開始されないことを出願人に保証する規定である。橋本134頁。

44）「知得される」には，個別の通報や一般の公表によって第三者が知ることができる場合が含まれる。橋本162頁。

45） 国内官庁と規定されているが，指定官庁，受理官庁，選択官庁にも適用される。よって，指定官庁，受理官庁，選択官庁も守秘義務がある。

はその承諾を得た場合は，この限りでない（30条2項a号）。

(i)　国際出願の国際公開の日。

(ii)　20条の規定に従って送達される国際出願の受理の日。

(iii)　22条の規定に基づく国際出願の写しの受理の日。

第３節　国際調査制度

POINT

◆　国際調査制度とは，国際出願の請求の範囲に記載された発明に関連のある先行技術の発見を目的として管轄国際調査機関が調査を行う制度である。

◆　国際調査においては，明細書及び図面に妥当な考慮を払った上で請求の範囲に基づいて行い，可能な限り多くの関連のある先行技術を発見するよう努める。

◆　国際調査報告は，所定の期間内に，所定の形式で作成され，出願人及び国際事務局に送付される。国際調査機関は，国際調査報告の作成と同時に，書面による見解をも作成する。

１　概　　説

国際調査制度とは，国際出願の請求の範囲に記載された発明に関連のある先行技術の発見を目的として管轄国際調査機関が調査を行う制度である（15条〜19条等）[46)]。

従来のパリ条約体制下では，審査主義を採用する各国特許庁は，各国に出願

46)　国際調査は，原則として全ての国際出願に対して行われるが，出願人の意思により国際調査に類する調査である国際型調査が行われることがある。締約国の国内法令が認める場合には，当該締約国の国内官庁又は当該締約国のために行動する国内官庁に国内出願をした出願人は，国内法令に定める条件に従い，国際型調査がその国内出願について行われることを請求することができる（15条5項a号）。また，国際調査に加えて，別の国際調査機関による国際調査を提供する補充国際調査（規則45の2）が2009年1月から開始されている。補充国際調査の目的は，発見される先行技術の言語の多様化に鑑み，出願人が複数の国際調査機関に調査を依頼することによって，国際段階で先行技術を極力把握し，国内段階で新たな先行技術文献が発見される可能性を減少させることである。

された同一の発明について互いに独立して情報の収集，先行技術の調査を行っていた。つまり，先行技術の調査等のために重複した労力が払われていた。そこで，このような重複労力を軽減すべく，管轄国際調査機関が先行技術の調査を行い，その結果を出願人及び各指定国に報告するようにした。

国際調査の対象は，原則として，国際出願日が認定された全ての国際出願である（15条1項）。ただし，取下げられた出願又は取り下げられたものとみなされた出願（14条）は，国際調査の対象とはならない。

2　国際調査の主体

国際調査は，管轄国際調査機関が行う（16条1項，規則35）。国際調査機関とは，国際調査を行う機関であり，国内官庁又は出願の対象である発明に関する先行技術についての資料調査報告を作成する任務を有する政府間機関（例えば，国際特許協会）を国際調査機関とすることができる（16条1項。管轄については，後述）。

国際調査機関は，総会が選定する（16条3項a号）。この総会の決定は3分の2の多数決でなされる（53条6項a号）。選定は，一定の期間を付して行うものとし，選定期間は，更新することができる（16条3項d号）[47]。このように国際調査機関の選定期間を無期限とせず更新可能としたのは，更新時に資格を再審査できる可能性を残すためである[48]。

国際調査機関として選定されるには，16条3項c号に規定する最小限の要件[49]を満たしていることが必要である（16条3項a号）。典型的には，16条3項c号に規定する最小限の要件を満たした国内官庁や政府間機関[50]が，国際調査機関として選ばれる資格があるものと想定されている。

16条2項において，「単一の国際調査機関が設立されるまでの間に二以上の国際調査機関が存在する場合には」と規定されていることから，国際調査機関は単一化が究極の目標である[51]。ここで，「単一化」とは，単一の調査機関が全ての国際調査を行うことをいう。

47）総会は，国内官庁若しくは政府間機関の選定若しくは選定期間の更新について決定する前又は選定期間の満了前に，当該国内官庁又は当該政府間機関の意見を聴取し及び，56条に規定する技術協力委員会が設置されている場合には，同委員会の助言を求める（16条3項e号）。

48）橋本111頁。

国際調査機関の管轄は，国際調査機関と国際事務局との取決め（16条3項b号）で定められ，その取決めに従って各受理官庁が特定する（16条2項，規則35）。受理官庁は，国際調査機関と国際事務局との取決めに従って特定した管轄国際調査機関を国際事務局に通知し，この通知は国際事務局によって公表される[52)]。従って，国際出願がどの受理官庁に提出されたかによって，管轄国際調査機関は決まることとなる。受理官庁は二以上の国際調査機関を特定することができる（規則35.2）。わが国は，3つの国際調査機関を特定している。このため，日本特許庁には日本語又は英語で国際出願をすることができ，日本特許庁に出願された，日本語の国際出願については日本特許庁が，英語の国際出願については日本特許庁，シンガポール知的財産庁，又は欧州特許庁がそれぞれ管轄国際調査機関となる。

3　国際調査の内容

(1)　概　説

国際調査は，明細書及び図面に妥当な考慮を払った上で，請求の範囲に基づ

---

49)　16条3項c号に規定する最小限の要件は，次の(i)～(v)である（規則36.1）。
(i)　国内官庁又は政府間機関は，調査を行うために十分な技術的資格を備えた常勤の従業者を100人以上有していなければならない。(ii)国内官庁又は政府間機関は，少なくとも，紙，マイクロフォーム又は電子媒体により，調査の目的のために適正に整備された規則34に定める最小限資料を所有し又は利用し得るようにしていなければならない。(iii)国内官庁又は政府間機関は，所要の技術分野を調査することができる職員であって少なくとも規則34に定める最小限資料が作成され又は翻訳された言語を理解する語学力を有するものを有していなければならない。(iv)国内官庁又は政府間機関は，国際調査の一般原則に従い調査の質の管理制度及び内部における検討制度を設ける。(v)国内官庁又は政府間機関は，国際予備審査機関として選定されなければならない。

50)　政府間機関は，特許（広域特許）の付与を業務としていなくてもよく，先行技術の調査を行うことを業務としていれば十分である。橋本109頁。

51)　これは国際調査のセントラル化が究極の目的であることを宣言するために外交会議で挿入されたものである。橋本109頁。しかし，2022年12月現在，複数の国際調査機関が存在し，オーストリア特許庁，オーストラリア特許庁，ブラジル国家知的財産庁，カナダ知的財産庁，チリ国家知的財産庁，中華人民共和国国家知識産権局，ユーラシア特許庁，エジプト特許庁，欧州特許庁（EPO），スペイン特許商標庁，フィンランド特許登録国家委員会，イスラエル特許庁，インド特許庁，日本特許庁，韓国知的財産庁，フィリピン知的財産庁，ロシア連邦知的財産特許商標庁，スウェーデン特許登録庁，シンガポール知的財産庁，トルコ特許商標庁，ウクライナ知的財産局，米国特許商標庁，北欧特許庁，ヴィシェグラード特許研究所などが国際調査機関として選定されている。

52)　下道329頁。

いて行う（15条３項）。請求の範囲に基づくのは，請求の範囲に記載された発明が指定国で保護を求める発明だからである（６条）。

具体的には，審査官は，国際出願の明細書，図面及び請求の範囲を通じて保護を求めている発明の内容を把握し，当該発明に関連のある先行技術を調査する。この先行技術調査は，後述する調査分野及び調査資料に基づいて行われる。このようにして行われた国際調査の結果，国際調査報告[53]が作成される（18条）。

⑵　先行技術

国際調査においては，可能な限り多くの関連のある先行技術を発見するよう努める（15条４項）。ここで，「関連のある先行技術」とは，世界のいずれかの場所において書面による開示（図面その他の図解を含む）によって公衆が利用することができるようにされており，かつ請求の範囲に記載されている発明が新規性を有するもの及び進歩性を有するもの（自明のものではないもの）と認められるかどうかを決定するにあたって役立ち得るすべてのものをいう（規則33.1⒜）。

先行技術の判断の基準日は，優先権主張の有無に関係なく国際出願日である（規則33.1⒜）。指定国で優先権が認められなくなった場合でも国際調査の利用価値を減少させないためである。

⑶　調査分野

国際調査は，請求の範囲に記載されている発明に関連する技術を包含する可能性がある全ての技術分野につき及びその可能性がある全ての調査用資料に基づいて行う（規則33.2⒜）。したがって，当該発明を分類することができる技術分野に属する技術についてのみでなく，類似の技術（いずれの分野に分類されるかを問わない）についても調査する（規則33.2⒝）。

⑷　調査資料

国際調査では，いかなる場合にも最小限資料（規則34）を調査する（15条４

53）　国際調査報告（International Search Report）は“ISR”と略されることがある。

項)。ここで,「最小限資料」とは, ①国内特許文献, ②公表された国際出願及び広域特許出願等, ③公表された非特許文献からなる（規則34.1(b))。

４　国際調査における手続

(1)　国際調査報告の作成・不作成の通知

国際調査の対象とされた国際出願については, 原則として国際調査報告が作成される。しかし, 例外的に国際調査報告が作成されない場合がある。国際調査報告については, 後述（⇒本章第３節**５**）するので, ここでは, 国際調査報告が作成されない場合について説明する。

国際調査機関は, 国際出願の対象が規則（規則39.1）により調査を要しないものであるか否かを検討する。そして, 調査を要しないとされているものであると認め, かつ調査を行わないことを決定した場合, 国際調査機関は, その旨を宣言する（17条２項a号(i))[54]。また, 国際調査機関は, 明細書, 請求の範囲又は図面が有意義な調査を行うことができる程度にまで所定の要件を満たしていないと認めた場合も, その旨を宣言する（17条２項a号(ii))。いずれの場合も, 国際調査機関は, 国際調査報告を作成せず, その旨を出願人及び国際事務局に通知する（17条２項a号)。

ここで, 規則39.1には, 国際出願の対象の全部又は一部が, ①科学及び数学の理論, ②植物及び動物の品種又は植物及び動物の生産の本質的に生物学的な方法（ただし, 微生物学的方法及び微生物学的方法による生産物については, この限りでない), ③事業活動, 純粋に精神的な行為の遂行又は遊戯に関する計画, 法則又は方法, ④手術又は治療による人体又は動物の体の処置方法及び人体又は動物の体の診断方法, ⑤情報の単なる提示, ⑥コンピューター・プログラムのうち国際調査機関が当該プログラムについて先行技術を調査する態勢にある範囲外のもの, のいずれかである場合には, 当該国際出願の全部又は一部について調査をすることを要しない旨が規定されている。なお, 規則39.1に列挙されたものは, 不特許事由ではないが, これらを不特許事由とするか否かは各指定国の自由である（27条５項)。

---

54)　国際調査機関における手続は, 条約, 規則並びに国際事務局と国際調査機関との取決めに従うものとされている（17条１項)。

明細書，請求の範囲又は図面が有意義な調査を行うことができる程度にまで所定の要件を満たしていない場合には，例えば明細書等の記載に不備があるため発明が不明確であり，有意義な調査が行えない場合が該当する[55]。

(2) 追加手数料

国際調査機関は，国際出願が規則に定める発明の単一性の要件を満たすか否かも検討する。国際出願が発明の単一性の要件を満たす場合，全ての請求項について国際調査が行われる。しかし，国際出願が発明の単一性の要件を満たさない場合[56]，出願人に追加手数料の支払を求める。国際調査機関は，国際出願のうち請求の範囲に最初に記載されている発明（「主発明」）に係る部分及び，必要な追加手数料が所定の期間内に支払われた場合には，追加手数料が支払われた発明に係る部分について国際調査報告を作成する（17条3項a号）。

なお，発明の単一性の要件を満たす発明とは，一の発明又は単一の一般的発明概念を形成するように連関している一群の発明である（規則13.1）。一群の発明が同一の国際出願の請求の範囲に記載されている場合には，これらの発明の間に一又は二以上の同一又は対応する特別な技術的特徴を含む技術的な関係があるときに限り，発明の単一性の要件は満たされる。ここで，「特別な技術的特徴」とは，請求の範囲に記載された各発明が全体として先行技術に対して行う貢献を明示する技術的特徴をいう（規則13.2）。

例えば，次のようなクレーム1～3が請求の範囲に記載されていると仮定する。

クレーム1：化学物質Xを製造する方法。

クレーム2：物質X。

クレーム3：殺虫剤としての物質Xの使用方法。

クレーム1～3は，共通の構成として物質Xを備えている。この場合に，物

55）　橋本114頁。

56）　発明の単一性の要件を満たさない場合，単一性の要件を満たさないと判断された発明については，一般に分割出願を行って権利化を進めるが，国際段階においては，国際出願からの分割出願は行えない。国内段階に移行した後に，指定国（選択国）の国内法令が認める場合に，必要に応じて分割出願を行うことができる。国際調査機関による発明の単一性の判断は指定国を拘束しないので，国際段階で発明の単一性が認められなくても，指定国（選択国）の国内段階で発明の単一性が認められる場合もあり得る。

質Ｘが，特別な技術的特徴であるといえる場合，発明の単一性は認められる。しかし，物質Ｘが本願発明の属する技術分野で既知である場合には，すべてのクレームに共通する特別な技術的特徴が存在しないことになるので，発明の単一性を失うこととなる[57]。

⑶　発明の名称の点検

国際調査機関は，発明の名称の点検を行う。

国際出願に発明の名称の記載がない場合において，受理官庁が出願人に対し当該欠陥の補充をすることを求めた旨を国際調査機関に通知したときは，国際調査機関は，その国際出願は取り下げられたものとみなす旨の通知を受領しない限り，国際調査を続行する（規則37.1）。

国際出願に発明の名称の記載がない場合において出願人に対し発明の名称の補充をすることを求めた旨の受理官庁からの通知を国際調査機関が受領していないとき又は発明の名称が規則4.3の規定に従っていないと国際調査機関が認めた場合には，国際調査機関は，自ら発明の名称を決定する。当該発明の名称は，当該国際出願の国際公開に用いられる言語又は規則23.1⒝の規定に基づき他の言語による翻訳文が送付されかつ国際調査機関が希望する場合には当該翻訳文の言語で決定する（規則37.2）。

⑷　要約の点検

国際調査機関は，要約の点検も行う。

国際出願に要約が含まれていない場合において，受理官庁が出願人に対し当該欠陥の補充をすることを求めた旨を国際調査機関に通知したときは，国際調査機関は，その国際出願は取り下げられたものとみなす旨の通知を受領しない限り，国際調査を続行する（規則38.1）。

国際出願に要約が含まれていない場合において出願人に対し要約の補充をすることを求めた旨の受理官庁からの通知を国際調査機関が受領していないとき又は要約が規則８の規定に従っていないと国際調査機関が認めた場合には，国

57）『PCT国際調査及び予備審査ガイドライン』（平成26年７月１日に発効）の日本特許庁による日本語仮訳　第Ⅲ部　国際調査機関及び国際予備審査機関に共通する審査官の考慮事項　第10章116頁参照。

際調査機関は，自ら要約を作成する。当該要約は，当該国際出願の国際公開に用いられる言語又は規則 23.1(b)の規定に基づき他の言語による翻訳文が送付されかつ国際調査機関が希望する場合には当該翻訳文の言語で作成する（規則 38.2）。

出願人は，国際調査報告が郵便で発送された日から１か月以内に，国際調査機関に対し，提案された要約の修正について述べることができる。国際調査機関が要約を作成した場合には，出願人は，提案された要約の修正若しくは要約についての意見，又は修正及び意見の両方について述べることができる。国際調査機関は，要約を修正するか否かを決定し，修正した場合には，その修正を国際事務局に通知する（規則 38.3）。

5　国際調査報告

(1)　国際調査報告の作成

国際調査報告は，所定の期間内に，所定の形式で作成する（18 条１項）。ここで，「所定の期間」は，原則として国際調査機関による調査用写しの受領から３か月又は優先日から９か月のうちいずれか遅く満了する期間をいう（規則 42.1）。

国際調査報告の形式については，規則 43.1～43.10 に規定されている。国際調査報告には，調査の結果得られた，請求の範囲に記載された発明に関連のあると認められる先行技術文献が列記される（規則 43.5(a)）[58]。この先行技術文献の記載に加え，国際調査報告では，列記された先行技術文献が請求の範囲に記載された発明とどの程度関連するものであるかの評価も表示される（規則 43.5(c)）。例えば，先行技術文献が請求の範囲に記載された発明と関連性が高いと判断された場合，特に関連がある文献として“X”，“Y”といったカテゴリーが付される。

58）国際調査報告には，先行技術文献以外に，国際調査機関の名称，国際出願番号，出願人の氏名又は名称及び国際出願日（規則 43.1），国際調査が実際に完了した日付，優先権の主張の基礎となる先の出願の日等（規則 43.2），国際調査機関が付与した国際特許分類（規則 43.3），調査を行った分野の分類の記号（規則 43.6），明白な誤記の訂正の考慮（規則 43.6 の 2），発明の単一性に関する注釈（追加手数料を支払った旨，国際出願について調査を行った部分及び調査を行わなかった部分の表示等）（規則 43.7），国際調査報告について責任を有する国際調査機関の職員の氏名（規則 43.8），実施細則に定める追加事項（規則 43.9）等が表示される。

国際調査報告の言語は，原則として，国際調査が行われた国際出願の国際公開に用いられる言語である（規則 43.4)。

⑵　国際調査報告の送付

国際調査報告は，作成の後速やかに[59]，国際調査機関が出願人及び国際事務局に送付する（18 条 2 項)。国際調査機関は，国際調査報告を国際事務局及び出願人に各 1 通同一の日に送付する（規則 44.1)。

⑶　国際調査報告の翻訳

国際調査報告又は 17 条 2 項 a 号の宣言（国際調査報告を作成しない旨の宣言）は，規則の定めるところによって翻訳する。翻訳文は，国際事務局により又はその責任において[60] 作成される（18 条 3 項)。国際調査報告又は 17 条 2 項 a 号の宣言が英語で作成されていない場合には，英語に翻訳される（規則 45.1)。国際調査報告（17 条 2 項 b 号〔国際調査報告を作成しない場合に一部該当するとき〕の表示を含む）又は 17 条 2 項 a 号の宣言は，規則の定めるところにより各指定官庁に送達される。ただし，当該指定官庁が送達の義務の全部又は一部を免除する場合は送達しない（20 条 1 項 a 号)。

⑷　国際調査機関の書面による見解

⒜　**目的**　　国際調査機関の書面による見解の主な目的は，国際予備審査で得ていた情報を国際調査の段階で入手可能とし，国際予備審査請求の適正化と，国際予備審査で得ていた情報を求める指定官庁の要望に応えることである[61]。

⒝　**書面による見解の作成**　　国際調査機関は，国際調査報告又は 17 条 2 項 a 号の宣言の作成と同時に，書面による見解を作成する（規則 43 の 2.1)。具体的には，①請求の範囲に記載されている発明が新規性を有するもの，進歩性

---

59)「作成の後速やかに」と規定したのは，国際調査報告書は作成されたらすぐに送付されるものであり，国際調査機関に無駄に滞留するものではないということを確認するためである。橋本 119 頁。

60)「国際事務局により又はその責任において」と規定されていることから，国際調査報告書の翻訳は，国際事務局自身が行ってもよいし，委任により他のものに行わせることもできる。橋本 119 頁。

を有するもの（自明のものではないもの）及び産業上の利用可能性を有するものと認められるかどうか，②国際出願が，当該国際調査機関の点検した範囲内で条約及びこの規則に定める要件を満たしているかどうか，について書面による見解を作成する。

ただし，国際調査機関及び国際予備審査機関として行動する国内官庁又は政府間機関が，規則 69.1(b)の規定に従い国際調査と同時に国際予備審査を開始することを希望し，かつ，34 条 2 項 c 号(i)〜(iii)の全ての条件が満たされていると認める場合には，その国内官庁又は政府間機関は，国際調査機関として，上記書面による見解を作成することを必要としない（規則 69.1（b の 2））。

(c)　**書面による見解の送付**　　国際調査機関は，上記書面による見解を国際調査報告又は 17 条 2 項 a 号の宣言とともに国際事務局及び出願人に各 1 通同一の日に送付する（規則 44.1）。

(d)　**国際予備報告の作成**　　国際予備審査報告が作成されない場合，国際事務局は，国際調査機関に代わって，規則 43 の 2.1(a)に規定する事項についての報告（国際予備報告）を作成する。この報告は規則 43 の 2.1 の規定に基づき作成された書面による見解と同一の内容とする。国際事務局は，国際予備報告を 1 通，速やかに出願人に送付する（規則 44 の 2.1）。

(e)　**国際予備報告の指定官庁への送達**　　国際事務局は，国際予備報告を各指定官庁に送達する。ただし，優先日から 30 か月を経過する前であってはならない（規則 44 の 2.2）。

(5)　国際調査報告受領後の出願人の対応

(a)　**文献の写しの送付請求**　　出願人は，国際調査機関に対し，国際調査報告に列記された文献の写しの送付を請求することができる（20 条 3 項）。指定官庁も，当該文献の写しの送付を請求することができる。20 条 3 項の規定

---

61)　2002 年 4 月 1 日発効の 22 条の改正により，国際予備審査請求の有無にかかわらず，国内段階に移行する期限が優先日から 30 か月となった。この改正により，国内移行期限を 30 か月に延長するために国際予備審査を請求していた出願人が国際予備審査を請求しなくなることが予想された。一方，開発途上国等の規模の小さい特許庁にとっては，国際予備審査報告に記載された新規性，進歩性等に関する見解は重要な判断材料となる。そこで，国際調査機関が，国際調査報告の作成と同時に書面による見解を作成し，国際予備審査報告に代わる見解を指定官庁に提供することとなった。下道 355〜356 頁。

は主に，設備が整っていない開発途上国の指定官庁に意味がある[62]。

(b)　**19条1項に基づく補正（19条補正）**　出願人は，国際調査報告を受け取った後，所定の期間内に国際事務局に補正書を提出することにより，国際出願の請求の範囲について1回に限り補正をすることができる（19条1項）。以下，この補正を「19条補正」という[63]。なお，「所定の期間」とは，国際調査報告の送付の日から2か月又は優先日から16か月のうち遅い方をいう（規則46.1）[64]。

19条補正を行う場合として，例えば国際調査機関の書面による見解に否定的な見解が含まれている場合を挙げることができる。19条補正は，原則として出願時における国際出願の開示の範囲を超えてしてはならない（19条2項）が，指定国の国内法令が国際出願の開示の範囲を超えてする補正を認めている場合には認められる（19条3項）。19条補正は，請求の範囲についてのみ行うことができ，明細書等については補正することができない。

出願人は，同時に，19条補正並びにその補正が明細書及び図面に与えることのある影響につき，規則の定めるところにより簡単な説明書を提出することができる（19条1項，規則46.4）。

(c)　**指定国の指定の取下げ**　出願人は，優先日から30か月を経過する前にいつでも，指定国の指定を取り下げることができる。選択された国の指定の取下げは，これに対応する規則90の2.4の規定に基づく選択の取下げを伴う（規則90の2.2）。例えば国際調査報告で近い内容の先行技術が見つかり権利化の可能性が低いと判断する場合，上記取下げにより，その後の指定国への移行費用や手続労力を軽減することができる。また，国際出願自体の取下げも考えられる（規則90の2.1）。

(d)　**その他の対応**　出願人は，国際調査機関の書面による見解に否定的な見解が含まれている場合，19条補正とともに，あるいは単独で，非公式コメント[65]を提出することができる。後述する国際予備審査（31条）を請求す

62)　橋本125頁。

63)　国際出願が国際公開に用いられる言語以外の言語でされた場合には，19条補正は，国際公開の言語でする（規則46.3）。

64)　19条補正で当該期間の満了の後に国際事務局が受理したものは，その補正が国際公開の技術的な準備が完了する前に国際事務局に到達した場合には，当該期間の末日に国際事務局が受理したものとみなされる。

ることも考えられる。別の国際調査機関による見解を得たい場合，補充国際調査（規則 45 の 2）を請求することも考えられる。

第４節　国際公開制度

POINT

- ◆　国際公開制度は，国際事務局が所定の言語，時期，方法で統一的に国際出願の内容を公表する制度である。国際出願は，原則として優先日から 18 か月経過後に国際公開される。
- ◆　国際公開は電子形式又はパンフレット形式で行われる。国際公開は，願書に記載の書誌的事項，明細書，請求の範囲，該当する場合には図面，要約等を含む。
- ◆　国際公開による効果は，指定国における出願人の権利の保護に関する限り，審査を経ていない国内出願の強制的な国内公開について指定国の国内法令が定める効果と同一である。

１　概　　説

従来のパリ条約体制下では，特許情報の公開は各国ごとに異なる言語，時期，方法で行われていたため，第三者の技術情報の利用は容易ではなかった。また，早期公開制度[66] を採用する国の要請に応え，このような国の PCT への加入を促進する必要もあった。そこで，PCT は，このような要請に応えるべく，国際事務局が所定の言語，時期，方法で統一的に出願内容を公表する国際公開制度を採用した。

国際出願の国際公開は，国際事務局が行う（21 条 1 項）。技術情報の集中化を図るべく 1 箇所で統一的に行うのが好ましいからである。

国際公開の言語は，アラビア語，英語，スペイン語，中国語，ドイツ語，日本語，韓国語，ポルトガル語，フランス語，又はロシア語である（規則 48.3(a)）。

65）　PCT 及び規則には規定されていないが，実務上は提出することができる。下道 428 頁参照。

66）　ここでいう「早期公開」は，18 か月での公開をいう。橋本 127 頁。

国際出願が国際公開の言語でされた場合，その言語で国際公開される。国際出願が国際公開の言語でされず，規則12.3又は12.4の規定により国際公開の言語による翻訳文が提出された場合には，当該翻訳文の言語で国際公開される（規則48.3(b)）。

国際出願の国際公開が英語以外の言語で行われる場合，国際調査報告又は17条2項a号の宣言（国際調査報告を作成しない旨の宣言），発明の名称，要約及び要約に添付する図面に係る文言は，当該言語及び英語の双方で国際公開される。英語による翻訳文は，規則12.3の規定に基づき出願人が提出しない場合には，国際事務局の責任において作成される（規則48.3(c)）。

2　国際公開の対象

原則として，国際出願日が認定された全ての国際出願が国際公開の対象となる（21条1項）。ただし，国際公開の技術的な準備が完了する前に国際出願が取り下げられ又は取り下げられたものとみなされた場合，国際公開の対象とされない（21条5項）。指定国の全てが国際公開に関する規定を留保している場合も，国際公開の対象とされない（64条3項a号・b号）[67]。国際公開の技術的な準備が完了した後に国際出願，指定国の指定又は優先権の主張の取下げが行われた場合，その取下げの通告が公報に掲載される（規則48.6(c)）。

3　国際公開の時期

原則として，優先日から18か月経過後に速やかに国際公開される（21条2項a号）。ただし，出願人が国際出願の国際公開を行うことを国際事務局に請求した場合，早期に国際公開が行われる[68]（21条2項b号，規則48.4）。

4　国際公開の内容

国際公開は電子形式又はパンフレット形式で行われる（規則48.1）。国際公開は規則48.2に記載の様々な事項を含む。具体的には，願書に記載の書誌的事項，明細書，請求の範囲，該当する場合には図面，国際調査報告又は17条2項a

67）現実には指定国の全てが国際公開に関する規定を留保している場合は考え難いであろう。

68）出願人の請求による早期公開の理由として，発明内容の早期公表やライセンス交渉等の場合の必要性が例示されている。橋本128頁。

号の宣言（国際調査報告を作成しない旨の宣言）（21条3項），19条1項の規定に基づいて提出された説明書，要約等の様々な事項が，国際公開に含まれる。しかし，国際出願に善良の風俗若しくは公の秩序に反する表現又は誹謗の記載（規則9.1(iii)，9.3）が含まれていると認められた場合，国際事務局は，その刊行物においてそのような表現及び記載を省略することができ，その場合，請求により個別に省略箇所の写しを交付する（21条6項）。

5　国際公開の効果

(1)　仮保護

国際公開による効果は，指定国における出願人の権利の保護に関する限り，審査を経ていない国内出願の強制的な国内公開について当該指定国の国内法令が定める効果と同一である（29条1項）。ここで，「審査を経ていない」としたのは，例えば従来のわが国の出願公告（旧特許法51条）による仮保護の権利のようなものと区別するためである。また，「強制的な」としたのは，たとえば米国の防衛公開のような任意的な公開を排除するためである[69]。わが国では補償金請求権（特許65条）が，この効果に相当する（特許184条の10）。

(2)　仮保護の発生時期

仮保護の発生時期は，原則，国際公開時である。ただし，指定国の国内公開の言語と異なる言語で国際公開が行われた場合，当該国内公開の言語による翻訳文が，①国内法令により公表された時，②国内法令により公衆の閲覧に供された時，③国際出願に係る発明を許諾を得ないで現に実施しており又は実施すると予想される者[70]に対し出願人によって送付[71]された時，④上記①及び③の措置の双方がとられた時，又は⑤上記②及び③の措置の双方がとられた時からのみ，国際公開の効果が生じることを国内法令で定めることができる（29条2項）。

また，出願人の請求により優先日から18か月経過前に国際公開が行われた

69)　橋本157頁。

70)　「実施しており又は実施すると予想される者」には，「侵害者又は侵害のおそれのある者」が含まれるであろう。橋本158頁参照。

71)　ここでいう「送付」には，警告書の送付も含まれるであろう。橋本158頁参照。

場合（早期公開の場合），上記効果が優先日から18か月経過時から生ずることを指定国の国内法令で定めることができる（29条3項）。18か月以前の早期公開を認めていない指定国に配慮したものである。

さらに，国際公開がされた国際出願を指定官庁が受領した日からのみ上記効果が生ずることを指定国の国内法令で定めることができる（29条4項）。ジュネーブから遠隔の地にある指定国に配慮したものである。

(3) わが国法との関係

わが国を指定国に含む国際出願については，国際公開により，出願公開と同様の効果を認めている（特許184条の9・184条の10）。わが国では早期公開制度を採用しているので（特許64条の2等），早期国際公開が行われたものについても，上記効果が認められる。

第５節　国際予備審査制度

POINT

- 国際予備審査制度とは，管轄国際予備審査機関が，出願人の請求により，国際出願の請求の範囲に記載された発明の新規性，進歩性（自明のものではないもの）及び産業上の利用可能性の有無について予備的かつ拘束力のない見解を示す制度である。
- 国際予備審査の請求は，国際出願の出願人だけが行うことができ，第三者は国際予備審査の請求をすることができない。
- 国際予備審査の請求をすれば，例外的な場合を除いて，国際予備審査報告が得られる。
- 国際予備審査を請求した国際出願の出願人は，国際予備審査機関と口頭及び書面で連絡する権利を有し，答弁や補正を行うことができる。

1　概　　説

国際予備審査制度とは，管轄国際予備審査機関が，出願人の請求により，国際出願の請求の範囲に記載された発明の新規性，進歩性（自明のものではないもの[72]）及び産業上の利用可能性の有無について予備的かつ拘束力のない見解[73]を示す制度をいう（31条１項等）。国際予備審査は，PCT の第２章に規定されている手続で，PCT の出願手続の第２段階とも呼ばれる。

所定の要件を満たす出願人が，管轄国際予備審査機関に対し，所定事項を記載した国際予備審査請求書を提出すると，管轄国際予備審査機関により国際予備審査が行われる。この国際予備審査の結果，国際予備審査機関が国際出願について全ての条件（34条２項ｃ号(i)〜(iii)）が満たされていると認めた場合，国際予備審査機関の見解書を作成することなく，否定的な見解を含まない国際予備審査報告[74]（35条）が作成される。他方，国際出願が全ての上記条件を満たすものではないと管轄国際予備審査機関が判断した場合，国際予備審査機関の見解書（34条２項ｃ号）が作成され，出願人に補正や答弁の機会が与えられる（34条２項ｂ号・ｄ号）[75]。そして，出願人による補正や答弁の内容を踏まえて国際予備審査報告が作成され，国際出願の請求の範囲に記載された発明の新規性，進歩性（自明のものではないもの）及び産業上の利用可能性の有無についての管轄国際予備審査機関による予備的かつ拘束力のない見解が得られる。

国際予備審査の対象は，出願人による国際予備審査の請求のあった国際出願である（31条１項）。国際調査とは異なり，出願人による国際予備審査の請求のあった国際出願のみが国際予備審査の対象となる。

2　国際予備審査の主体

国際予備審査は，管轄国際予備審査機関が行う（32条１項）。国際予備審査

72）進歩性の後に「自明のものではないもの」を括弧書きで示したのは，欧州では進歩性の語が通常用いられており，米国では非自明性の語が用いられているが，実際の運用の結果をみると両者の間に差はないという人も多い。そのため，いずれにも偏らないということで，このような表現となった。橋本175頁。

73）国際予備審査機関の判断が各国の特許性判断を侵すものではないこと，つまり PCT が各国の特許要件に介入するものでないことを意味する。

74）国際予備審査報告（International Preliminary Examination Report）は“IPER”と略されることがある。

75）国際予備審査が請求された場合，国際調査機関の書面による見解が管轄国際予備審査機関による第１回目の見解書とみなされる。これが否定的な見解を含む場合であっても，その否定的な見解に対して出願人には公式に意見を述べる機会は与えられていないが，国際予備審査を請求すれば，出願人には，国際調査機関による否定的な見解に対する補正や答弁の機会が与えられることとなる。

機関とは，国際予備審査を行う国内官庁又は政府間機関である。国際予備審査機関については，国際調査機関の選定に関する16条３項が準用されている。つまり，国際調査機関の選定の手続と同様の手続が国際予備審査機関についても適用されることとなる[76)]。国際予備審査機関の最小限の要件については，規則63.1に規定されている。なお，国際予備審査機関については，単一の国際調査機関に言及した16条２項は準用されていない[77)]。

国際予備審査機関の管轄は，国際予備審査機関と国際事務局との取決めに基づいて定められる。出願人が，PCT 第２章の規定に拘束される締約国の居住者又は国民である場合，受理官庁が，国際予備審査機関と国際事務局との間の関係取決めに従い，国際予備審査を管轄することとなる一又は二以上の国際予備審査機関を特定する[78)]。非締約国又はPCT 第２章の規定に拘束されない締約国の居住者又は国民である場合であって総会が国際予備審査の請求をすることを認めた場合，総会が，国際予備審査機関と国際事務局との間の関係取決めに従い，国際予備審査を管轄することとなる一又は二以上の国際予備審査機関を特定する（32条２項）[79)]。

国際予備審査機関は，総会が選定する（32条３項→16条３項）。国際予備審査機関は，国際調査機関として選定されていなければならない（規則63(v)）。

76）2015年４月時点で，国際予備審査機関としては，国際調査機関として選定された各国の機関が選定されている。

77）国際予備審査機関について，16条２項の規定を準用せず，またそれに相当する規定を設けなかったのは，国際調査機関の場合とは異なって国際予備審査機関については，複数の機関が存続することを公式に認めたことにもなろう。国際予備審査については，調査よりも主観が入り込む余地があるので，複数の機関の審査官による国際的な競争によって，より良い基準，より均質な判断が生まれるとともに，相互理解も一層深まることが予想されている。橋本173頁。

78）31条２項ａ号に基づいて行われた国際予備審査の請求については，PCT 第２章の規定に拘束される各締約国の受理官庁又はその締約国のために行動する受理官庁は，32条２項及び３項の関係取決めに従い，自己にされた国際出願の国際予備審査を管轄する国際予備審査機関を国際事務局に通知する。国際事務局は，その通知を速やかに公表する。２以上の国際予備審査機関が管轄する場合には，35.2の規定を準用する（規則59.1）。

79）31条２項ｂ号に基づいて行われた国際予備審査の請求については，総会は，いずれかの国内官庁にされた国際出願について管轄する国際予備審査機関を特定するに当たり，当該国内官庁が国際予備審査機関である場合には当該国内官庁を優先させ，当該国内官庁が国際予備審査機関でない場合には当該国内官庁が推薦する国際予備審査機関を優先させる（規則59.2）。

3　国際予備審査の請求

(1)　請 求 人

国際予備審査を請求することができるのは，国際出願の出願人だけであり，第三者は国際予備審査の請求をすることができない。請求人は，原則として，PCT 第2章の規定に拘束される締約国[80]の居住者又は国民であって，そのような締約国の受理官庁又はそのような締約国のために行動する受理官庁[81]に国際出願をした者である（31条2項a号）。ただし，非締約国[82]又はPCT 第2章の規定に拘束されない締約国の居住者又は国民である場合においても，総会の決定[83]により，請求人適格が認められる（同項b号）。

出願人が2人以上の場合，そのうちの少なくとも1人の出願人が，PCT 第2章の規定に拘束される締約国の居住者又は国民であり，かつPCT 第2章の規定に拘束される締約国の受理官庁又はその締約国のために行動する受理官庁に国際出願した場合には，国際予備審査の請求をすることができる（規則54.2）[84]。

(2)　請求期間

国際予備審査の請求は，①出願人への国際調査報告又は17条2項a号（国際調査報告を作成しない旨）の宣言及び規則43の2.1の規定に基づき作成された国際調査機関の書面による見解の送付から3か月，又は②優先日から22か月の期間のうちいずれか遅く満了する期間までにすることができる（規則54の2.1(a)）。この期間の経過後になされた国際予備審査の請求は提出されなかったものとみなし，国際予備審査機関はその旨を宣言する（規則54の2.1(b)）。

80）「PCT 第2章の規定に拘束される締約国」とは，64条1項による留保をしなかった締約国をいう。橋本166頁。

81）例えば日本の国民である出願人が，受理官庁としての国際事務局に国際出願した場合，国際事務局は31条2項a号の規定の適用上，出願人がその居住者又は国民である締約国のために行動するものとみなされ（規則54.3），国際予備審査の請求をすることができる。

82）非締約国は，9条2項の規定により国際出願をすることを認められる国となる。橋本167頁。

83）この総会の決議には，投票数の3分の2の多数決を要する（53条6項a号）。

84）出願人又は，2人以上の出願人がある場合においては，いずれの出願人も規則54.2の国際予備審査の請求をする資格を有しない場合には，当該請求は行われなかったものとみなされる（規則54.4）。

⑶　請求の手続

所定の事項を記載した国際予備審査の請求書を，国際出願とは別個に管轄国際予備審査機関に提出する。この請求書は所定の言語（通常は国際公開の言語。規則 55）及び形式で作成し，所定の事項（規則 53.2）を記載する（31 条 3 項）。国際予備審査の請求に際しては，取扱手数料（規則 57）及び予備審査手数料（規則 58）が必要である。これらは，国際予備審査の請求書が提出された日から 1 か月以内又は優先日から 22 か月の期間のうちいずれか遅く満了する期間内に支払う必要がある。

⑷　選択国の選択

国際予備審査の請求書には，国際予備審査の結果を利用することを出願人が意図する一又は二以上の締約国（選択国）を表示する（31 条 4 項 a 号）。選択の対象は，4 条の規定により願書において既に指定された締約国（指定国）に限る。つまり，選択国は，既に指定した指定国の中から選択する必要がある。選択国の選択については，2004 年 1 月 1 日発効の規則 53.7 により，国際予備審査の請求書の提出により，指定国であって PCT 第 2 章の規定に拘束される全締約国が選択されることとなった[85)]。

⑸　選択国の選択の取下げ

出願人は，いずれかの又はすべての選択国の選択を取り下げることができる（37 条 1 項）。すべての選択国の選択が取り下げられた場合には，国際予備審査の請求は取り下げられたものとみなされる（37 条 2 項）。取下げは国際事務局に届け出るものとし（37 条 3 項 a 号），この届出があった場合には，国際事務局は関係選択官庁及び関係国際予備審査機関にその旨を通告する（同項 b 号）。

国際予備審査の請求又は選択の取下げは，関係締約国に関する限り，国際出願の取下げとみなされる（37 条 4 項 a 号）。ただし，関係締約国の国内法令に別段の定めがある場合（37 条 4 項 a 号ただし書），国際予備審査の請求又は選択の

---

85)　31 条 4 項 a 号第 2 文では，「選択国は，後にする選択によって追加することができる」と規定されているが，国際予備審査の請求により PCT 第 2 章の規定に拘束される全締約国が選択されることとなったので，後にする選択による選択国の追加の必要性はなくなった。下道 513 頁参照。

取下げが22条（指定官庁に対する国際出願の写しと翻訳文の提出，手数料の支払）に規定する当該期間（優先日から30か月）の満了前に行われた場合（37条4項b号[86]）は，この限りでない。

４　国際予備審査の内容

国際予備審査では，国際出願の請求の範囲に記載された発明の新規性，進歩性（自明のものではないもの）及び産業上の利用可能性について，管轄国際予備審査機関の予備的かつ拘束力のない見解が示される（33条1項）。

具体的には，国際予備審査では，請求の範囲に記載されている発明が，規則に定義する先行技術のうちに該当するものがない場合には，新規性を有するものとされる（同条2項）。また，請求の範囲に記載されている発明が，所定の基準日に当該技術分野の専門家にとって規則に定義する先行技術からみて自明のものではない場合には，進歩性を有するものとされる（同条3項）。33条2項及び3項の適用上，先行技術は，世界のいずれかの場所において書面による開示（図面その他の図解を含む）によって公衆が利用することができるようにされているすべてのものをいう（規則64.1(a)）。ただし，公衆が利用することができるようにされたことが基準日前に生じていることを条件とする。先行技術の基準日は，原則，国際予備審査の対象である国際出願の国際出願日（規則64.1(b)(i)）であるが，当該国際予備審査の対象である国際出願が先の出願に基づく優先権の有効な主張を伴う場合には先の出願の日（有効な優先権主張日）である（規則64.1(b)(ii)）。

国際予備審査においては，請求の範囲に記載されている発明が，いずれかの産業の分野においてその発明の対象がその発明の性質に応じ技術的な意味において生産し又は使用することができるものである場合には，産業上の利用可能性を有するものとされる。ここで，「産業」の語は，工業所有権の保護に関するパリ条約におけると同様に最も広義に解釈される。（33条4項）

33条1項〜4項に規定する基準は，国際予備審査にのみ用いる（33条5項第1文）。これは，各国が実体的な特許要件を自由に定めることができることを確

86)　b号について，締約国は，自国の国内官庁が当該期間内に国際出願の写し，所定の翻訳文及び国内手数料を受け取った場合にのみこの規定が適用されることを国内法令で定めることができる。

表4　国際調査と国際予備審査の対比

	国際調査	国際予備審査
対　象	すべての国際出願（15条1項）	出願人の請求のあった国際出願（31条1項）
目　的	関連のある先行技術の発見（15条2項）	新規性等に関する予備的かつ拘束力のない見解を得る（33条1項）
利用できる者	国際出願ができる者（9条）	PCT第2章の規定に拘束される締約国の居住者又は国民等で，そのような締約国の受理官庁等に国際出願した者（31条2項a号）
実施機関	管轄国際調査機関	管轄国際予備審査機関
新規性等の判断基準日	国際出願日（規則33.1）	国際出願日又は有効な優先権主張日（規則64.1）
出願人の対応	19条補正	答弁及び／又は34条補正
報告書	国際調査報告（18条1項）。国際調査機関の書面による見解（規則43の2.1）が添付	国際予備審査報告（35条1項）
報告の送付	国際調査機関の書面による見解とともに出願人及び国際事務局に送付（18条2項，規則44.1）	所定の附属書類（規則70.16）とともに出願人及び国際事務局に送付（36条1項）
国際公開	国際調査報告等は公開の対象（21条3項）	公開の対象ではない（38条1項・2項）

認的に述べたものである。締約国は，請求の範囲に記載されている発明が自国において特許を受けることができる発明であるかどうかを決定するに当たっては，追加の又は異なる基準を適用することができる（同項第2文）。

国際予備審査に当たっては，国際調査報告に列記されたすべての文献を考慮に入れるものとし，更に当該事案に関連があると認められる文献をも考慮に入れることができる（33条6項）。

ここで，表4において，国際予備審査と国際調査との対比を行う。

5　国際予備審査の手続

⑴　国際予備審査の開始

国際予備審査機関[87] は，次の全てを受領した場合に国際予備審査を開始する（規則 69.1⒜）。つまり，①国際予備審査の請求書，②取扱手数料及び予備審査手数料の支払うべき全額（該当する場合は規則 58 の 2.2 の規定に基づく後払手数料を含む），及び③国際調査報告又は 17 条 2 項 a 号に基づき国際調査報告を作成しない旨の国際調査機関による宣言のいずれか及び規則 43 の 2.1 に基づいて作成された国際調査機関の書面による見解の全てを受領した場合に国際予備審査を開始する。ただし，国際予備審査機関は，出願人が規則 54 の 2.1⒜に規定する期間の満了時まで国際予備審査の開始を延期するよう請求したときは，国際予備審査を開始しない。国際調査機関として行動する国内官庁又は政府間機関が国際予備審査機関としても行動する場合，国際予備審査は，その国内官庁又は政府間機関が希望するときは，規則 69.1⒟及び⒠の規定に従うことを条件として，国内調査と同時に開始することができる（規則 69.1⒝）。

⑵　国際予備審査機関からの書面による見解

出願人は，次のすべての条件が満たされていると認める場合を除くほか，少なくとも 1 回，国際予備審査機関から書面による見解[88] を示される（34 条 2 項 c 号）。その条件とは，①発明が 33 条 1 項に規定する（見解を示すための）基準に適合していること（新規性，進歩性等を有する），②国際出願が当該国際予備審査機関の点検した範囲内で PCT 及び規則に定める要件（規則 53，規則 55）を満たしていること，③当該国際予備審査機関が 35 条 2 項の規則に定める他の意見を述べることを意図していないこと，である。

上記①～③のいずれか 1 つでも満たさない場合，国際予備審査機関から書面による見解が示される。出願人は，この見解に対し答弁[89] することができる（34 条 2 項 d 号）。他方，上記①～③の全ての条件が満たされている場合には，

87）国際予備審査機関における手続は，条約，規則並びに国際事務局と国際予備審査機関との取決めに従う（34 条 1 項）。

88）最初の国際予備審査機関の書面による見解については規則 66.2 に規定され，2 回目以降の見解については規則 66.4 に規定されている。

国際予備審査機関から見解は示されない90)。

なお，国際予備審査機関からの書面による見解が通知される場合については，規則66.2に列挙されている。また，「他の意見」とは，国際出願の請求の範囲，明細書及び図面の明瞭性又は請求の範囲が明細書により十分な裏付けをされているか否かの問題等についての意見をいう（規則66.2(a)(v)）。

規則43の2.1の規定に基づき国際調査機関が作成した書面による見解は，原則として，国際予備審査機関の書面による見解とみなされる（規則66.1の2(a)）。ただし，国際予備審査機関が，特定の国際調査機関が規則43の2.1の規定に基づき作成した書面による見解について，当該国際予備審査機関における手続については適用されない旨を国際事務局に通告した場合（規則66.1の2(b)），国際予備審査機関の書面による見解とはみなされない。

(3)　追加手数料等

国際予備審査機関は，国際出願が規則に定める発明の単一性の要件91)を満たしていないと認める場合92)には，出願人に対し，その選択によりその要件を満たすように請求の範囲を減縮し又は追加手数料93)を支払うことを求めることができる（34条3項a号）。

---

89)　答弁のための期間として，事情に応じて相当の期間を指定する。指定する期間は，通常，通知の日の後2か月とし，いかなる場合にも，通知の日の後1か月未満であってはならない。指定する期間は，通知と同時に国際調査報告が送付される場合には，通知の日の後2か月以上とし，規則66.2(e)の規定に従うことを条件として，通知の日の後3か月を超えてはならない（規則66.2(d)）。また，答弁をするための期間は，出願人が期間の満了前に延長する旨を請求した場合には，延長することができる（規則66.2(e)）。

90)　①～③の全ての条件が満たされている場合のように，通常の審査において特許すべきであると判断するような場合は，出願人の意見を聞くことなく直ちに国際予備審査報告が作成されるが，それ以外の場合には，出願人に国際予備審査機関の見解を予め示して意見を聞くことになる。橋本181頁。

91)　発明の単一性の概念は規則13に定められたものが適用され，第2章のための別個の規定は設けられていない。橋本183頁。

92)　国際予備審査機関による発明の単一性の判断は各選択国を拘束しない。よって，国際予備審査機関により発明の単一性がないと判断された場合でも，選択国においては発明の単一性があると判断される場合があり，逆に，国際予備審査機関により発明の単一性があると判断された場合でも，選択国においては発明の単一性がないと判断される場合があり得る。

93)　34条3項a号に従って国際予備審査のために支払うべき追加手数料の額は，管轄国際予備審査機関が定め（規則68.3(a)），その追加手数料は，国際予備審査機関に直接に支払う（規則68.3(b)）。

請求の範囲を減縮することを選択する場合，選択国の国内法令は，その減縮の結果国際予備審査の対象とならない国際出願の部分は，当該選択国における効果に関する限り，出願人が当該選択国の国内官庁に特別手数料を支払った場合を除くほか，取り下げられたものとみなすことを定めることができる（同項b号）。

出願人が所定の期間[94]内に国際予備審査機関による上記求めに応じない場合，国際予備審査機関は，国際出願のうち主発明[95]であると認められる発明に係る部分について国際予備審査報告を作成し，この報告に関係事実を記載する。選択国の国内法令は，当該選択国の国内官庁が国際予備審査機関の求めを正当であると認める場合に，主発明に係る部分以外の国際出願の部分は，当該選択国における効果に関する限り，出願人が当該国内官庁に特別手数料を支払った場合を除くほか，取り下げられたものとみなすことを定めることができる（同項c号）。

(4)　国際予備審査機関からの見解の通知

国際予備審査機関は，国際出願について次のいずれかの事由がある場合には，新規性等の問題を検討することなく，出願人に対しその旨の見解及びその根拠を通知する（34条4項a号）。その事由とは，①国際予備審査機関が，国際出願の対象が規則により国際予備審査機関による国際予備審査を要しないとされているもの[96]であると認め，かつ当該国際出願について国際予備審査を行わないことを決定した場合，②国際予備審査機関が，明細書，請求の範囲若しくは図面が明瞭でないため又は請求の範囲が明細書により十分な裏付けをされてい

---

94)　出願人の選択により請求の範囲を減縮し又は追加手数料を支払うことを出願人に求める日から1か月以内である（規則68.2(iii)）。

95)　34条3項c号の適用上，いずれの発明が主発明であるか疑わしい場合には，請求の範囲に最初に記載されている発明を主発明とみなす（規則68.5）。

96)　国際予備審査機関は，国際出願の対象の全部又は一部が次の(i)～(vi)のいずれかである場合には，当該国際出願の全部又は一部について国際予備審査を行うことを要しない。(i)科学及び数学の理論。(ii)植物及び動物の品種又は植物及び動物の生産の本質的に生物学的な方法。ただし，微生物学的方法及び微生物学的方法による生産物については，この限りでない。(iii)事業活動，純粋に精神的な行為の遂行又は遊戯に関する計画，法則又は方法。(iv)手術又は治療による人体又は動物の体の処置方法及び人体又は動物の体の診断方法。(v)情報の単なる提示。(vi)コンピューター・プログラムのうち国際予備審査機関が当該プログラムについて国際予備審査を行う態勢にある範囲外のもの（規則67.1）。

ない[97]ため，請求の範囲に記載されている発明の新規性，進歩性又は産業上の利用可能性について有意義な見解を示すことができないと認めた場合，である。いずれかの事由が一部の請求の範囲のみについて又は一部の請求の範囲のみとの関連において[98]ある場合には，34条4項a号の規定は，当該請求の範囲のみについて適用される（同項b号）。

6　国際予備審査の効果

(1)　国際予備審査報告の作成

国際予備審査が請求されると，例外的な場合を除き，所定の期間内（規則69.2）に所定の形式で国際予備審査報告が作成される（35条1項）。

(a)　**国際予備審査報告を作成するための期間**　国際予備審査報告を作成するための期間は，優先日から28か月，規則69.1に規定する国際予備審査の開始の時から6か月，規則55.2の規定に従って提出された翻訳文を国際予備審査機関が受理した日から6か月のうち最も遅く満了する期間である（規則69.2）。

(b)　**国際予備審査報告の記述事項**　国際予備審査報告には，新規性，進歩性及び産業上の利用可能性の基準に適合していると認められるかどうかを各請求の範囲について記述し，その記述には，当該記述の結論を裏付けると認められる文献を列記するものとし，場合により必要な説明[99]を付する。また，その記述には規則に定める他の意見[100]を付する（35条2項）。

ただし，国際予備審査機関は，国際予備審査報告の作成の際現に34条4項a号に規定するいずれかの事由（国際予備審査を行わない旨の決定，有意義な見解を示すことができない場合⇒本章本節5(4)）があると認める場合には，国際予備審査報告にその旨の見解及びその根拠を記述する。この場合，国際予備審査報告には，35条2項のいかなる記述もしてはならない（35条3項a号）。

97）国際予備審査では，国際調査の場合とは異なり，請求の範囲が明細書により充分に裏付けられていない場合，すなわち明細書による裏付けが充分でない場合も挙げられていることに留意する必要がある。橋本187頁。

98）「一部の請求の範囲のみについて」とは，いずれかの事由が請求の範囲自体に存在することを意味し，「一部の請求の範囲のみとの関連において」とは，請求の範囲自体ではないが，それに対応した明細書の部分にいずれかの事由が存在することを意味する。橋本187頁。

99）規則70.8参照。

100）「他の意見」とは，請求の範囲，明細書及び図面の明瞭性又は請求の範囲が明細書により十分な裏付けをされているかいないかの問題についての意見をいう（規則66.2(a)(v)）。

34条4項a号に規定するいずれかの事由が一部の請求の範囲のみについて又は一部の請求の範囲のみとの関連においてある場合，国際予備審査報告には，一部の請求の範囲については34条4項a号に規定するいずれかの事由がある旨の見解及びその根拠を記述し，他の請求の範囲については35条2項の記述をする（35条3項b号）。

国際予備審査報告には，請求の範囲に記載されている発明がいずれかの国内法令により特許を受けることができる発明であるかどうか又は特許を受けることができる発明であると思われるかどうかの問題についてのいかなる陳述をも記載してはならない（35条2項）。これは各選択国が判断すべき事項だからである。

(c)　**国際予備審査報告作成における優先権主張の判断**　　国際予備審査機関が書面による見解あるいは国際予備審査報告を作成するため先行技術を検討するにあたって，当該国際出願に伴われる優先権主張の有効性を検討する必要がある場合がある。この場合，国際予備審査機関は国際事務局に優先権主張の基礎となる先の出願の写しの送付を要求できるが，出願人が規則17.1の要件を満たさないために国際予備審査機関に提出されない場合であって，かつ当該先の出願が国内官庁としての権限を有する当該国際予備審査機関に出願されていない又は優先権書類を当該国際予備審査機関が実施細則に従い電子図書館から入手することができない場合には，優先権主張がされなかったものとして国際予備審査報告が作成される（規則66.7(a)）。また，国際予備審査機関は，出願人に対し，当該国際予備審査機関の特定する言語のうち一の言語による翻訳文を提出することを求めることができるが，その翻訳文が求めの日から2か月の期間内に提出されない場合にも，国際予備審査報告は優先権主張がされなかったものとして作成することができる（規則66.7(b)）。

(2)　国際予備審査機関と連絡する権利

出願人は，国際予備審査機関と口頭及び書面で連絡する権利を有する（34条2項a号）[101]。

101）　規則66.2(c)〜(e)，規則66.3，規則66.4，規則66.6等参照。

⑶　出願人の答弁

国際予備審査機関に対する答弁として，出願人は，補正と抗弁の双方又は一方を行うことができる（規則66.3⒜）。国際予備審査機関は，出願人の請求により，出願人に対し，補正書又は抗弁を提出する一又は二以上の追加の機会を与えることができる（規則66.4⒝）。もっとも，出願人は補正や抗弁を強制されるものではない。また，国際予備審査報告で進歩性等に関し否定的な記述が含まれることになっても，選択国の国内段階で出願人は自己の見解を主張し，選択官庁の判断を求めることは可能である。

⑷　34条２項ｂ号に基づく補正（34条補正）

出願人は，国際予備審査報告が作成される前に，所定の方法で及び所定の期間内に，請求の範囲，明細書及び図面について補正をする権利を有する。この補正は，出願時における国際出願の開示の範囲を超えてしてはならない（34条２項ｂ号）。以下，この補正を「34条補正」という。

34条補正は，選択国についてのみ有効な補正であり，補正の回数は制限されていない。出願人は，国際予備審査の請求書の提出の時又は規則66.4の２の規定に従うことを条件として国際予備審査報告が作成されるまでの間，34条補正による補正書を提出することができる（規則66.1⒝）。国際予備審査の請求書が提出される前にする19条補正は，34条補正により差し替えられ又は取り消されたものとみなされる場合を除くほか，国際予備審査のために考慮に入れられる（規則66.1⒞）。国際予備審査の請求書が提出された後にする19条補正及び国際予備審査機関に対してする34条補正は，規則66.4の２の規定に従うことを条件として，国際予備審査のために考慮に入れられる（規則66.1⒟）。

34条補正は，管轄国際予備審査機関に提出する。請求の範囲，明細書又は図面についてのいかなる変更（請求の範囲，明細書中の特定の箇所及び特定の図面の削除を含むものとし，明白な誤記の訂正を除く）も，補正とされる（規則66.5）。

ここで，次頁の表５において，34条補正と19条補正とを対比する。

⑸　国際予備審査報告の送付

国際予備審査報告は，所定の附属書類[102]とともに出願人及び国際事務局に送付され（36条１項），国際事務局が各選択官庁に送達する（36条３項ａ号）。国

表5　19条補正と34条補正との対比

	19条補正	34条補正
補正できる者	国際調査報告を受け取った国際出願の出願人（19条1項）	国際予備審査の請求をした国際出願の出願人（34条2項）
補正の対象	請求の範囲	請求の範囲，明細書，図面
補正できる範囲	原則：出願時における国際出願の開示の範囲（19条2項） 例外：指定国が認める場合には開示範囲を超える補正可能（19条3項）	出願時における国際出願の開示の範囲（34条2項） 例外の規定なし
補正の期間	国際調査報告の送付の日から2か月又は優先日から16か月のうち遅く満了する期間（規則46.1）	国際予備審査請求書提出時又は規則66.4の2を条件として，国際予備審査報告が作成されるまでの間（規則66.1(b)）
補正の回数	1回に限る（19条1項）	回数制限なし
補正書提出先	国際事務局（19条1項）	国際予備審査機関（規則66.1）
国際公開	規則48.2により国際公開に含まれる	国際予備調査報告の付属書類となり（規則70.16），国際公開の対象ではない

際予備審査報告及び附属書類は所定の言語に翻訳される（同条2項a号）。国際予備審査報告の翻訳文は国際事務局により又はその責任において作成され，附属書類の翻訳文は出願人が作成する（同条2項b号）。附属書類の所定の翻訳文は，出願人が所定の期間内に選択官庁に送付する（同条3項b号）。

国際事務局及び国際予備審査機関は，いかなる時においても，いかなる者又は当局（国際予備審査報告の作成の後は，選択官庁を除く）に対しても，国際予備審査の一件書類につき30条4項（国際出願の秘密保持：ただし書を含む）に定義する意味において知得されるようにしてはならない（38条）。ただし，出願人の請求による場合又はその承諾を得た場合はこの限りでない。

(6)　選択官庁における請求の範囲，明細書及び図面の補正

出願人は，各選択官庁において所定の期間内に請求の範囲，明細書及び図面

102）規則70.16（報告の附属書類）参照。

について補正をする機会を与えられる。選択官庁は，出願人の明示の同意がない限り，その期間の満了前に特許を与えてはならず又は特許を拒絶してはならない（41条１項）。上記補正は，出願時における国際出願の開示の範囲を超えてしてはならない。ただし，選択国の国内法令が認める場合は，この限りでない（同条２項）。

⑺　選択官庁における国内審査の結果

国際予備審査報告を受領した選択官庁は，出願人に対し，他の選択官庁における当該国際出願に関する審査に係る書類の写しの提出又はその書類の内容に関する情報の提供を要求することができない（42条）。

第６節　その他の規定

POINT

- ◆　PCT第３章の共通規定は，PCT第１章及び第２章に共通する規定である。
- ◆　技術的業務の提供に関する規定は，PCTによる発展途上国の特許制度の発展に協力するために設けられた規定である。
- ◆　PCT第５章の管理規定は，国際特許協力同盟の４つの内部機関，財政，規則に関する規定であり，改正及び修正に関する規定は，条約の改正のための改正会議や特定の管理規定の総会による修正に関する規定である。

１　概　　説

その他の規定としては，PCT第３章の共通規定，PCT第４章の技術的業務の提供，PCT第５章の管理規定，PCT第６章の紛争，PCT第７章の改正及び修正，PCT第８章の最終規定がある。

2 共通規定

⑴ 概　説

PCT 第３章の共通規定は，PCT 第１章及び第２章に共通する規定である。共通規定として，特定の種類の保護を求める出願（43 条），２の種類の保護を求める出願（44 条），広域特許条約（45 条），国際出願の正確でない翻訳（46 条），期間（47 条），遵守されなかった期間（48 条），国際機関に対し業として手続をとる権能（49 条）が規定されている。

⑵ 特定の種類の保護を求める出願

指定国又は選択国[103] が発明者証，実用証，実用新案，追加特許，追加発明者証又は追加実用証を与えることを国内法令に定めている場合には，出願人は，当該指定国又は選択国に関する限り，国際出願が特許ではなく発明者証，実用証若しくは実用新案を求める出願であること又は国際出願が追加特許，追加発明者証若しくは追加実用証を求める出願であることを規則[104] の定めるところによって表示することができる（43 条）。

43 条は，指定国等の国内法令に応じて，発明者証等の特定の種類の出願として国際出願を表示することを認めたものである。従って，例えば，願書において実用新案の出願であることを表示した場合，当該国では，特許出願としてではなく，実用新案登録出願として扱われることとなる。

⑶ ２の種類の保護を求める出願

43 条では，特許出願の代わりに他の種類の出願とすることを規定しているが，44 条では，１つの国際出願を２種類の出願とする場合を規定している。具体的には，44 条では，指定国又は選択国が，特許又は 43 条に規定する他の種

103）　43 条が PCT 第１章及び第２章のいずれにも適用されることを明らかにしたものである。橋本 211 頁。

104）　出願人は，43 条が適用される指定国において国際出願が特許の付与ではなく同条に規定する他の種類の保護を求める出願として取り扱われることを希望する場合には，22 条に規定する行為（指定官庁に対する国際出願の写し及び翻訳文の提出並びに手数料の支払）を行う時に，指定官庁に対しその旨を表示する（規則 49 の 2.1(a)）。選択国については，規則 76.5 で準用する規則 49 の２を参照。

類の保護のうち，一の種類の保護を求める出願が他の一の種類の保護をも求める出願であることを国内法令で認める場合には，出願人は，当該指定国又は当該選択国については，その求める２の種類の保護を規則[105)]の定めるところによって表示することができることが規定されている。従って，国内法令が認める場合には，１つの国際出願を，特許出願と実用新案登録出願とすることができる[106)]。

⑷　広域特許条約

広域特許を与えることを定める条約（「広域特許条約」）であって，９条の規定に基づいて国際出願をする資格を有するすべての者に対し広域特許の出願をする資格を与えるものは，広域特許条約の締約国でありかつPCT締約国である国の指定又は選択を含む国際出願を広域特許の出願としてすることができることを定めることができる（45条１項）[107)]。

⑸　国際出願の正確でない翻訳

国際出願が正確に翻訳されなかったため，当該国際出願に基づいて与えられた特許の範囲が原語の国際出願の範囲を超えることとなる場合には，当該締約国の権限のある当局は，それに応じて特許の範囲を遡及して限定することができるものとし，特許の範囲が原語の国際出願の範囲を超えることとなる限りにおいて特許が無効であることを宣言することができる（46条）。この規定は，些細な誤記があったときに，それを理由として特許全体が無効にされないようにするためのものである[108)]。

105）　出願人は，44条が適用される指定国において国際出願が43条に規定する２種類以上の保護を求める出願として取り扱われることを希望する場合には，22条に規定する行為（指定官庁に対する国際出願の写し及び翻訳文の提出並びに手数料の支払）を行う時に，指定官庁に対しその旨を表示する。該当する場合には，主として求める種類及び補助的に求める種類を明示する（規則49の2.1⒝）。選択国については，規則76.5で準用する規則49の２を参照。

106）　例えば，ドイツのように，１つの出願で特許の付与と実用新案の登録との両方を求めることを認める国内法令を持つ国を考慮したものである。橋本213頁。

107）　2004年１月以降の指定制度下では，国際出願を行うと，国際出願日時点の締約国全てを指定したものとみなされ，広域特許を受けることができる国については，広域特許及び国内特許のために指定されたものとみなされる（規則4.9⒜ⅲ）。そのため，国の指定及び広域特許のための指定を願書において個別に行う必要はない。下道185頁。

108）　橋本218頁。

ここでは，翻訳文における特許の範囲が原文の特許の範囲よりも広くなった場合が問題視されており，翻訳文における特許の範囲が原文の特許の範囲よりも狭くなった場合は問題とされていない。なお，この規律は，２条(ii)の定義規定に鑑み，特許に限らず，実用新案等にも適用されるであろう[109]。

わが国では，外国語特許出願について，当該特許出願の願書に添付した明細書，特許請求の範囲又は図面に記載した事項が，国際出願日における国際出願の明細書，特許請求の範囲又は図面に記載した事項の範囲内にない場合，拒絶理由及び無効理由となる（特許 49 条６号・123 条５号・184 条の 18）。

(6) 期　間

PCT に規定する期間の計算については，規則に定められている（47 条１項）。具体的には，規則 79 に，暦について規定され，規則 80[110] に，期間の計算について規定されている。PCT 第１章及び第２章に定めるすべての期間は，60 条の規定による改正のほか，締約国の決定によっても変更することができる（同条２項 a 号）。この決定は，総会において又は通信による投票によって行うものとし，全会一致によらなければならない（同項 b 号）。

(7) 遵守されなかった期間

PCT 又は規則に定める期間が郵便業務の中断又は避けることのできない郵便物の亡失若しくは郵便の遅延によって遵守されなかった場合において，規則に定める場合に該当し，かつ，規則に定める立証その他の条件が満たされているときは，期間は，遵守されたものとみなされる（48 条１項）。ここで，郵便業務には，配送サービスも含まれ，規則に定める場合とは，PCT に基づいて

109）　橋本 220 頁。

110）　例えば，年，月，日をもって定めた期間については，規則 80.1〜規則 80.3 に次のように規定されている。期間を定めるのに年をもってしている場合には，期間は，当該事象が生じた日の翌日から起算し，該当するその後の年において当該事象が生じた月に応当する月の当該事象が生じた日に応当する日に満了する。ただし，応当する月に応当する日がないときは，その月の末日に満了する（規則 80.1）。期間を定めるのに月をもってしている場合には，期間は，当該事象が生じた日の翌日から起算し，該当するその後の月において当該事象が生じた日に応当する日に満了する。ただし，その月に応当する日がないときは，その月の末日に満了する（規則 80.2）。期間を定めるのに日をもってしている場合には，期間は，当該事象が生じた日の翌日から起算し，該当する日数の最終の日に当たる日に満了する（規則 80.3）。

郵送が行われる全ての場合をいう[111]。立証その他の条件については，規則82.1に規定されている。

締約国は，期間が遵守されていないことが国内法令で認められている遅滞の事由と同一の事由による場合には，自国に関する限り，遅滞を許すこととなる（48条２項ａ号）。締約国は，期間が遵守されていないことが48条２項ａ号の事由以外の事由による場合であっても，自国に関する限り，遅滞を許すことができる（同項ｂ号）。ここで，期間とは，①PCT又はPCTの規則に定める期間，②受理官庁，国際調査機関，国際予備審査機関若しくは国際事務局が定める期間又は国内法令に従って受理官庁が適用する期間，③出願人の指定官庁又は選択官庁に対する行為の遂行のために当該指定官庁若しくは選択官庁が定め又は国内法令に従って適用する期間を含む（規則82の2.1）。

⑻　国際機関に対し業として手続をとる権能

弁護士，弁理士その他の者であって当該国際出願がされた国内官庁に対し業として手続をとる権能を有するものは，当該国際出願について，国際事務局，管轄国際調査機関及び管轄国際予備審査機関に対し業として手続をとる権能を有する（49条）。ここで，代理人が代理することができるのは，受理官庁としての国内官庁に出願された国際出願である。

なお，国際出願が国際事務局にされた場合，出願人がその居住者若しくは国民である締約国又は，２人以上の出願人がある場合には，これらの出願人のうちのいずれかがその居住者若しくは国民である締約国の国内官庁又はその締約国のために行動する国内官庁に対し業として手続をとる権能を有する者が，国際出願について，受理官庁としての国際事務局に対し業として手続をとる権能を有する（規則83.1の2⒜）。また，国際出願について受理官庁としての国際事務局に対し業として手続をとる権能を有する者は，その国際出願について，受理官庁以外の資格における国際事務局に対し並びに管轄国際調査機関及び管轄国際予備審査機関に対し業として手続をとる権能を有する（規則83.1の2⒝）。

111）　橋本225頁。

3　技術的業務の提供

⑴　概　説

技術的業務の提供を規定したPCT第4章は，条約調印のための外交会議ではじめて取り上げられたものである。開発途上国の援助のための技術サービスを取り扱っており，主に特許に関する公表文書についての情報提供，開発途上国の特許制度の発展のための技術援助，そのための資金等について規定している[112)]。このPCT第4章は，特別の技術的業務の提供（1条1項）に対応して設けられたものであり，PCTによる発展途上国の特許制度の発展に協力するために設けられた規定であるといえる[113)]。技術的業務の提供としては，特許情報提供業務（50条）と技術援助（51条）が規定されている。

⑵　特許情報提供業務

国際事務局は，情報提供業務を行うことができる（50条1項）。ここで，情報提供業務とは，公表された文書，主として特許及び公表された出願に基づいてその有する技術情報その他の適切な情報を提供する業務をいう。この情報提供業務は，特許公報や出願公開公報のような公表された文書について行われ，秘密にされているものを提供するものではない。

国際事務局は，それ自体で情報提供業務を行うことができる。また，国際事務局は，取決めを締結した国際調査機関その他の国内的・国際的な専門的組織を通じて情報提供業務を行うこともできる（同条2項）。情報提供業務は，特に，技術的知識及び技術（入手可能な公開のノウ・ハウを含む）の開発途上にある締約国による取得を容易にするように行われる（同条3項）。また，情報提供業務は，締約国の政府並びにその国民及び居住者の利用に供する。総会は，情報提供業務を他の者の利用にも供することを決定することができる（同条4項）[114)]。

⑶　技術援助

総会は，開発途上国への技術援助のため，技術援助委員会を設置する（51条

112)　橋本17頁。
113)　橋本50頁。
114)　総会の決定は，3分の2以上の多数決でなされる（53条6項a号）。

1項)。この技術援助委員会は，国際特許協力同盟の内部機関である。技術援助委員会の構成国は，開発途上にある国が代表されるように妥当な考慮を払った上で，締約国の中から選出される（同条2項a号)。このように「開発途上にある国が代表されるように妥当な考慮を払った上で」と規定されたのは，技術援助委員会の構成国が先進国に偏らないように配慮したものである[115)]。

技術援助委員会は，開発途上にある締約国に対し各国別の又は広域的な特許制度の発展を目的として供与される技術援助を組織し及び監督することを任務とする（同条3項a号)。技術援助は，特に，専門家の養成及び派遣並びに教習用及び実務用の設備の供与を含む（同項b号)。

4　条約の管理及び改正等

(1)　概　説

PCT 第5章の管理規定として，国際特許協力同盟の4つの内部機関である，総会（53条)，執行委員会（54条)，国際事務局（55条)，及び技術協力委員会（56条)，並びに財政（57条）及び規則（58条）が規定されている。

PCT 第6章は，紛争に関する規定である。締約国間に PCT の解釈をめぐって紛争が生じた場合，その解決のために国際司法裁判所に提訴できるというパリ条約28条と同趣旨の規定である[116)]。

PCT 第7章は，条約の改正及び修正を規定する。パリ条約を踏襲して，原則的には改正会議により改正は行われるが，特別の管理規定については同盟の総会でも修正することができる[117)]。

PCT 第8章が最終規定となる。最終規定は，PCT の当事国となるのはパリ条約の同盟国に限られること，留保，条約の暫定的適用などを規定している。

(2)　総　会

総会は，同盟の総会をいい（2条(xvii)），締約国で構成されるが（53条1項a号)，57条8項の規定に従うことが条件とされる。同項により，WIPO の本部が所在する国（スイス）は，総会に議席を有することとなる。

115)　橋本232頁。
116)　橋本17頁。
117)　橋本17頁。

総会の任務については，53条2項a号に規定されている。総会の定足数は，締約国の2分の1である（53条5項a号）。総会は，定足数に満たない場合においても，決定を行うことができる。ただし，その決定は，総会の手続に関する決定を除くほか，規則に定める通信による投票で定足数が満たされかつ必要な多数が得られた場合にのみ効力を生ずる（同項b号）。

総会の決定は，原則として，投じられた票の3分の2以上の多数による議決で行う（53条6項a号）。例外としては，全会一致が必要な場合（47条2項b号，58条3項a号(i)・b号・c号），特定国に拒否権を認めた場合（58条3項a(ii)），4分の3以上の多数による議決を必要とする場合（58条2項b号，61条2項b号）がある。

(3)　執行委員会

総会は，締約国の数が40を超える場合には，執行委員会を設置する。PCT及び規則において執行委員会というときは，設置された後の執行委員会をいう（53条9項）。執行委員会は，57条8項の規定に従うことを条件として，総会の構成国の中から総会によって選出[118]された国で構成される（54条2項a号）。執行委員会の構成国の数は，総会の構成国の数の4分の1である（同条3項）。執行委員会の任務については，54条6項a号に規定されている。執行委員会の定足数は，構成国の2分の1であり（同条8項b号），決定は投じられた票の単純多数による議決で行われる（同項c号）。

(4)　国際事務局

国際事務局とは，WIPOの国際事務局及び，それが存続する限り，知的所有権保護合同国際事務局（BIRPI）をいう（2条(xix)）。国際事務局は，従来は知的所有権保護合同国際事務局であったが，1970年のWIPOの発足とともに，その国際事務局である知的所有権国際事務局に移行した[119]。

国際事務局は，国際特許協力同盟の管理業務を行う（55条1項）。国際事務局は，国際特許協力同盟の諸機関の事務局の職務をも行う（同条2項）。ここで，

---

118)　総会による執行委員会の構成国の選出は，3分の2以上の多数決でなされる（53条6項a号）。

119)　橋本246頁。

国際特許協力同盟の諸機関とは，総会，執行委員会，技術協力委員会等をいう[120]。国際事務局は，公報その他規則又は総会の定める刊行物を発行する（同条4項）。公報については，規則86に規定されている。規則の定める刊行物としては，国際出願の国際公開のパンフレットがある[121]。国際事務局は，総会の指示に従い，かつ執行委員会と協力して，改正会議の準備をも行う（同条7項a号，53条2項a号(iii)）[122]。

(5)　技術協力委員会

総会は，技術協力委員会を設置する（56条1項）。技術協力委員会には，PCTによる国際出願の手続等を実質的に検討するために重要な役割を果たすことが期待されている。総会は，開発途上にある国が衡平に代表されるように妥当な考慮を払った上で，技術協力委員会の構成を決定し及びその構成員を任命する（同条2項a号）。この技術協力委員会の構成を決める総会の決定には3

120)　橋本247頁。

121)　橋本247頁。

122)　国際事務局の任務には，次の①〜⑯もある。①国際出願の記録原本を受理する（12条1項）。②優先日から1年を経過した後できる限り速やかにその写しをその指定官庁に送付する（13条1項）。③国際調査機関として選定される国内官庁又は政府間機関との間で取決めを締結する（16条3項b号）。④国際調査機関から国際調査報告を作成しない旨の通知を受理する（17条2項a号）。⑤国際調査報告の受理及び翻訳を行う（18条2項・3項）。⑥出願人による19条に基づく請求の範囲の補正書を受理する（19条1項）。⑦国際出願の国際公開に関する業務を行う（21条1項等）。⑧出願人の請求に応じ，出願人が特定した指定官庁等に対し当該出願に関する書類の写しを送付する（25条1項a号・b号）。⑨所定の例外を除いて，国際出願の国際公開が行われる前に，いかなる者又は当局に対しても国際出願が知得されないように秘密を保持する（30条1項a号）。⑩選択国についての後にする選択を受理する（31条6項b号）。⑪国際予備審査機関の特定の際の国際予備審査機関との間の関係取決めを行う（32条2項）。⑫国際予備審査報告を受理し（36条1項），国際予備審査報告の翻訳文を作成し（36条2項b号），国際予備審査報告を，所定の翻訳文及び原語の附属書類とともに，各選択官庁に送達する（36条3項a号）。⑬関係選択官庁及び関係国際予備審査機関に，選択国の選択が取り下げられた旨を通告する（37条3項b号）。⑭所定の例外を除き，いかなる時においても，いかなる者又は当局に対しても国際予備審査の一件書類につき秘密を保持する（38条1項）。国際予備審査報告の作成の有無及び国際予備審査の請求又は選択の取下げの有無に関する情報についても同様である（38条2項）。⑮この条の規定に基づく事業計画のための資金を調達することを目的として，一方において国際金融機関及び政府間機関，特に，国際連合，国際連合の諸機関及び技術援助に関与する国際連合の専門機関と，他方において技術援助を受ける国の政府と取決めを締結するよう努める（51条4項）。⑯締約国が紛争を国際司法裁判所に付託した旨を他の締約国に通報する（59条）。

分の2の多数決が必要である（53条6項a号）。国際調査機関及び国際予備審査機関は，技術協力委員会の構成員となり，国際調査機関又は国際予備審査機関が締約国の国内官庁である場合には，当該締約国は，委員会において重複して代表を出すことはできない（56条2項b号）。同一国が2個の議席を占めることがないようにするためである[123]。ある特許庁が国際調査機関であり，かつ国際予備審査機関でもある場合でも，その国の議席は1個である[124]。

技術協力委員会の主な任務は，①PCTに基づく業務を絶えず改善すること，②二以上の国際調査機関又は二以上の国際予備審査機関が存在する限り，その資料及び作業方法についてできる限りの統一性を確保すること並びにその報告の質ができる限り高くかつ均一であることを確保すること，③総会又は執行委員会の発意に基づき，特に単一の国際調査機関の設立に関する技術的問題を解決することである（56条3項）。

⑹　財　政

パリ条約の場合のように（パリ条約16条），各国による毎年の分担金によって維持されるのとは異なり，PCTでは同盟の予算は，国際事務局が同盟の名において提供する役務について支払われる手数料及び料金や，同盟に関する国際事務局の刊行物の販売代金及びこれらの刊行物に係る権利の使用料等を財源とする（57条3項）。

⑺　規　則

規則については，PCTにおいて，規則に明示的にゆだねられている事項又は所定の事項であることが明示的に定められている事項，業務の運用上の要件，事項又は手続，PCTの規定を実施するために有用な細目に関する規定が設けられる（58条1項）。条約において「所定の」という表現が用いられているときには，それに対応した規則が設けられている[125]。規則の規定と条約の規定が抵触する場合は，条約の規定が優先する（同条5項）。条約の規定と規則の規定は抵触することがないように作成されてはいるが，万一そのような事態が生

123）　橋本250頁。
124）　橋本251頁。
125）　橋本258頁。

じた場合に，条約の規定が優先することを明確にしたものである[126]。

⑻　紛　争

PCT 又は規則の解釈又は適用に関する二以上の締約国の間の紛争で交渉によって解決されないものは，紛争当事国が他の解決方法について合意しない限り，いずれかの紛争当事国が，国際司法裁判所規程に合致した請求を行うことにより，国際司法裁判所[127]に付託することができる（59条）。ただし，紛争当事国が64条5項の規定（留保）による宣言を行っている場合には，国際司法裁判所に付託することはできない。この場合の留保は，条約の調印の際，又は批准書もしくは加入書の寄託の際にだけ行うことができる（64条6項a号）。

紛争を国際司法裁判所に付託する締約国は，その旨を国際事務局に通報するものとし，国際事務局は，それを他の締約国に通報する（59条）。

⑼　改正及び修正

PCT は，締約国の特別の会議により随時改正することができ（60条1項），改正会議の招集は，総会が決定する（同条2項）。国際調査機関として又は国際予備審査機関として選定された政府間機関は，改正会議にオブザーバーとして出席することを認められる（同条3項）。53条5項・9項・11項，54条，55条4項〜8項，56条及び57条の規定は，改正会議により又は61条の規定に従って修正することができる（60条4項）。

PCT の特定の規定の修正[128]については，61条に規定されている。61条には，53条5項・9項・11項，54条，第55条4項〜8項，56条及び57条の規定の修正が規定されている。この提案は，総会の構成国，執行委員会又は事務局長が行うことができ（61条1項a号），遅くとも総会による審議の6か月前までに事務局長が締約国に送付する（同条1項b号）。61条1項に規定する規定の修正は，総会が採択し（同条2項a号），総会の採択は，投じられた票の4分の

126）　橋本261頁。

127）　国際司法裁判所（International Court of Justice）は，国際連合の主要な司法機関である（国際連合憲章92条）。

128）　60条の改正（revisions）と61条の修正（amendments）の語は，いずれも条約の規定の文言を変えるという同一の意味に用いられている。橋本266頁。

3以上[129]の多数による議決で行う（同条2項b号）。

60条の改正は，それを批准又は加入した締約国のみを拘束するが，61条の修正は，その修正が各国の財政負担を増加するものを除いては，その修正が発効したときに条約の締約国である他の全ての締約国も拘束し，かつその修正が発効した後に条約の締約国となる全ての国を拘束する[130]。

⑽　最終規定

(a)　**締約国となるための手続**　工業所有権の保護に関する国際同盟の構成国は，署名[131]し，その後に批准書を寄託すること，又は加入書を寄託することにより，PCTの締約国となることができる（62条1項）。批准書又は加入書は，事務局長に寄託する（同条2項）。PCTの締約国となることができるのは，工業所有権の保護のための同盟の構成国，つまりパリ同盟国である。

パリ条約24条の規定は，PCTの適用について準用される（同条3項）。ただし，この規定は，いずれかの締約国が62条3項に基づいてPCTを適用する領域の事実上の状態を，他の締約国が承認し又は黙示的に容認することを意味するものと解してはならない（同条4項）。

(b)　**留保**　締約国は，条約の規定を留保することができる。例えば，いずれの国も，国際予備審査に関する第2章の規定に拘束されないことを宣言することができる（64条1項a号）。この宣言を行った国は，第2章の規定及び規則中同章の規定に対応する規定に拘束されない（同条1項b号）。

上記宣言を行わない国は，次のことを宣言することができる。国際出願の写し及び所定の翻訳文の提出については39条1項の規定に拘束されないことを宣言することができる（64条2項a号(i)）。また，40条に規定する国内処理の繰延べの義務によって，自国の国内官庁による又はこれに通ずる国際出願又はその翻訳文の公表が妨げられることのないことを宣言することができる（同条2項a号(ii)）。もつとも，当該国内官庁に対し30条の義務（国際出願の秘密保持）及び38条の義務（国際予備審査の秘密保持）を免除するものと解してはならない。

---

129)　通常の総会の決定に必要な3分の2以上の多数決（53条6項a号）よりも厳しい基準となっている。

130)　橋本266頁。

131)　この署名は1970年12月31日まで行うことができた。

また，自国に関する限り，国際出願の国際公開を行う必要がないことをも宣言することができる（64条3項a号）[132]。優先日から18か月を経過した時に，国際出願に64条3項a号の宣言を行っている国のみの指定が含まれている場合には，その国際出願の21条2項に基づく国際公開は行わない（64条3項b号）。この規定が適用される場合であっても，国際事務局は，出願人から請求があったときは，規則の定めるところにより当該国際出願の国際公開を行う（同条3項c号(i)）。また，国際出願に基づく国内出願又は特許が64条3項a号の宣言を行っているいずれかの指定国の国内官庁により又はその国内官庁のために公表されたときは，その公表の後速やかに当該国際出願の国際公開を行う（同条3項c号(ii)）。ただし，優先日から18か月を経過する前であってはならない。

自国の特許が公表の日前の日から先行技術としての効果を有することを定めているが，パリ条約に基づいて主張される優先日を先行技術の問題については自国における実際の出願日と同等に取り扱わないこととする国内法令を有する国は，自国の指定を含む国際出願であって他国においてしたものを先行技術の問題については，自国における実際の出願と同等に取り扱わないことを宣言することができる（64条4項a号）[133]。この宣言を行った国は，その限度において11条3項の規定に拘束されない（64条4項b号）。また，この宣言を行う国は，同時に，自国の指定を含む国際出願が自国において先行技術としての効果を有することとなる日及びそのための条件を書面で通知する。その通知は，事務局長にあてた通知により，いつでも変更することができる（同条4項c号）。

いずれの国も，59条の規定（紛争）に拘束されないことを宣言することができる。この規定は，その宣言を行った締約国と他の締約国との間の紛争については，適用しない（64条5項）。

64条の規定に基づく留保の宣言は書面で行う。その宣言は，PCTの署名若しくは批准書若しくは加入書の寄託の際に又は，64条5項の宣言を除くほか，事務局長にあてた通告によりその後いつでも行うことができる。その通告によ

132）　いわゆる早期公開制度を採用していない国がこのような留保を行うのであろう。米国は，1999年11月29日の法改正で早期公開制度を導入したが，2022年12月現在，未だ64条3項a号の規定を留保している。

133）　この規定は，米国のヒルマードクトリン（Hilmer doctrine）を考慮したものである。ヒルマードクトリンは，2011年9月16日に成立した米国改正特許法（AIA）により廃止されたが，2022年12月現在，米国は未だ64条4項a号の規定を留保している。

る宣言は，事務局長がその通告を受領した日の後6か月で効力を生ずるものとし，その6か月の期間の満了前にされた国際出願には影響を及ぼさない（同条6項a号）。他方，この条の規定に基づく宣言は，事務局長にあてた通告により，いつでも撤回することができる。その撤回は，事務局長がその通告を受領した日の後3か月で効力を生ずるものとし，64条3項の宣言の撤回にあっては，その3か月の期間の満了前にされた国際出願には影響を及ぼさない（同条6項b号）。

留保は，64条1項から5項までの規定に基づく留保を除くほか，PCTのいかなる規定についても行うことができない（同条7項）。

(c)　**漸進的適用**　65条は，PCT発効後の経過措置を規定する。経過措置として，国際出願の数や種類について制限を定める場合に，総会が，特定の範囲の国際出願について，PCT及び規則の漸進的適用に必要な措置を採択することが規定されている。国際調査機関や国際予備審査機関の準備に要する時間等を考慮して定められた規定である[134)]。

(d)　**廃棄**　66条は，同盟から脱退する際の手続を規定する。いずれの締約国も，事務局長にあてた通告により，PCTを廃棄することができる（66条1項）。この廃棄は，その通告の事務局長による受領の後6か月で効力を生ずる。廃棄は，国際出願がその6か月の期間の満了前にされている場合には及び，廃棄を行う国が選択されている場合にあってはその選択がその6か月の期間の満了前に行われているときに限り，廃棄を行う国における当該国際出願の効果に影響を及ぼさない（同条2項）。

(e)　**署名及び用語**　67条は，PCTの原本，公定訳文，及び署名に関する規定である。PCTの署名は，ひとしく正文である英語及びフランス語による原本一通について行われる（67条1項a号）。事務局長は，関係政府との協議の上，スペイン語，ドイツ語，日本語，ポルトガル語，ロシア語その他総会が指定する言語による公定訳文を作成する（同条1項b号）。PCTに署名できる最終日は1970年12月31日であり（同条2項），この日までに35か国が署名を行った[135)]。

134）　橋本283頁。

135）　橋本286頁。

(f)　**寄託**　68条は，PCTの寄託業務に関する規定である。PCTの原本は，署名のための開放が終了したとき（1970年12月31日）に，事務局長に寄託する（68条1項）。事務局長は，パリ条約のすべての締約国の政府及び，要請があったときは，他の国の政府に対し，PCT及びPCTに附属する規則の謄本二通を認証して送付する（同条2項）。事務局長は，国際連合憲章102条1項[136]の義務を履行すべく，PCTを国際連合事務局に登録する（同条3項）。事務局長は，すべての締約国の政府及び，要請があったときは，他の国の政府に対し，PCT及び規則の修正の謄本2通を認証して送付する（同条4項）。

(g)　**通報**　事務局長は，パリ条約のすべての締約国の政府に対し，次の事項を通報する（69条）。①PCTの締約国となるための手続における署名（62条1項(i)），②署名の後の批准書又は加入書の寄託（62条1項），③PCTの効力発生日及び63条3項の規定に従って第2章の規定が適用されることとなる日，④PCTの留保に基づく宣言（64条1項〜5項），⑤64条に基づく留保の宣言の撤回（64条6項b号），⑥66条によって受領した廃棄通告，⑦非締約国又はPCT第2章の規定に拘束されない締約国の居住者又は国民であって総会の決定により国際予備審査の請求をすることを認められた場合に（31条2項b号），及びこの出願人によって自国が選択される用意がある旨の宣言（31条4項b号）を通報する。

136）　国際連合憲章102条1項には，「この憲章が効力を生じた後に国際連合加盟国が締結するすべての条約及びすべての国際協定は，なるべくすみやかに事務局に登録され，且つ，事務局によって公表されなければならない」と規定されている。

第5章 標章の国際登録に関するマドリッド協定議定書(マドリッド協定議定書)

第1節　マドリッド協定議定書の概要

POINT

◆　マドリッド協定議定書は，国際出願制度を通じ，標章の国際的な保護を得るための商標登録手続を簡略化することを目的として成立した条約であり，マドリッド協定を修正，補完する目的で締結された。

◆　国際出願は，本国における標章の出願又は登録を基礎として締約国に保護を拡張する手続であり，本国官庁を通じて国際事務局に対して行う。

◆　国際出願は国際登録簿に登録され，公表される。その後，それぞれの指定国において保護を受け得るかどうかの審査が行われる。

1　マドリッド協定とマドリッド協定議定書

マドリッド協定議定書は，正式には「標章の国際登録に関するマドリッド協定の1989年6月27日にマドリッドで採択された議定書」[1)] といい，商標の国際的な登録制度に関する条約である。わが国は，1999年に加入した。同議定書は，マドリッドプロトコル，マドプロと呼ばれることもある。

商標の国際登録に関する条約としては，すでに「標章の国際登録に関するマドリッド協定」[2)] が1891年に成立している。このマドリッド協定は，標章の国際的な保護を得るための国際出願制度を通じ，商標登録手続を簡略化することを目的とした条約である。国際出願制度とは，標章の保護を受けようとする者

1)　Protocol Relating to the Madrid Agreement Concerning the International Registration of Marks Adopted at Madrid on June 27, 1989.

2)　Madrid Agreement Concerning the International Registration of Marks.

が，本国における標章登録を基礎として，本国官庁を通じて世界知的所有権機関（WIPO）の国際事務局に国際出願をすれば，所定の方式的要件を具備していることを条件に当該標章が国際事務局の国際登録簿に記録され，国際出願で指定された締約国（指定国）において所定の登録要件を具備していることを条件に当該締約国に直接保護を求めていたならば与えられたであろう保護と同等の保護を当該締約国で与える，というものである。本国とは，出願人が現実かつ真正の工業上又は商業上の営業所を有する特別同盟（マドリッド協定が適用される国によって形成される同盟）の締約国を，出願人が特別同盟の締約国内にそのような営業所を有していない場合にはその住所がある締約国を，出願人が特別同盟の締約国の国民であって締約国に住所を有していない場合にはその国籍がある締約国をいう（1条3項）。

しかしながら，このマドリッド協定の国際出願制度は，以下の理由で決して利用しやすいものとは言えなかった。

①　国際出願の言語がフランス語に限定されている。特に英語が使用できないことで，フランス語圏以外の国では利用しづらいものである。

②　指定国官庁は国際登録日から１年以内に拒絶の通報をしなければならない。この期間制限は，特に審査主義国にとって大きな負担である。

③　国際出願の基礎が本国の標章登録に限定される。本国において商標がいまだ登録されていない場合は国際出願の基礎とすることができず，国際出願をするには本国の登録を待つ必要がある。その結果，本国の出願から優先期間である６か月が経過した場合，本国の出願に基づいて国際出願で優先権を主張できない。

④　国際登録日から５年以内に本国の登録の全部又は一部が取消，無効等で消滅した場合には国際登録もその範囲で消滅する（セントラルアタック）が，これに対する救済措置がない。このため，長期にわたり指定国での保護が不安定となり，権利の安定性に欠ける。

以上の利用のしづらさから，マドリッド協定の加盟国は伸び悩んでいた。

そこで，マドリッド協定の国際出願制度を基本的に踏襲しつつ，マドリッド協定の問題点を修正・補完する新たな条約の締結が提案され，1989年に採択されたのが，マドリッド協定議定書である。マドリッド協定議定書では，上述の①～④の問題点について，以下のような修正・補完がなされている。なお，この議定書を締結した国は，マドリッド協定の当事国であるかどうかを問わず，同協定の当事国で構成する同盟の構成国であるものとされ，また，この議定書を締結した政府間機関は当該同盟の構成国であるものとみなされる（1条）。

①については，国際出願の言語をフランス語のみならず英語及びスペイン語の使用も可能とした。

②については，所定の宣言をすることにより，国際登録日から18か月以内に拒絶を通報すれば良いこととした。

③については，本国の登録のみならず本国の出願も基礎とすることを可能とした。

④については，所定の条件を満たすことを条件に，国際登録を指定国の国内出願に変更することを可能とした。

マドリッド協定とマドリッド協定議定書の主な異同は以下のとおりである。

	マドリッド協定	マドリッド協定議定書
主官庁	WIPO（世界知的所有権機関）の国際事務局	同左
言語	フランス語のみ	英語，フランス語又はスペイン語
国際出願の基礎	本国の登録のみ（出願は不可）	本国の出願又は登録
指定国での審査期間	国際事務局から指定国への指定通報から１年以内（例外なし）	国際事務局から指定国への指定通報から原則１年以内または18か月以内
国際登録の従属性	基礎登録の無効・取消しにより国際登録も取り消され（セントラルアタック），その救済措置はない	基礎登録の無効・取消しにより国際登録も取り消されるが（セントラルアタック），救済措置として指定国の国内出願に変更することが可能
存続期間	国際登録日から20年（更新可能）	国際登録日から10年（更新可能）
手数料	個別手数料を徴収できない（一律の手数料）	個別手数料を徴収できる

このように，マドリッド協定議定書は，マドリッド協定で創設された国際出願制度をより利用しやすいものに修正したものであるが，両者は別個の，互いに独立した条約である。したがって，マドリッド協定とマドリッド協定議定書の双方に加盟することも，マドリッド協定議定書にのみ加盟することも可能である。

マドリッド協定議定書及びマドリッド協定の双方を締結した国同士であるときは，マドリッド協定は適用されず，マドリッド協定議定書のみが適用される（9条の6第1項）。

マドリッド協定議定書のみの締約国，マドリッド協定のみの締約国との間における適用関係は以下のとおりである。

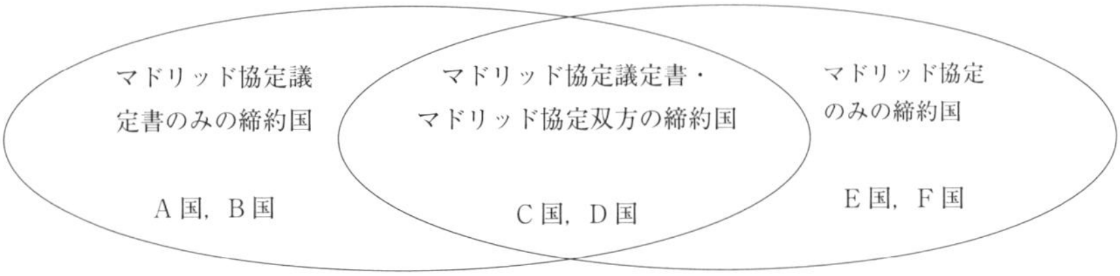

	２国間で適用される条約
A国とB国間	マドリッド協定議定書
A国とC国間	マドリッド協定議定書
A国とE国間	条約の適用なし（国際出願不可能）
C国とD国間	マドリッド協定議定書
C国とE国間	マドリッド協定
E国とF国間	マドリッド協定

マドリッド協定議定書の適用は，マドリッド協定と共通に，「標章の国際登録に関するマドリッド協定及び同協定に関する議定書に基づく共通規則」（以下，「規則」という）及び「標章の国際登録に関するマドリッド協定及び同協定に関する議定書の適用のための実施細則」によって補足される。

２ 構 成 国

マドリッド協定議定書は，前述したように，利用のしづらさから加盟国が伸び悩んでいたマドリッド協定を修正，補完する目的で締結されたものであり，2023年7月現在の加盟国は114か国である。

マドリッド協定が無審査主義国の多いヨーロッパ諸国で利用されてきたことから，これを修正，補完するマドリッド協定議定書の加盟国も，当初はヨーロッパ諸国が中心であった。

その後マドリッド協定議定書における国際出願の利便性が認知されるに伴い，審査主義国の加盟が増加した。特に出願件数の多い米国，日本等の加盟により，より一層，マドリッド協定議定書における国際出願の利用が促進されている。また，アジア諸国についても当初は加盟国が少なかったが2015年前後から特にASEAN諸国の加盟が増え、より利便性が高まっている。

3　国際出願手続の流れ

マドリッド協定議定書における国際出願手続の流れの概略は，以下のとおりである（なお，手続の詳細な内容については⇒本章第2節）。

(1)　出願書類の提出

マドリッド協定議定書に基づくすべての国際出願は，所定の様式[3]の願書によって行い（3条1項），本国官庁を通じて国際事務局に対して行う（2条2項，第9規則(1)）[4]。本国官庁とは，基礎となる出願を受理し又は基礎となる登録をした官庁のことである（2条2項）。国際事務局とは，世界知的所有権機関（WIPO）の国際事務局のことであり，マドリッド協定議定書に基づく国際登録及び関連の任務並びにこの議定書に関連するすべての管理業務は，国際事務局によって行われる（11条1項）。

願書には，基礎となる出願（基礎出願）又は基礎となる登録（基礎登録。2条1項）の番号，出願人の名称，登録を受けようとする標章，商品・サービス等，必要事項を記載する。

(2)　本国官庁における手続

国際出願を受理した本国官庁は，国際出願の願書の記載事項や手数料などの方式的事項について審査を行うとともに，基礎出願又は基礎登録との同一性等を確認する。その後，本国官庁は，国際出願を国際事務局に送付する（3条1項，第9規則(1)）。

3)　国際出願は，一通の公式様式（国際事務局が定めた様式又は同一の内容と形式を有する様式）により提出する。具体的には，MM2と呼ばれる様式に従う。

4)　したがって，願書は本国官庁に提出しなければならず，国際事務局に直接提出することはできない。

(3)　国際事務局における手続

本国官庁より国際出願を受理した国際事務局は，手数料等の方式的事項について審査を行うとともに，商品，サービスの表示の明確性や分類の適否について審査を行い，これらについて不備がある場合は出願人及び本国官庁にその旨を通知して是正の機会を与える。

国際事務局は，国際出願に不備がないと認めた場合は，標章を国際登録簿に登録する[5)]。これを国際登録という。国際登録がされれば，国際事務局は本国官庁にその旨通報するとともに，国際公表をし，指定国官庁に指定された旨を通報，さらに登録証を国際登録名義人に送付する。

(4)　指定国官庁における手続

指定国官庁は，当該国で国際登録に係る標章が保護を受け得るかについて審査を行う。所定の拒絶理由がある場合は国際事務局を通じて国際登録名義人に拒絶の通報を行い，是正の機会を与える。

拒絶理由がない場合，指定国官庁は当該国での保護を認める保護認容声明を発し，他方，拒絶理由が解消しない場合，拒絶確定声明を発する。

これらの手続の流れを図示すると次のとおりである。

---

5)　これにより，国際出願には国際登録番号が付される。

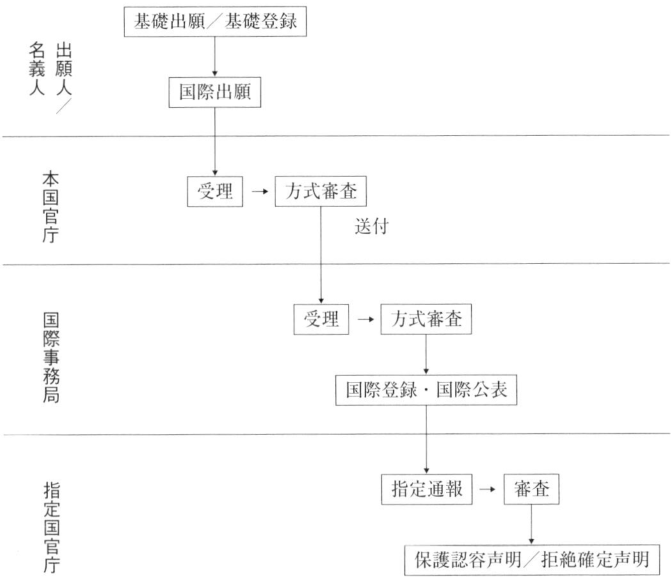

第2節　国際出願

POINT

◆　国際出願は，自国（本国）における標章の保護を締約国に拡張するという趣旨で設けられたものであり，手続の簡略化を目的として国際出願の様式は単一化されている。

◆　国際出願を行うには，基礎出願・基礎登録の存在が必要であり，国際出願の出願人は，基礎出願・基礎登録がされた国の国民であるか，当該国に住所や営業所等を有していることが必要である。

◆　国際出願の願書は本国官庁に提出しなければならず，本国官庁からWIPO 国際事務局に送付され，本国官庁及び国際事務局による方式審査が行われ，その後，国際登録される。

１　概　　説

マドリッド協定議定書における国際出願は，前述のとおり，自国（本国）の標章出願又は登録を基礎として，当該出願又は登録と同一の内容について締約国に保護を求めるための手続である。

自国（本国）における標章の保護を締約国に拡張するという趣旨から，PCTやハーグ協定における国際出願と異なり，自己指定（PCTについては⇒第4章第2節３(3)(b)，ハーグ協定については⇒第6章第2節５）は認められない。

また，マドリッド協定議定書は，手続の簡略化を目的として，国際出願の様式を単一化している。この趣旨から，3条1項では，「この議定書に基づくすべての国際出願は，規則に定める様式の願書によって行う」旨が規定されている。

２　国際出願の要件

国際出願を行うには，以下の要件を満たす必要がある。

(1)　基礎出願又は基礎登録

国際出願は，基礎となる標章[6]の出願又は登録の存在が必要である（2条1項）。基礎出願又は基礎登録は，締約国又は締約国際機関（1条）[7]にされている必要がある。

複数の出願又は登録を基礎とすることも可能である。

(2)　国際出願の名義人

国際出願の名義人は，①基礎出願又は基礎登録が締約国の官庁にされた場合には，当該国の国民であるか，当該国に住所があること，あるいは，当該国に現実かつ真正の工業上・商業上の営業所を有していることが必要である（2条1項(i)）。②基礎出願又は基礎登録が締約国際機関にされた場合には，国際出願の出願人が，当該国際機関の構成国の国民であるか，当該国際機関の領域内に

6）「標章」には，いわゆる商品商標と役務商標（サービスマーク）のいずれもが含まれる（2条3項）。

7）例えば，欧州連合（European Union）がこれに該当する。

住所があること，あるいは，当該国際機関の領域内に現実かつ真正の工業上若しくは商業上の営業所を有していることが必要である（同項(ii)）。

国際出願の名義人と，基礎出願の出願人又は基礎登録の名義人は，同一でなければならない（第9規則(5)(d)(ii)）。基礎出願の出願人又は基礎登録の名義人が複数の場合，国際出願の名義人も完全に同一である必要があり，基礎出願の出願人又は基礎登録の名義人に含まれているというだけでは同一とはいえない。また，名義人が複数の場合，すべての名義人が，上述の①又は②の要件を満たしている必要がある。

(3)　国際出願の標章

国際出願の標章は，基礎出願又は基礎登録に係る標章と同一であることが必要である（第9規則(5)(d)(iv)）。標章の同一性は厳格に要求されると解される。本国における標章の保護を締約国に拡張するというマドリッド協定議定書の趣旨より，当然に求められる要件である。

(4)　国際出願の指定商品・サービス

国際出願では保護を受けようとする標章に係る商品・サービスを指定しなければならず（3条2項），国際出願の指定商品・サービスは，基礎出願又は基礎登録の指定商品・サービスに含まれていることが必要である（第9規則(5)(d)(vi)）[8)]。標章の同一性が要求される理由と同様に，本国における標章の保護を締約国に拡張するというマドリッド協定議定書の趣旨より，本国の保護より広い保護を締約国で受けることはできない。

(5)　領域指定

国際出願では，保護を求める締約国を指定する必要がある（3条の3第1項）。これを領域指定という。領域指定は，国際出願の出願書類に記載する必要があるが，国際登録後においても行うことができ，これを事後指定という（3条の3

---

8)　国際出願の指定商品・サービスが基礎出願又は基礎登録の指定商品・サービスに含まれている場合とは，複数の商品・サービスの一部を国際出願で指定する場合と，基礎出願又は基礎登録の指定商品・サービスの表現が上位概念であり（例：被服），国際出願の指定商品・サービスが下位概念（例：ティーシャツ）の場合とがある。

第2項）。

3　国際出願手続

⑴　出願書類

国際出願は，規則に定める様式の願書を提出することによって行う（3条1項，第9規則⑵）。具体的には，WIPOが第9規則に基づき作成したMM2又はMM3と呼ばれる様式を用いる[9)]。

国際出願に際しては，上述のMM2またはMM3のほかに，特定の締約国が指定国に含まれる場合に提出することを要する書類がある[10)]。

⑵　国際出願の言語

国際出願は，本国官庁の定めるところにより，英語，フランス語又はスペイン語によらなければならない（第6規則⑴）。本国官庁は，英語，フランス語又はスペイン語のいずれかを選択することができ，当該本国官庁を通じて行う国際出願は，その言語を選択しなければならない[11)]。

⑶　出願書類の提出

国際出願は，本国官庁を通じ，国際事務局に対して行う（2条2項，第9規則⑴）。出願人が直接，出願書類を国際事務局に提出することはできず，必ず本国官庁に提出しなければならない[12)]。

⑷　手数料の納付

国際出願に際しては，所定の手数料を支払う必要がある（第10規則）。手数

9）MM2は，本国がマドリッド協定議定書にのみ支配される国である場合に用い，MM3は本国がマドリッド協定及びマドリッド協定議定書の双方に支配される国である場合に用いられる。なお，MM1は本国がマドリッド協定にのみ支配される国である場合に用いられる。

10）例えば，アメリカが指定国に含まれる場合は，MM18「標章を使用する意思の宣言書」を願書と同時に提出する必要がある。なお，アメリカは使用主義を採用するため，商標出願に際し「使用の事実」または「使用意思」のいずれかに基づく必要があるところ，マドリッド協定議定書の国際出願でアメリカを指定する場合は「使用意思」に基づくことのみが認められている。

11）日本特許庁を本国官庁とする国際出願は，英語でしなければならない（商標法施行規則9条の2様式4）。

12）国際事務局に直接提出することができるPCTやハーグ協定の国際出願とは異なる。

料には基本手数料，付加手数料及び個別手数料の３種類がある[13]。手数料の計算は，WIPO のウェブサイトにより行うことが可能である。また，本国官庁に対して所定の手数料を支払う必要がある。

４　本国官庁における手続

国際出願を受領した本国官庁は，国際出願について方式審査を行う。審査を行う事項は，本国官庁に対して支払う手数料，基礎出願・基礎登録との同一性，出願人の適格性，優先権主張の適格性，国際出願の書類の記載に関するその他の不備の有無などである。不備があった場合，本国官庁は方式が不備である旨の通知を発し，是正の機会を与える。

方式審査の終了後，本国官庁は国際出願を WIPO 国際事務局に送付する。なお，本国官庁による方式審査事項のうち基礎出願・基礎登録との同一性に関しては，同一性がない場合でも本国官庁には処分権限がないことから，本国官庁は，同一性がない旨を付記して国際出願を WIPO 国際事務局に送付する。

５　国際事務局における手続

本国官庁から国際出願を受領した WIPO 国際事務局は，国際出願について方式審査を行う。審査する事項は，指定商品・サービスの分類や表示等である。これに不備がある場合，国際事務局は出願人に「欠陥通報」を発し，是正の機会を与える。

国際事務局における方式審査の結果，不備がない，あるいは不備が是正された場合，国際事務局は国際登録をする。

13）基本手数料は全ての国際出願について一律に必要となる手数料であり，付加手数料及び個別手数料は，指定国ごとに必要となる手数料である。

第3節　国際登録

POINT

- 本国官庁及び WIPO 国際事務局における方式審査を経て，国際出願は国際登録され，国際登録番号が付される。
- 国際登録に係る標章は，国際登録日から，指定国に直接求めていたならば与えられたであろう保護と同一の保護が与えられる。
- 国際登録は，指定国官庁による審査の結果，当該指定国で保護が認められるかどうかが決定される。
- 国際登録日から５年以内に基礎出願又は基礎登録が拒絶，無効等となった場合，国際登録も取り消される。これを国際登録の従属性という。
- 国際登録日から５年経過後は，基礎出願又は基礎登録への従属性が無くなり，独立性を有する。
- 国際登録の存続期間は国際登録日から10年であり，更新することができる。

1　概　　説

本国官庁及び WIPO 国際事務局における方式審査の結果，不備がない，あるいは不備が是正された国際出願については，国際事務局が標章を国際登録簿に登録をする。これを国際登録という（2条1項）。

このように国際登録は本国官庁及び国際事務局の方式審査のみを経て行われるものであり，各指定国における実体的な登録要件の審査を経ていない。指定国において保護が認められるかどうかは，指定国官庁における審査を経て決定される。したがって，国際登録された時点においては，当該標章について指定国で保護が認められるかどうかは確定しておらず，その後の指定国における審査の結果，指定国によっては保護が拒絶される場合もある。

国際登録がされれば，当該登録に国際登録番号が付与される[14)]。国際事務局は，国際登録について指定国官庁と本国官庁にその旨を通報し（これを「指定通報」という），さらに，国際登録の名義人に登録証を送付する（第14規則）。

---

14)　国際登録番号は，現在のところ，7桁の数字からなる。

国際登録の通報を受けた指定国官庁は，自国において当該国際登録の保護を認めるかどうかの審査を行う。

2　国際登録の効果

(1)　形式的効果

(a)　**国際公表**　　国際登録は，WIPO国際事務局によって公表される（3条4項）。

(b)　**国際登録日の確定**　　国際登録がされた日が確定する。国際登録日は，国際登録の存続期間の起算日となる，指定国における商標出願の出願日とみなされる（後述参照）などの効果を有する。

国際登録日は，本国官庁が国際出願を受理した日から2か月以内に国際事務局が国際出願を本国官庁が受理した場合，本国官庁が受理した日である。一方，2か月以内に国際事務局が国際出願を本国官庁から受理しなかった場合，国際事務局が国際出願を受理した日が，国際登録日となる（3条4項）[15]。

(2)　実体的効果

国際登録に係る標章は，国際登録日から，指定国に直接求めていたならば与えられたであろう保護と同一の保護が与えられる（4条1項a号）。すなわち，国際登録日が，当該指定国への出願日とみなされ，実体的登録要件の審査において，先後願の判断等の基準日となる。

国際登録の効果で最も重要な効果である。上述のとおり，本国官庁が国際出願を受理した日から2か月以内に国際事務局が国際出願を受理した場合，本国官庁が国際出願を受理した日が，国際登録日となる。したがって，国際登録の名義人が本国官庁に国際出願をした日が指定国における商標出願の出願日となる。このことから，国際出願の最大の利点である多数国への同時出願が実現される。

---

15)　このように国際登録日は本国官庁から国際事務局への送付時期に依拠する。現実的には，本国官庁が国際出願を受理してから2か月経過後に国際出願を国際事務局に送付することはほとんどない。

(3) 事後指定

国際登録がされた後は，事後指定が可能となる。事後指定とは，国際登録後に行う領域指定のことであり，当該国際登録の指定国を事後的に追加することである（3条の3第2項）[16]。事後指定は，国際出願後に保護を求める領域を拡大したい場合や，国際出願後に新たに加盟国が増え，当該加盟国に保護を求める場合などに行われる。

事後指定の申請は，本国官庁を通じて行うことも，国際事務局に直接に行うことも可能である（第24規則(2)(a)）。

事後指定の申請は，国際事務局による所定の方式審査が行われた後，その旨が国際登録簿に記録される。記録された日が事後指定日となる。事後指定日は，本国官庁を通じて申請を行った場合，本国官庁が事後指定の申請を受理した日から2か月以内に国際事務局が申請を受理した場合，本国官庁が申請を受理した日である。2か月経過後に受理した場合は，国際事務局が受理した日が事後指定日となる。事後指定の申請が国際事務局に直接なされた場合は，国際事務局が受理した日が，事後指定日となる。

事後指定がされた旨は，指定国官庁に通報される。また，国際事務局が定期的に発行する公報に掲載される（3条の3第2項）。

事後指定は，国際登録簿に記録された事後指定日にされた国際出願とみなされ，指定国においては，事後指定日に出願したと同等の効果が生じる。

3　国際登録の効果の拒絶及び無効

(1) 概　説

前述のとおり国際登録がされれば国際事務局は指定国官庁に指定通報を行い，国際出願の一件書類を指定国官庁に送付する。これにより，国際登録について当該指定国で保護を認めるかどうかの審査が開始される。したがって，複数の指定国がある場合，各指定国における審査の結果，一の指定国では保護が認められるが，他の指定国では保護が認められないといった事態が生じ得る。

指定国においては，原則として，当該指定国に直接出願した場合と同等の審査が行われる。

16） 事後指定は，MM4と呼ばれる所定の様式により行う必要がある。

(2)　拒絶の通報

指定国における審査の結果，拒絶理由がある場合，指定国官庁は国際事務局に対し，当該指定国においては保護を与えることができない旨の拒絶の通報をする（5条1項)。これを暫定拒絶通報という。暫定拒絶通報では，すべての拒絶理由を記載しなければならない（5条2項a号)。

拒絶の通報は，国際登録の指定商品・サービスの全部に関するものか，指定商品・サービスの一部に関するものかを明示しなければならない（第17規則(4))[17]。

指定国官庁が暫定拒絶通報をすることができる期間は，国際事務局が指定通報を行った日から1年以内である（5条2項a号)。ただし，指定国官庁は，1年の期間を18か月とすることを宣言することができる（同項b号)[18]。

拒絶の通報をする期間は原則として1年（又は18か月）と限定されているが，当該期間内に審査の結果が確定する必要はない。したがって，1年（又は18か月）以内に暫定拒絶通報が発せられ，それに対して国際登録名義人が応答をして審査の結果が確定するのが1年経過後となる場合もある。

国際事務局が指定国官庁から暫定拒絶通報を受領した場合，国際事務局は，通報の写しを遅滞なく国際登録名義人に送付する（5条3項)。これにより国際登録名義人は，当該指定国で拒絶理由があることを知ることになる。国際登録名義人には，拒絶の通報がなされた指定国に直接出願していたならば与えられたであろう救済手段が与えられる（5条3項)[19]。多くの締約国では，拒絶の通報に対する救済手段の手続は当該国に住所を有する代理人により行うことを要求しており，その場合は，当該国の代理人を通じて救済手段を講じることになる。

拒絶の通報への救済手段を講じた結果，拒絶理由が解消した場合，指定国官庁は，「暫定的拒絶通報後の保護認容声明（Statement of Grant of Protection fol-

---

17)　国によっては部分拒絶制度を採用し，指定商品・サービスの一部のみを拒絶し，他の部分については登録を認める（中国等)。日本は部分拒絶制度を採用しておらず，指定商品・役務の一部に拒絶理由がある場合でも，出願全体が拒絶される。したがって，日本国を指定国とした拒絶通報の場合，必ず全体についての拒絶理由となる。

18)　日本国特許庁もこの宣言を行っている。

19)　救済手段は，指定国の国内法により異なる。一般的には，意見書の提出，指定商品・サービスの補正，再審査の請求などである。

lowing a Provisional Refusal)」を国際事務局に送付しなければならない[20]。救済手段を講じなかった，あるいは救済手段を講じた後も拒絶理由が解消しない場合，指定国官庁は，「拒絶確定声明（Confirmation of Total Provisional Refusal)」を国際事務局に送付しなければならない。この拒絶確定声明により，当該指定国における保護は認められないことが確定する。

⑶　拒絶の通報がない場合の取扱い

１年（又は18か月）以内に指定国官庁が拒絶の通報を行わなかった場合，当該指定国官庁は当該国際登録について拒絶する権利を失う（5条5項)。これにより，当該指定国における国際登録の保護が確定することになる。この場合，当該指定国官庁は，国際事務局に対し「保護認容声明（Statement of Grant of Protection)」を送付する（第18規則の3⑴)。

⑷　国際登録の効果の無効

指定国において国際登録を無効とする決定を当該指定国官庁が行う場合，指定国官庁は，国際登録の名義人に自己の権利を防御する機会を与えなければならない（5条6項)。指定国官庁が国際登録を無効とした場合，指定国官庁はその旨を国際事務局に通報しなければならない（第19規則)。

４　国際登録の従属性と独立性

⑴　国際登録の従属性

国際登録は，国際登録日から５年間，基礎出願又は基礎登録に従属する（6条3項)。具体的には，国際登録日から５年以内に基礎出願又は基礎登録が拒絶，無効等となった場合，国際登録が取り消される（6条4項)[21]。国際登録が取り消されれば，当然ながら，国際登録における指定国での保護が失われることになる。このように国際登録の有効性は，国際登録日から５年の間，基礎出願又は基礎登録の有効性に左右されることになる。

20）全ての指定商品・サービスについて保護を認容するのか，一部の指定商品・サービスについて保護を認容するのかを明示しなければならない。

21）国際登録日から５年以内に無効，取消し等の請求がされ，５年経過後に無効，取消し等が確定した場合も，同様に取り消される（6条3項)。

国際登録の従属性は，国際登録の一部において発生することがある。すなわち，基礎出願又は基礎登録の一部の指定商品・サービスについてのみ拒絶，無効等となった場合，国際登録が取り消されるのはその範囲においてのみである（6条3項）。例えば，基礎出願又は基礎登録の指定商品・サービスがa, b, c, dであり，国際登録の指定商品・サービスがa, b, cであって，基礎出願又は基礎登録の指定商品・サービスのうちc及びdのみが拒絶，無効等となった場合，国際登録が取り消されるのは，cのみである。

基礎出願又は基礎登録が拒絶，無効等となることで国際登録が取り消されることを，実務上，「セントラルアタック」と呼ぶ。これは，国際出願制度そのものが，本国における出願又は登録（基礎出願又は基礎登録）が中心となり，その保護を指定国に拡張するという趣旨であることから，そのように呼ばれる。

セントラルアタックが発生した場合，本国官庁は，その旨を国際事務局に通報する[22]。本国官庁から通報を受けた国際事務局は，指定国及び国際登録の名義人に対しその旨を通報するとともに，公報に掲載する（6条4項）。

⑵　セントラルアタックに対する救済措置

セントラルアタックにより国際登録の指定商品・サービスの全部又は一部が取り消されると，その範囲において指定国での保護も失われる。

マドリッド協定議定書では，セントラルアタックに対する救済措置として，「国際登録の国内出願[23]への変更」を認めている（9条の5）。これは，所定の条件を満たすことを条件に，国際登録の指定国であった国に商標登録出願をした場合，その出願日は国際登録日に遡及し，国際登録で優先権を主張していた場合はその利益も引き継ぐというものである。満たすべき条件は，以下のとおりである（同条(i)〜(iii)）。

①　国際登録が取り消された日から3か月以内に出願すること。

②　国内出願の指定商品・サービスが，当該指定国に係る国際登録で指定していた商品・サービスの範囲を超えないこと。

③　手数料の支払を含め，当該指定国の法令上の要件を満たしていること。

22）本国官庁は，セントラルアタックにより影響を受ける商品・サービスが全てのものについてか，あるいは一部についてかを明示しなければならない。

23）広域出願への変更も可能である。広域出願とは，例えば欧州共同体商標出願などを指す。

この救済措置は，マドリッド協定議定書にのみ設けられている制度であり，マドリッド協定では設けられていない。セントラルアタックに対する救済措置が一切ないという点がマドリッド協定の欠点の１つであり，議定書ではこれを修正，補完すべく，設けられた制度である[24)]。

なお，セントラルアタックとは無関係であるが，マドリッド協定議定書が廃棄された場合（15条２項）についても，類似の救済措置（出願は廃棄が効力を生じた日から２年以内に行われなければならない）が定められている（同条５項）。

⑶　国際登録の独立性

国際登録は，国際登録日から５年が経過したときは，基礎出願又は基礎登録から独立した標章登録を構成する（6条２項）。

すなわち，国際登録日から５年を経過した時点で，国際登録は基礎出願又は基礎登録への従属性がなくなり，その後たとえ基礎出願又は基礎登録が拒絶，無効，取消し等になった場合であっても，国際登録は取り消されることはなくなる。これを国際登録の独立性という。

５　国際登録による国内登録の代替

国際登録の指定国において，国際登録名義人と同一人が既に国内登録を有している場合，所定の条件を満たせば，国内登録を国際登録により代替することができる（4条の2)。この場合，「代替」とは，「取って代わる」という程度の意味であり，「国際登録が国内登録に取って代わる」，という意味である。

代替するために満たすべき条件は，以下のとおりである。

①　国内登録の標章が，国際登録の標章と同一であること。

②　国内登録の指定商品・サービスが国際登録の指定商品・サービスに含まれていること。

③　国内登録日が国際登録日より前であること。

この代替が行われることにより，国内登録は国際登録に取って代わられることになるから，代替が生じた後に国内登録を放棄等した場合であっても，国際

24)　なお，従属性があること自体が不便であるという指摘が一部の締約国からなされており，現在，WIPO のマドプロワーキンググループにおいて従属性の妥当性について議論されている。

登録が存続する限り，当該指定国における標章の保護は継続することになる。

代替の条件を満たせば，代替の効果は自動的に生じ，国際登録名義人は特定の申請を指定国に行う必要はない。

なお，国際登録の名義人から求めがあった場合，代替が生じた指定国の官庁は，国内登録簿に国際登録による代替を記載しなければならない（4条の2第2項）。かかる記載をした場合，当該指定国官庁は，その旨を国際事務局に通報する（第21規則(1)）。

6　国際登録の存続期間と更新

(1)　国際登録の存続期間

国際登録の存続期間は，国際登録日から10年である（6条1項）。国際登録は更新することが可能であり，もし更新をしない場合は，国際登録は国際登録日から10年をもって消滅する。

国際登録の指定国では，前述のとおり国際登録がされた後に実体的登録要件について審査が行われ，当該指定国で保護を認容するかどうかが決定される。よって，国際登録の指定国における実際の保護の開始日，言い換えれば指定国における商標権の発生日は，通常，国際登録日より後になる。また，審査の期間は指定国により異なることから，指定国ごとの商標権の発生日も異なる場合がほとんどである。したがって，以下のように国際登録の存続期間は国際登録日から10年ではあるが，指定国における保護期間（商標権の存続期間）は実際には10年未満であり，かつ，指定国ごとにその期間は異なることになる。

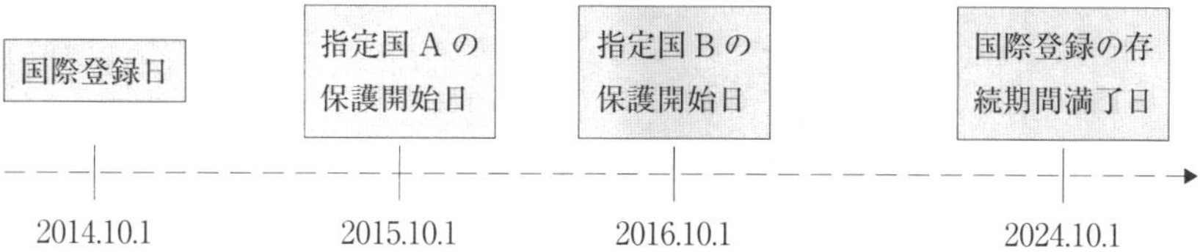

なお，国際登録で事後指定（⇒本章第3節2(3)）が行われた場合，事後指定に係る指定国の保護開始日（商標権の発生日）は当然ながら国際登録日より後になるが，事後指定がされた場合であっても，国際登録の存続期間は一律に国際登録日から10年である。

⑵　国際登録の更新

国際登録は更新することができ，更新により，更に10年間の存続期間が与えられる（6条1項・7条）[25]。この更新の際，国際登録に関しいかなる変更（例えば，名義人の変更）も行うことはできず，そのような変更は別途手続において行わなければならない。

国際事務局は，存続期間満了6か月前にその旨を国際登録名義人に通報する（7条3項）。

更新は，存続期間満了前6か月から満了日までの間に行うことができる。存続期間が満了した後であっても，6か月以内であれば割増手数料を支払うことにより更新することができる（7条4項）。更新の申請は，本国官庁を通じて行っても良いし，国際事務局に直接行っても良い。

更新がなされれば，国際事務局はその旨を公報に掲載する（第31規則⑴）。また，指定国官庁にその旨を通報し，国際登録名義人には証明書を送付する（第31規則⑶）。

更新がされなかった場合，国際登録は存続期間の満了をもって消滅する。国際事務局は，存続期間満了6か月を経過した後，その旨を公報に掲載し，指定国官庁に通報する。

７　国際登録の変更

⑴　国際登録の名義人の変更

国際登録の名義人は変更することができる（9条，第25規則⑴⒜Ii)）。変更は，全ての指定国及び全ての指定商品・サービスについて行うことも，一部の指定国又は一部の指定商品・サービスについて行うこともできる。名義変更の申請は，本国官庁を通じて行っても良いし，国際事務局に直接申請しても良い。名義変更は所定の様式[26]を用いて行わなければならない。

新たな名義人は，国際出願をする資格を有する者に限られる（9条）。

25）国際登録の更新はMM11という様式によって行う。

26）MM6と呼ばれる様式を用いる必要がある。

(2)　その他の変更

国際登録に以下の変更があった場合，その旨が国際登録簿に記録される（9条の2）。なお，これらの変更は，所定の様式を用いて行わなければならない。

(a)　国際登録の名義人の氏名若しくは名称又は住所の変更。

(b)　国際登録の指定商品・サービスの締約国の全部又は一部について付された限定。

(c)　国際登録に関し締約国の全部又は一部について行われた放棄，取消し又は無効。

第４節　条約の改正・修正，廃棄

POINT

- ◆　マドリッド協定議定書の改正は，総会の指示に基づき国際事務局が準備する改正会議を通じて行われる。
- ◆　締約国は，マドリッド協定議定書を廃棄することができる。ただし，効力発生日から５年は廃棄することができない。

１　条約の改正・修正

マドリッド協定議定書の改正は，改正会議を通じて行われる。マドリッド協定議定書の締約国は，マドリッド協定の当事国とともに同一の総会の構成国となり（10条1項），総会は，マドリッド協定議定書の改正に関し，国際事務局に対し，マドリッド協定議定書の改正会議の準備に関する指示を与える（同条2項(ii)）。総会の指示に基づき，国際事務局は，改正会議を準備する（11条2項）。

ただし，マドリッド協定議定書の規定のうち10条から13条の規定[27]に関する修正については，締約国又は事務局長が提案し（13条1項），総会が採択する（同条2項第1文）[28]。

マドリッド協定議定書の規則の修正については，総会が行う（10条2項(iii)）。

27）　総会（10条），国際事務局（11条），財政（12条），マドリッド協定議定書の特定の規定の修正（13条）である。

２　条約の廃棄

マドリッド協定議定書のいずれの締約国も，この議定書を廃棄することができ，廃棄は事務局長にあてた通告により行う（15条２項）。ただし，議定書が当該締約国について効力を生じた日から５年を経過するまでは，廃棄の権利を行使することができない（同条４項）。廃棄は，事務局長がその通告を受理した日の後１年で効力を生ずる（同条３項）。

第５節　わが国法との関係

POINT

- ◆　国際登録出願とは，日本国特許庁を本国官庁として外国の締約国を指定して行う国際出願をいう。
- ◆　国際登録出願の出願人及び日本国特許庁が行う諸手続については，商標法68条の２～68条の８に規定されている。
- ◆　国際商標登録出願とは，日本国以外の外国の官庁を本国官庁として行われた国際出願のうち日本国を指定している国際出願をいう。
- ◆　国際商標登録出願については，商標登録出願との整合性等の観点から種々の特例が設けられ，商標法68条の10～68条の39に規定されている。

１　概　　説

2000年にマドリッド協定議定書がわが国で発効したことに伴い，平成11年改正により商標法に第７章の２（68条の２～68条の39）が新たに設けられ，マドリッド協定議定書の国際出願に対応した手続及び特例が規定された。

28）　採択には，投票数の４分の３以上の多数による議決を必要とする。ただし，10条及び13条２項の規定の修正には，投票数の５分の４以上の多数による議決を必要とする。（13条２項第２文・第３文）。

２　国際登録出願

⑴　国際登録出願とは

国際登録出願とは，日本国特許庁を本国官庁として外国の締約国を指定して行う国際出願であり，下記図に見られるように，日本国民又は日本国内に住所・営業所を有する外国人が，自己の日本における商標登録出願・防護標章登録出願又は商標登録・防護標章登録を基礎として特許庁長官に提出する，マドリッド協定議定書２条２項に規定する国際出願をいう（商標 68 条の２第１項）。

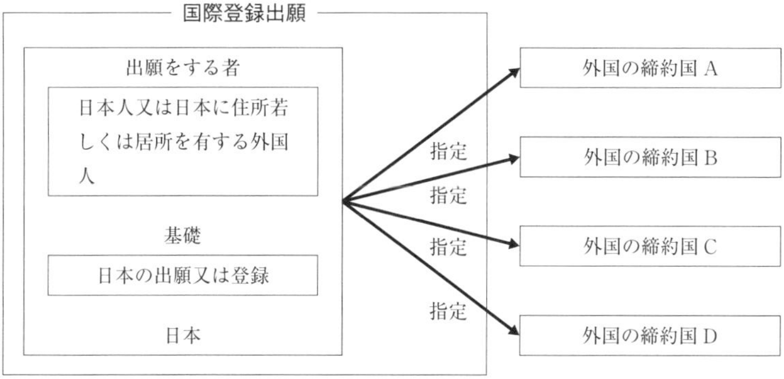

国際登録出願では，日本の特許庁が本国官庁となり，国際登録出願をした国際登録の名義人（日本人又は日本に住所・居所を有する外国人）は，特許庁を通じて国際事務局に対して各種手続を行うとともに，本国官庁である日本国特許庁もマドリッド協定議定書が要求する各種手続を行う。商標法では，以下の手続が規定されている。

⑵　国際登録出願に関し本人（国際登録を受けようとする者）が行う手続

(a)　**願書の提出**　　国際登録出願をしようとする者は，保護を求める締約国の国名及び保護を求める商品又は役務並びに商品及び役務の区分（商標６条２項）を記載した，外国語で作成した願書及び必要な書面を特許庁長官に提出しなければならない（商標 68 条の２第２項・第３項）[29]。

(b)　**事後指定**　　国際登録の名義人は，事後指定を特許庁長官にすることができる（商標 68 条の４）[30]。

(c) **存続期間の更新の申請**　国際登録の名義人は，国際登録の存続期間の更新の申請を特許庁長官にすることができる（商標 68 条の 5）[31)]。

(d) **国際登録の名義人の変更の記録の請求**　国際登録の名義人又はその譲受人は，国際登録の名義人の変更の記録の請求を特許庁長官にすることができる（商標 68 条の 6 第 1 項）[32)]。名義人の変更は，国際登録の指定商品・役務ごとにすることでき，締約国ごとにすることもできる（同条 2 項）。

(3) 国際登録出願に関し本国官庁（日本国特許庁）が行う手続

特許庁長官は，国際登録出願の願書及び必要な書面を WIPO 国際事務局に送付しなければならない（商標 68 条の 3 第 1 項）。マドリッド協定議定書 3 条 4 項により，特許庁長官が国際登録出願を受理した日から 2 か月以内に WIPO 国際事務局が国際出願を受理したときは，特許庁長官が国際登録出願を受理した日が国際登録日となり，2 か月の期間の満了後に WIPO 国際事務局が国際出願を受理したときは，その日が国際登録日となる。

3　国際商標登録出願

(1) 国際商標登録出願とは

国際商標登録出願とは，日本国以外の外国の官庁を本国官庁として行われた国際出願のうち日本国を指定している国際出願のことであり，下記図に見られるように，外国の国民又は外国に住所・営業所を有する日本人が，外国の商標出願又は商標登録を基礎として，当該外国の官庁を通じて行った国際出願における日本の領域指定のことを指す（商標 68 条の 9 第 1 項・68 条の 10 第 1 項）。

---

29) 実際には，WIPO が雛型を準備している MM2 と呼ばれる書類に必要事項を記載し，特許庁長官に提出することになる。国際事務局に直接提出することはできない。

30) 実際には，MM4 と呼ばれる書類に必要事項を記載し，特許庁長官に提出する。

31) 実際には，MM11 と呼ばれる書類に必要事項を記載し，特許庁長官に提出する。

32) 実際には，MM5 と呼ばれる書類に必要事項を記載し，特許庁長官に提出する。

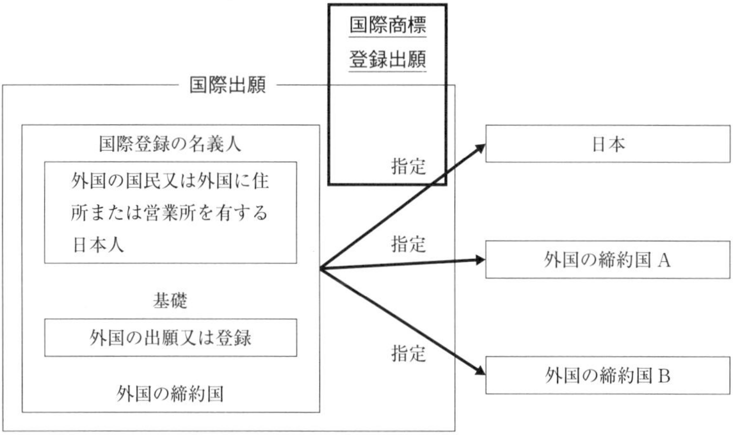

国際登録出願が，日本から外国へ，いわば内から外への出願であるのに対し，国際商標登録出願は，外国から日本へ，いわば外から内への出願である。

国際商標登録出願は，国際登録日にされた商標登録出願とみなされる（商標68条の９第１項）[33]。

商標登録出願とみなされることにより，原則として，商標法５条が定める商標登録出願（以下，便宜上「国内出願」という）と同様の審査や手続がなされることになる。しかしながら，国際商標登録出願はもともとが国際出願であり，その記載要件が国内出願と異なっている点や国際登録簿の記載事項との関係も考慮する必要があるため，国内出願とまったく同じ取扱いとすると，様々な不都合が生じる。そこで，商標法は，国際商標登録出願に関して，国内出願と異なる取扱いをする必要がある事項について種々の特例を設けている。主な特例は以下のとおりである。

⑵　出願手続及び審査手続に関する特例

(a)　博覧会等出品に係る出願時の特例　博覧会等出品に係る出願時の特例（商標９条）を受けるには，国内出願ではその旨を記載した書面を出願と同時に

33)　ただし，日本国の指定が事後指定である場合は，事後指定が国際登録簿に記録された日にされた商標登録出願とみなされる（68条の９第１項ただし書）。

提出しなければならないが，国際商標登録出願に添付して提出することを求めることはできないことから，提出期間の特例として「国際商標登録出願の日から30日以内」の猶予期間が定められている（商標68条11）[34)]。

(b)　**出願の分割の特例**　国際商標登録出願については，商標法10条の出願の分割をすることはできない（商標68条の12）。マドリッド協定議定書の手続上，領域指定を二以上に分けることはできないからである。

(c)　**出願の変更の特例**　国際商標登録出願については，商標法11条及び65条の出願の変更をすることはできない（商標68条の13）。国際登録については，その商標の種別の変更ができないからである[35)]。

(d)　**パリ条約等による優先権主張の手続の特例**　国際商標登録出願についてパリ条約に基づく優先権を主張する場合は，国内出願と異なり，いわゆる優先権証明書の提出等の手続をすることを要しない（商標68条の15）。マドリッド協定議定書4条2項に対応したものである[36)]。

(e)　**補正却下後の新出願の特例**　国際商標登録出願については，補正却下後の新出願（商標17条の2→意匠17条の3）をすることはできない（商標68条の18）。要旨変更に係る補正書の提出時点を出願時点に相当する国際登録の日とした新たな領域指定として国際登録簿上管理するというようなことは，マドリッド協定議定書上できないからである[37)]。

(f)　**手続の補正の特例**　国内出願では，当該出願が審査，審判又は再審に係属している場合はいつでも手続の補正をすることができるが（68条の40第1項），国際商標登録出願については，拒絶理由通知に対する意見書提出期間内に限り，願書に記載した指定商品・役務の補正をすることができる（68条の28）[38)]。国際商標登録出願については，その補正の内容は願書の記載事項とみなされる国際登録簿に記録される必要があるが，その記録をするためには，そ

34）　逐条1829頁。

35）　逐条1830頁。

36）　ただし，パリ条約の例による優先権主張（商標13条1項→特許43条の2）については，優先権証明書提出等の手続が必要であり，特許法43条1項中の「出願と同時」は「国際商標登録出願の日から30日以内」と読み替えられる（商標68条の15第2項）。

37）　逐条1834頁。

38）　この期間経過後に指定商品・役務について補正をする場合には，MM6（商品及びサービスの限定の記録の申請）をWIPO国際事務局に提出する必要がある。

れが拒絶理由通知に対してなされたものであることが手続上必要となるからである[39]。

⑶　商標権の設定登録及び設定登録後に関する特例

⒜　**商標権の設定登録の特例**　国際商標登録出願については，商標法68条の30第1項第2号のいわゆる2回目の個別手数料の納付があったことを国際登録簿に記録した旨の通報が国際事務局からあったときに，商標権の設定登録がされる（商標68条の19）。

⒝　**商標権の存続期間の特例**　国際登録に基づく商標権の存続期間は，国際登録の日から10年[40]をもって終了する（商標68条の21）。

⒞　**商標権の存続期間の更新登録の特例**　国際登録に基づく商標権の存続期間の更新登録については，商標法20条（存続期間の更新登録の申請）の規定は適用されない（商標68条の22）。国際登録に基づく商標権の存続期間は，国際登録の更新により更新されることを明らかにしたものである。

⒟　**商標権の分割の特例**　国際登録に基づく商標権は，分割することができない（商標68条の23）。国際登録においては，同一の名義人のまま当該国際登録の対象である商品・役務を二以上に分割することができないからである[41]。

⑷　商標登録出願等の特例

前述したように，マドリッド協定議定書では，セントラルアタックに対する救済措置が定められ，また，同議定書が廃棄された場合に，類似の救済措置が定められている（⇒本章第3節４⑵）。

そこで，商標法でも上記救済措置に対応して，以下の特例が設けられている。

⒜　**セントラルアタック後の商標登録出願の特例（68条の32）**　セントラルアタックにより国際登録がされていた指定商品・役務の全部又は一部が取り消された場合，その国際登録の名義人であった者は，取り消された指定商品・

39）　逐条1846頁。

40）　その商標権の設定登録前に国際登録の存続期間の更新がされているときは，直近の更新の日から10年となる（商標68条の21第1項括弧書）。

41）　逐条1841頁。

役務の全部又は一部について商標登録出願をすることができる（商標68条の32第1項）。この商標登録出願は，商標法68条の32第2項各号に定められた条件を満たすことを条件に，国際登録日（日本国が事後指定された場合は事後指定の日）にされたものとみなされる（同条2項）。

(b)　**マドリッド協定議定書廃棄後の商標登録出願の特例（商標68条の33）**

マドリッド協定議定書の廃棄により国際登録の名義人が国際出願をする資格を有するものでなくなったときは，その国際登録の名義人であった者は，その国際登録がされていた指定商品・役務について商標登録出願をすることができる（商標68条の33第1項）。この商標登録出願は，所定の条件を満たすことを条件に，国際登録日（日本国が事後指定された場合は事後指定の日）にされたものとみなされる（同条2項→商標68条の32第2項）。

第6章 意匠の国際登録に関するハーグ協定のジュネーブ改正協定

第1節 ハーグ協定の概要

POINT

◆ ハーグ協定は，WIPOへの1つの国際出願によって，複数の締約国・政府間機関へ出願したのと同等の効果を得ることができる意匠の国際出願・登録に関する国際条約である。

◆ ハーグ協定には，「1934年のロンドン改正協定」，「1960年のハーグ改正協定」，「1999年のジュネーブ改正協定」の3つの改正協定があり，日本はジュネーブ改正協定に加入している。

1 概　　説

意匠の国際登録に関するハーグ協定[1)]（ハーグ協定）は，世界知的所有権機関（WIPO）への1つの国際出願によって，複数の締約国・政府間機関へ出願したのと同等の効果を得ることができる意匠の国際出願・登録に関する国際条約である。複数国で意匠登録を希望する場合，本来であればそれぞれの国へ出願を行う必要があるが，ハーグ協定では1つの国際出願によって二以上の締約国で意匠の保護を受けられる可能性を提供することによって，複数国における意匠登録出願・登録手続の簡素化とコスト削減を目的としている。出願人は，出願意匠の保護を求める締約国を願書において指定しなければならない。指定が適用される締約国のことを「指定締約国」というが，実務上は「指定国」とも呼ばれる。

1） Hague Agreement Concerning the International Registration of Industrial Designs.

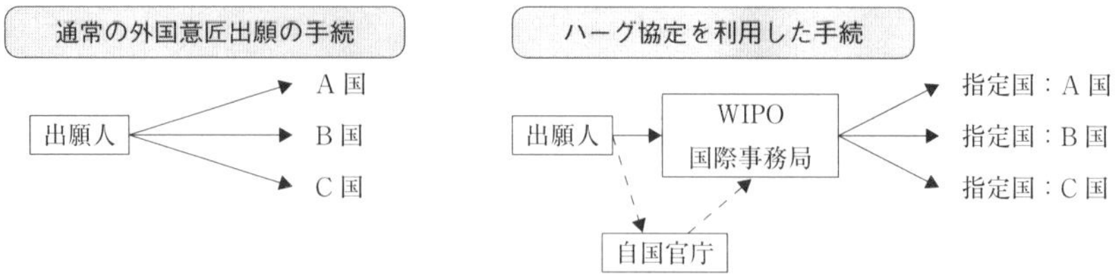

・各国ごとに現地代理人を起用した出願手続が必要

・WIPO への1つの国際出願によって、各指定国へ出願したのと同等の効果を得ることができる。

・自国官庁を通じて出願することが自国官庁によって許容されている場合には、自国官庁を通じて国際事務局へ願書を提出することも可能である。

ハーグ協定は，1925年に「意匠の国際寄託に関するハーグ協定」として制定され，その後「1934年のロンドン改正協定」,「1960年のハーグ改正協定」,「1999年のジュネーブ改正協定」の3つの改正協定が制定された。ただし，ロンドン改正協定は2016年10月18日に終了している。

ハーグ改正協定とジュネーブ改正協定は相互に独立しており，いずれか1つ，あるいは両方の改正協定に加入することが可能である。ロンドン改正協定とハーグ改正協定は，主として無審査主義国を想定した規定内容となっており，各国で保護の効果を拒絶できる期間が短いことなどが原因となって，実体審査を行う国の加入が進まなかった。ジュネーブ改正協定では，実体審査を行う国でも加入しやすいように，それまでの改正協定に修正が加えられ，1999年に制定，2003年に発効した。

わが国は，2015年2月13日にジュネーブ改正協定の加入書をWIPOの事務局長に寄託し，2015年5月13日に国内で発効した。

ハーグ改正協定とジュネーブ改正協定の適用は，ともに「ハーグ協定の1999年改正協定及び1960年改正協定に基づく共通規則」(以下,「規則」という) 及び「ハーグ協定に係る出願のための実施細則」(以下,「実施細則」という) によって補足される。

本章では，第1節においてハーグ協定の概要を説明した後，第2節以下においてわが国が加入しているジュネーブ改正協定について説明する。

2 締約国

2023年8月現在，ジュネーブ改正協定には日本，米国，EU，中国，韓国，シンガポール，OAPI（アフリカ知的財産機関）等の71の国や政府間機関が加入している。ハーグ改正協定には34の国や政府間機関が加入している。

3 ハーグ改正協定とジュネーブ改正協定の適用関係

ハーグ改正協定とジュネーブ改正協定は相互に独立しているため，両方の改正協定に加入することも可能である。両方の改正協定に加入している国の間では，ジュネーブ改正協定のみが適用される（31条1項）（以下ジュネーブ改正協定の条数を引用）。一方の国が両方の改正協定に加入しているが，もう一方がハーグ改正協定のみに加入している場合，これらの国の間では，ハーグ改正協定が適用される（同条2項b号）。

4 締約国による宣言

(1) 概　説

ハーグ協定のもと，締約国は国際登録制度の運用のために，以下の事項について宣言し，WIPO事務局長に通告することができる。あるいは宣言が義務づけられている事項もある。

国内法令との整合性のため，締約国による様々な宣言が認められていることはハーグ協定の特徴の1つといえる。

(2) 存続期間

締約国は，宣言により，自国の法令に定める最長の意匠の保護期間をWIPO事務局長に通告しなければならない（17条3項c号⇒本章第5節2(1)）。

(3) 自国官庁を通じた間接出願の禁止

締約国は，宣言により，自国の官庁を通じてWIPOへの国際出願を行うことができないことをWIPO事務局長に通告することができる（4条1項b号⇒本章第2節1）。

2023年8月現在，OAPI，ベラルーシ，ベリーズ，ベネルクス，カナダ，クロアチア，EU，フランス，イスラエル，ラトビア，モナコ，モンテネグロ，北マケドニア，サンマリノ，スロベニア，ウクライナ，英国，ブラジルが当該宣言を行っている。

⑷　自己指定の禁止

国内の制度において少なくとも新規性について実体審査を行う締約国は，宣言により，自国が出願人の締約国である場合，国際登録における自国の指定が効果を有しないことをWIPO事務局長に通告することができる（14条3項a号⇒本章第2節５）。

ただし，2023年8月現在，当該宣言を行っている締約国はない。

⑸　出願人・創作者

締約国の法令が，意匠登録出願が創作者の名においてされることを要求している場合，当該締約国は，宣言により，当該事実をWIPO事務局長に通告することができる（第8規則⑴⒜ⅰ）。2023年8月現在，フィンランド，ガーナ，ハンガリー，アイスランド，メキシコ，ブラジル，モーリシャスが当該宣言をしている。

締約国は，自国の法令が創作者の宣誓又は宣言の提出を要求する場合，宣言により，当該事実をWIPO事務局長に通告することができる。2023年8月現在，米国が当該宣言をしている（第8規則⑴⒜ⅱ）。

いずれの場合の宣言も，要求される様式や必須の内容を特定したものでなければならない（第8規則⑴⒝）。

⑹　国際出願に必須の内容

国内の制度において少なくとも新規性について実体審査を行う締約国は，自国の法令が出願日認定の要件として，①創作者，②意匠の複製物又は特徴についての簡潔な説明，③請求の範囲，のすべて又はいずれかを出願書類に記載することを必要とする場合は，その旨を宣言し，WIPO事務局長に通告することができる（5条2項a号・b号⇒本章第2節４⑵）。

2023年8月現在，ルーマニアが創作者の記載を，中国，ルーマニア，シリア，ベトナムが意匠の複製物又は特徴についての簡潔な説明を，米国，ベトナムが請求の範囲を，国際出願に追加的な必須の内容として求めている。

⑺　特定の図の要求

締約国は，意匠について特定の図を要求する場合は，要求する図面，要求される場合を特定し，宣言により，その旨をWIPO事務局長に通告しなければならない（第9規則⑶ⓐ⇒本章第2節6⑵）。

2023年8月現在，中国，韓国，ベトナムが特定の図面を要求している。

⑻　意匠の単一性

締約国は，自国の法令が，意匠の単一性の要件（同じ出願の対象である二以上の意匠が意匠の単一性，製品の単一性若しくは使用の単一性の要件に合致すること等）を要求する場合には，宣言により，その旨をWIPO事務局長に通告することができる（13条1項）。

国際出願が当該宣言を行っている締約国を指定した場合，当該指定国の官庁は，当該指定国が要求する意匠の単一性の要件を充足するまでの間，国際登録の効果を拒絶することができる（同条2項）。国際登録の名義人は，当該拒絶理由を解消するために，当該指定国において国際登録を分割することができる（同条3項参照）。

2023年8月現在，米国，中国，ベトナム，エストニア，キルギス，メキシコ，ルーマニア，ロシア，シリア，タジキスタン，ブラジルが意匠の単一性を要求している。

⑼　公表の延期

締約国は，自国の法令が公表の延期についてジュネーブ改正協定上定められている30か月よりも短い期間を規定している場合には，宣言により，認められる延期期間をWIPO事務局長に通告しなければならない。あるいは，自国の法令が公表の延期について規定していない場合には，宣言により，その事実をWIPO事務局長に通告しなければならない（11条1項⇒本章第4節3）。

2023年8月現在，公表の延期期間について，シンガポールが国際出願日から18か月を，OAPI，ベリーズ，ベネルクス，ブルネイ，カンボジア，クロアチア，エストニア，ジャマイカ，サモア，スロベニア，スリナム，シリアが国際出願日（優先権主張がある場合は優先日）から12か月を，英国が国際出願日から12か月を，デンマーク，フィンランド，ノルウェーが国際出願日（優先権主張がある場合は優先日）から６か月を，イスラエルが国際出願日から６か月を宣言している[2)]。米国，ベトナム，ベラルーシ，ハンガリー，アイスランド，メキシコ，モナコ，ポーランド，ロシア，ウクライナ，ブラジルは公表の延期を認めていない。

⑽　拒絶の通報の期間

国内の制度において少なくとも新規性について実体審査を行う締約国又は自国の法令において異議申立制度を有している締約国は，宣言により，自国が指定される場合に，拒絶の通報に関する６か月の期間を12か月に置き換えることをWIPO事務局長に対し通告することができる（第18規則⑴⒝⇒本章第５節１⑴）。

2023年８月現在，日本，米国，中国，韓国，カナダ，フィンランド，アイスランド，イスラエル，ジャマイカ，キルギス，リトアニア，メキシコ，モルドバ，ルーマニア，ロシア，スペイン，シリア，トルコ，北朝鮮が拒絶の通報期間を12か月にすることを宣言している。

⑾　国際登録の所有権の変更

締約国は，国際登録の所有権の変更に関し，自国の官庁が特定する証明書又は文書を受領するまで，国際登録の所有権の変更に関する国際登録簿への記録が自国において効果を有しない旨を宣言し，WIPO事務局長に通告することができる（16条２項⇒本章第５節２⑵）。

2023年８月現在，米国，中国，韓国，OAPI，デンマーク，ジャマイカ，メキシコ，ロシア，ブラジルがこの宣言を行っている。

2）　2022年１月１日発効の第17規則の改正により標準公表期間が12か月となったことから（⇒本章第４節），各加盟国の公表延期に関する宣言自体は変わらないものの，公表延期期間の宣言が12か月よりも短い国をジュネーブ改正協定の下で指定しても，標準公表期間である12か月までは任意の公表時期を選択することが可能である。

⑿ その他

締約国は，個別の指定手数料に関する宣言を行うことができる（7条2項）。また，二以上の国が意匠に関する国内法令の統一に合意した場合，WIPO事務局長に，①一の共通の官庁がこれらの国のそれぞれの官庁を代行すること，②ジュネーブ改正協定の適用において，統一された法令が適用されるこれらの国の領域全体が単一の締約国とみなされること，を通告することができる（19条1項）。ベネルクスがこれに該当する。

さらに，ジュネーブ改正協定締約国になる時に自国の法令が安全保障調査を求める締約国は，その国の官庁が国際出願を国際事務局に送付するために認められている期間を6か月の期間にすることを宣言し，WIPO事務局長に通告することが認められている（第13規則⑷）。

5　PCT，マドリッド協定議定書との比較

特許に関するPCT，商標に関するマドリッド協定議定書も，ハーグ協定と同様にWIPOによって管理される国際条約であるものの，それぞれ制度に違いがある。ハーグ協定は，日本語出願ができない，国内移行手続がないという点でPCTとは，違いがある。また，マドリッド協定議定書とは，基礎登録・出願が不要である，セントラルアタックの制度がない，事後指定ができない，締約国が許容する場合に自己指定が可能であるという点で違いがある。

第2節　国際出願

POINT

◆　国際出願は，英語，フランス語，スペイン語の中から選択した１つの言語によって行う。出願書類は，WIPO の国際事務局への直接提出が可能であるほか，自国官庁を通じて出願することが自国官庁によって許容されている場合には，自国官庁を通じて国際事務局へ提出することも可能である。

◆　指定国は，国際出願時に選択しなければならず，国際出願を行った後に追加することはできない。出願人は，出願人の締約国を指定する，自己指定を行うことが原則として可能である。

◆　国際分類の同一の類に属することを条件に，１つの国際出願に，最大 100 までの意匠を含めることが可能である。

1　概　　説

国際出願手続は，WIPO の国際事務局へ出願書類を提出することによって行う。国際事務局への直接提出が可能であるほか，自国官庁を通じて出願することが自国官庁によって許容されている場合には，自国官庁を通じて国際事務局へ提出すること（間接出願）も可能である。わが国特許庁は，日本国民又は日本国内に住所若しくは居所（法人にあっては営業所）を有する外国人に対し，わが国特許庁を通じた間接出願を受け付けている（意匠 60 条の 3 第 1 項）。国際事務局への直接出願には，WIPO のウェブサイトで提供されているインターネット出願ツール「eHague」を利用したオンライン出願が推奨されている。

国際事務局に提出された出願書類は国際事務局によって方式審査がなされ，不備がなければ国際登録簿に記録され，国際登録がなされる。国際登録によって各指定国への正規の出願と同じ効果が発生する（⇒本章第 3 節）。

国際登録の後，国際登録の内容が国際意匠公報（International Designs Bulletin）において WIPO のウェブサイト上で公表される。これを国際公表という。国際公表の時期は，原則として国際登録日から 12 か月後とされているが，出願人の請求により，国際登録後の即時公表，出願人が選択した時点での公表や一定期間の公表の延期も可能である（⇒本章第4節）。

指定国は，国際公表後6か月又は12か月以内に，国際登録の対象である意匠が自国の法令に基づく実体的な保護の要件を満たしていない場合に，拒絶の通報を行うことが可能である（⇒本章第5節1）。

国際登録の更新や名義変更などの権利の維持や管理は，国際事務局への手続によって一元化されている。

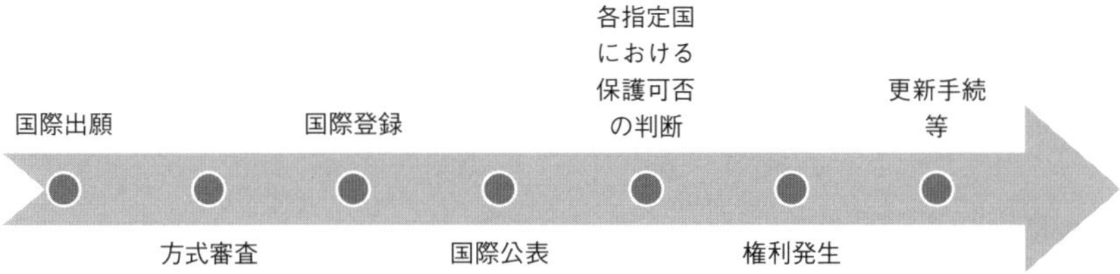

2　出願資格

国際出願をするために，出願人は次の条件のうち少なくとも1つを満たす必要がある（3条）。

①締約国である国の国民又は締約国である政府間機関の構成国の国民である者。

②締約国の領域に住所，常居所又は現実かつ真正の工業上・商業上の営業所を有する者。

二以上の出願人による共同出願は，各出願人が同一の改正協定に加入している締約国に係る出願資格を有している場合に限り可能である。例えば，日本国民であることを出願資格とするならば，共同出願の相手方は日本が加入するジュネーブ改正協定に加入している締約国に係る出願資格を有していなければならない。各出願人の締約国や出願資格の内容が同一である必要はない。

3　言　　語

国際出願は，英語，フランス語，スペイン語の中から出願人が任意に選択した単一の言語を用いなければならない（第6規則(1)）。ただし，自国官庁を通じて出願する場合，当該官庁はこれら3つの言語のうち一又は二の言語により出願することを求めることができる。

なお，国際登録簿の記録，国際意匠公報の発行，その他公報における公表は国際事務局によって翻訳がなされ，英語，フランス語及びスペイン語の３つの言語によって行われる。

４　出願内容

国際出願は，WIPO が規定する公式様式である DM/1 を使用して行う。出願の内容は，「必須の内容」，「特定の締約国を指定する場合の追加的な必須の内容」，「任意の内容」に分けられる。

⑴　必須の内容

必須の内容は，全ての国際出願において記載されなければならない情報又は添付されなければならない情報である。具体的には，国際登録の請求，出願人に関する所定の事項（氏名・名称，住所，電子メールアドレス，締約国等），保護を求める意匠の複製物，意匠を構成する一若しくは二以上の製品又は意匠が使用されることとなる一若しくは二以上の製品，指定国，手数料等に関する情報である（5条1項）。

⑵　特定の締約国を指定する場合の追加的な必須の内容

特定の締約国を指定する場合の追加的な必須の内容は，各締約国が追加で記載を求めることができる事項である。具体的には，創作者，意匠の複製物又は特徴についての簡潔な説明，請求の範囲に関する情報である（5条2項）。これらは特定の締約国がその国内出願に対し国内法令に基づき出願日を認定する際に求めている要件に当たる。これらの情報を必要とする締約国を指定する場合，必須の記載事項となる。

⑶　任意の内容

必須の内容に加えて，出願人は複数の任意の内容を記載することが可能である。代理人の選任，優先権の主張，国際博覧会への出展の宣言，国際公表に関する公表の延期の請求等が任意の内容となっている（第7規則⑸）。

5 指定国

出願人は，ジュネーブ改正協定に拘束される締約国から意匠の保護を必要とする一又は二以上の指定国を選択しなければならない。指定国は，国際出願時に選択しなければならず，国際出願を行った後に追加することはできない。

出願人は，原則として，出願人の締約国を指定する，いわゆる自己指定を行うことが可能である。ただし，締約国が自己指定禁止の宣言を行っている場合，指定することはできない。わが国はこの宣言を行っていないため，わが国が出願人の締約国である場合，日本を自己指定することができる。

6 意匠の複製物

⑴ 概　説

出願人は，登録を求める意匠の複製物を国際出願に含めなければならない。国際分類の同一の類に属することを条件に，1つの国際出願に，最大100までの意匠を含めることが可能である（第7規則⑶(v)）。国際分類とは，「意匠の国際分類を定めるロカルノ協定」（⇒第1章第2節3⑵(c)）に基づいて定められた国際意匠分類である。国際意匠分類は，専門家委員会により随時改訂が行われており，2023年1月1日以降の出願日を有する国際出願に適用されているロカルノ分類第14版は，32のクラスとそのサブクラスの表，意匠を構成する物品とそのクラス・サブクラスを付したアルファベット順一覧表，注釈で構成される。

⑵ 複製物に関する要件

意匠の複製物は，意匠そのもの又は意匠を構成する一若しくは二以上の製品の写真又は他の図示的表現の形式によるものとされている。同一の製品を，例えば，正面図，平面図，斜視図のように異なる角度から表すことが可能である（第9規則⑴）。また，1つの国際出願に白黒又はカラーによる写真又は図示的表現の双方を含めることができる（実施細則401節(a)）。複製物は，意匠の詳細のすべてを明確に識別でき，かつ，公表できる品質のものでなければならない（第9規則⑵）。軸線や寸法を備えた技術的な図面や表現物中に注釈文や凡例を含めたものは受け入れられない（実施細則402節(c)）。

複製物には，図面ごとに1.1，1.2……と順に番号を付さなければならない。はじめの数字の意味は意匠番号（いくつ目の意匠か）であり，後の数字の意味は複製物の番号（いくつ目の複製物か）である。例えば，１つの出願に含まれる意匠が７つある場合，その５番目の意匠の３番目の複製物には，5.3の番号が付される。

締約国は，意匠又は製品が平面的なものである場合には，一より多くの図を，立体的なものである場合には六より多くの図を要求することができない（第９規則(3)(b)）。特定の図を要求する場合，要求する図及び当該図を要求する場合を特定し，宣言によりその旨をWIPO事務局長に通告することができる（第９規則(3)(a)）。この通告に追加的あるいは通告とは異なる要件がその締約国の法令に基づいて満たされていないことを理由に，国際登録の効果を拒絶することができない。ただし，締約国は，その締約国の法令に基づき，複製物が意匠を完全に開示するうえで十分ではない場合，これを理由に国際登録の効果を拒絶することはできる（第９規則(4)）。例えば，日本の意匠法３条１項柱書の「工業上利用することができる意匠」の登録要件に関する「意匠が具体的であること」の要件がこれに当たる。

(3)　意匠の表現

意匠の複製物には，意匠のみ又は意匠が使用されることとなる製品のみを表し，原則として，他のいかなる対象物，附属品，人又は動物も含めてはならない（実施細則402節(a)）。ただし，意匠又は意匠が使用されることとなる製品の一部を構成しないものを説明や点線・破線又は着色により特定する場合には，複製物中に含めることが可能である（実施細則403節(b)）。例えば，ウエディングドレスの意匠を保護したい場合，平面的に描いた図面で出願するよりも，トルソーに着せた状態で立体的に描いた図面で出願した方が意匠を十分に表現できる場合も考えられる。その場合に，トルソーを破線で表すことにより，複製物中に含めることができる。

同様に，意匠中の一部についてディスクレーム（disclaim＝保護を求めない）する場合，説明や点線・破線又は着色によりその部分を特定することができる（実施細則403節(a)）。

⑷　見本の提出

意匠が平面的なものであり，かつ，国際公表について公表の延期の請求がなされている場合には，国際出願の際，複製物に代えて見本を添付することができる（5条1項(iii)ただし書）。ただし，後日に複製物の提出が必要である（⇒本章第4節6）。

7　意匠を構成する一若しくは二以上の製品又は意匠が使用されることとなる一若しくは二以上の製品

意匠を構成する一若しくは二以上の製品又は意匠が使用されることとなる一若しくは二以上の製品は，日本の意匠法における「意匠に係る物品又は意匠に係る建築物若しくは画像の用途」（意匠6条1項3号）に相当する国際出願に必須の記載事項である。

8　優先権の主張

国際出願には，パリ条約4条に基づき，パリ同盟国若しくはWTO加盟国において又はこれらの国についてされた一又は二以上の先の出願に基づく優先権（⇒第2章第2節3）の主張を含めることができる（6条1項a号）。優先期間は先の出願から6か月間である。

また，国際出願を，同一の意匠に係る後続の出願において，優先権主張の基礎とすることもできる（6条2項）。

9　手数料

国際出願に必要な手数料は規則に添付された手数料の一覧表に定められており，国際事務局にスイスフラン建てで一括納付しなければならない（第27規則・第28規則）。当該手数料から，国際事務局は基本手数料，公表手数料，追加手数料（意匠の説明が100単語を超える場合に100単語を超えた1単語ごとの追加手数料）を受け取り，指定国は標準指定手数料又は個別指定手数料を受け取る。

標準指定手数料は，3段階の等級に分かれている。等級1は，その締約国の官庁が実体的な理由についていかなる審査もしない締約国，等級2は，その締約国の官庁が新規性以外の実体的な要件（例えば，「意匠」の定義，公序良俗など）について審査をする締約国，等級3はその締約国の官庁が職権により又は第三者による異議の申立てを受けて新規性に関する審査を含む実体的な理由について審査をする締約国に分類される（第12規則(1)(b)）。

実体審査を行う締約国・政府間機関は，標準指定手数料に代えて個別指定手数料を徴収することを宣言し，WIPO事務局長に通告することができる。

第3節　国際登録

POINT

- ◆　国際事務局に受理された国際出願は，国際事務局による方式審査の後，国際登録される。
- ◆　国際登録は，国際登録の日から指定国において，指定国における正規の出願と同一の効果を有する。

1　概　　説

国際事務局に受理された国際出願に係る意匠は，ジュネーブ改正協定及び規則の要件を満たしていれば，直ちに国際事務局によって国際登録簿に登録され，名義人に対して証明書が送付される（10条1項，第15規則(1)）。

一方，国際出願の受理の時にジュネーブ改正協定及び規則の要件を満たしていないと認められる場合，国際事務局は，出願人に対し所定の期間内に必要な補正をするよう求める（8条1項）。この場合，国際出願に係る意匠は，国際事務局が出願人から必要な補正を受理した後，直ちに国際登録される（10条1項）。

国際登録は，国際登録の日から指定国において，指定国における正規の出願と同一の効果を有する（14条1項）。

2　国際登録日

(1)　国際登録日に関する規定

国際事務局が国際出願を受理した日に，国際出願に5条2項に関する不備がある場合を除き，国際出願の出願日が国際登録日となる（10条2項a号）。5条2項に関する不備とは，「特定の締約国を指定する場合の追加的な必須の内容」（⇒本章第2節４(2)）に関する不備である。この場合，国際事務局が当該不備の補正を受理した日又は国際出願の出願日のいずれか遅い日が国際登録日となる（10条2項b号）。

⑵　国際出願日

国際出願の受理の時にその国際出願に出願日の延期を要する不備（⇒本章本節３⑵）が含まれていない場合，次の原則により出願日が付与される。

①国際事務局への直接出願は，国際事務局がその国際出願を受理した日（9条1項）。

②自国官庁を通じた間接出願は，ジュネーブ改正協定のみが適用される国際出願（すべての指定国がジュネーブ改正協定に基づき指定されている国際出願）の場合，自国官庁が受理した日から１か月以内（又は自国の法令が安全保障調査を求めており，宣言により１か月を６か月に置き換えることをWIPO事務局長に通告している締約国の場合〔第13規則⑷〕には，６か月以内）に国際事務局が当該国際出願を受理することを条件として，自国官庁がその国際出願を受理した日（9条2項，第13規則⑶(i)）。

③②以外の間接出願は，国際事務局が当該国際出願を受理した日（9条2項，第13規則⑶(ii)）。

3　国際事務局による方式審査

⑴　不備の補正

国際事務局は，国際出願の受理の時にその国際出願がジュネーブ改正協定及び規則の要件を満たしていないと認める場合，出願人に対し国際事務局による通知の日から３か月以内に必要な補正をするよう求める（8条1項，第14規則⑴(a)）。

また，国際出願を受理した際に受領した手数料が，一の意匠の基本手数料に相当する額に満たない場合，少なくとも一の意匠の基本手数料に相当する額を国際事務局による通知の日から２か月以内に支払うよう，国際事務局は審査を開始する前に，最初に出願人に求めることができる（8条1項，第14規則⑴(b)）。

出願人が上記期間内に補正の求めに応じない場合，国際出願は放棄されたものとみなされる（8条2項a号）。ただし，5条2項に関する「特定の締約国を指定する場合の追加的な必須の内容」に関する不備又は締約国が規則に従って事務局長に通告した特別の要件に関連する不備がある場合に出願人が補正の求めに応じないときは，国際出願は，その要素又は要件を要求した締約国の指定を含まないものとみなされる（8条2項b号）。

⑵　国際出願の出願日の延期を要する不備

国際事務局が国際出願を受理した日において，当該国際出願に出願日の延期を要する不備がある場合，国際出願の出願日は国際事務局が当該不備の補正を受理した日となる（9条3項）。

出願日の延期を要する不備とは，次のとおりである（第14規則⑵）。

①　国際出願が所定の言語のうちの一つの言語で作成されていない場合

②　国際出願に次のいずれかの要素が欠けている場合

・国際登録を求める旨の明示的又は黙示的な表示

・出願人を特定する表示

・出願人又は代理人がある場合に当該代理人と連絡をとるために十分な表示

・意匠の複製物又は見本

・少なくとも一の指定国

4　国際登録の内容

国際登録には，次の内容が含まれる（第15規則⑵）。

・国際出願に含まれるすべての情報

ただし，パリ条約4条に基づく優先権の主張に関する記載があるものの，先の出願の出願日が当該国際出願の出願日より6か月以上前である場合は除かれる。

・意匠の複製物

・国際登録日

・国際登録番号

・国際事務局が決定する国際分類の該当する類

第4節　国際公表

POINT

- ◆　国際登録に係る意匠は，国際事務局により国際意匠公報で公表される。
- ◆　国際公表の時期は，原則として国際登録日から12か月後である。ただし，出願人の請求により，国際登録後の即時公表，出願人が選択した時点での公表や一定期間の公表の延期も可能である。

1　概　　説

国際登録に係る意匠は，国際事務局により国際意匠公報においてWIPOのウェブサイト上で公表される（10条3項a号，第26規則）。2012年以降，国際意匠公報は週1回の頻度で発行されている。

国際公表の時期は，原則として国際登録日から12か月後である。（第17規則(1)(iii)）。この標準公表期間は，2022年1月1日発効の第17規則の改正により，従来の6か月から延長された。ハーグ制度の下では公表の延期（⇒本章本節3）を請求することも可能であるが，公表の延期を認めていない国が指定国に含まれる場合等には，公表までの期間が短く，ハーグ制度の利用がしにくいといった声を考慮したものである。一方，国際公表により各国での審査が開始されることから，12か月後の公表では遅いケースがあることを考慮し，国際登録の公表前であればいつでも早期公表の請求が可能となった。したがって，出願人は，出願の際，標準公表期間か，①国際登録後の即時公表（第17規則(1)(i)）又は②出願人が選択した時点での公表（出願日から数えた月数で特定する）を選択することができる。②は，標準公表期間よりも早期の公表を請求することや，標準公表期間を超えた時期に公表するよう公表の延期（⇒本章本節3）を請求することが可能である（第17規則(1)(ii)，(ii の二)）。また，出願後，出願人又は国際登録の名義人は，国際出願で最初に指定した公表期間が満了する前であればいつでも，早期の公表を請求することができる。

国際事務局は，公表された国際登録の写しを指定国の官庁に送付する（10条3項b号）。

2　国際公表の内容

国際公表には，次の内容が含まれる（第17規則(2)）。

- ・国際登録簿に記録された情報
- ・意匠の一又は二以上の複製物
- ・公表が延期された場合には，延期期間が満了した日又は満了したとみなされる日の表示

3　公表の延期

国際公表を延期できる期間は，指定される締約国によって様々である。公表の延期を請求できる最長の期間は，ジュネーブ改正協定のみが適用される国際出願については，出願日から（又は優先権が主張されている場合には優先日から）最長30か月である（第16規則(1)(a)）。ジュネーブ改正協定およびハーグ改正協定の双方が適用される国際出願については，出願日から（又は優先権が主張されている場合には優先日から）最長12か月である（第16規則(1)(b)）。

ただし，ジュネーブ改正協定のもとでは，締約国はWIPO事務局長への宣言によって，より短い期間の公表の延期が自国の法令で規定されていること，あるいは，公表の延期が自国の法令で規定されていないことを通告することができる（11条1項a号・b号）。

公表の延期の請求がなされた国際出願において，より短い期間の公表の延期が自国の法令で規定されている宣言を行っている締約国が指定国に含まれる場合，国際公表は，当該指定国が宣言において通告した延期の期間の満了の時になされる。このような宣言を行った二以上の締約国が指定国に含まれる場合，宣言において通告された最も短い延期の期間が優先され，当該期間の満了の時に国際公表がなされる（11条2項(ii)）。

公表の延期の請求がなされた国際出願において公表の延期が自国の法令で規定されていない締約国が指定国に含まれる場合，国際事務局はその旨を出願人に通知する。国際事務局が送付した通知の日から１か月以内に，国際事務局に対する書面による届出によって出願人が公表の延期が自国の法令で規定されていない締約国の指定を取り下げない場合には，国際事務局は公表の延期の請求を考慮せず，国際公表を行う（11条3項(i)，第16規則(2)）。ただし，国際出願の

公表の延期期間の例

例1：

指定国　日本：公表延期可能期間－最長30か月
　　　　EU：公表延期可能期間－最長30か月

↓

最長30か月の公表の延期が可能

例2：

指定国　EU：公表延期可能期間－最長30か月
　　　　シンガポール：公表延期可能期間－最長18か月

↓

最長18か月の公表の延期が可能

例3：

指定国　韓国：公表延期可能期間－最長30か月
　　　　米国：公表の延期請求が認められない

↓

公表の延期ができない

際，意匠の複製物ではなく，見本が国際出願に添付されている場合には，国際事務局は，公表の延期が自国の法令で規定されていない締約国の指定を考慮せず，その旨を出願人に通知する（11条3項(ii)）。

4　早期の公表の請求

国際登録の名義人は，国際公表が延期されている期間中いつでも，国際登録の対象である意匠の一部又は全部の公表を請求することができる。その場合，公表の延期期間は，国際事務局がその請求を受理した日に満了したものとみなされる（11条4項a号）。

5　公表延期期間中の国際登録の放棄・限定

公表の延期期間中，国際登録の名義人がすべての指定国について国際登録を放棄した場合，当該国際登録の対象である意匠は国際公表されない（11条5項a号）。

また，名義人が公表の延期期間中にすべての指定国について国際登録の対象を国際登録された意匠の一部に限定する場合，他の意匠は国際公表されない

（同項ｂ号）。

６　公表手数料の支払，複製物の提出期限

公表の延期を請求する場合，国際出願時に公表手数料を支払う必要はなく，その支払は公表延期期間満了の３週間前まで猶予される（第12規則(2)・第16規則(3)(a)）。公表の延期の請求がなされ，出願時に意匠の複製物の代わりに意匠の見本が提出された国際出願は，公表手数料の支払のための期間満了の３か月前までに，意匠の複製物を提出しなければならない（第16規則(4)）。公表手数料の支払及び複製物の提出がない場合，国際登録は取り消され，公表されない（第16規則(5)）。

７　秘密の写し

公表の延期がなされた場合，国際出願の出願日又は優先日から最長30か月もの間，実体審査を行う指定国官庁は，当該国際出願の内容を知ることができないまま後願の意匠登録出願の審査を進めなければならないといった問題が生じ得る。この問題を解決するために，各官庁は国際登録の後，その写しを受け取ることを希望する旨を国際事務局に通報することができる。国際事務局は，当該通報を行っている官庁が指定国に含まれる場合，当該官庁に対し，国際登録の写しと国際出願に添付された関連のある証明書，文書又は見本を国際登録の後，直ちに送付する（10条５項ａ号）。

当該写し等を受け取った官庁は，国際公表がなされるまで当該写し等を秘密のものとして取り扱わなければならないが，当該国際登録及び後願の意匠登録出願の審査の目的のためのみに，当該写し等を使用することは可能である（10条５項ｂ号）。ただし，当該国際登録に抵触する後願の意匠登録出願が存在する場合，その出願人に対して，引例として当該国際登録の内容を知らせることはできないことから，当該国際登録が公表されるまで後願の審査を一時中断する。当該官庁は，後願の出願人に対して，その旨を通知することができる。

第５節　指定国における保護の可否，権利の維持・管理

POINT

- ◆　指定国における拒絶の通報が可能な期間は，国際公表から６か月又は12か月以内である。12か月を選択できるのは，少なくとも新規性の要件について審査を行う実体審査国及び異議申立制度を有する国である。
- ◆　国際登録の存続期間は，国際登録日から５年間であり，国際登録は，さらに５年間の期間ごとに２回更新を行うことができる。ただし，指定国の国内法令が15年を超える保護の存続期間を定めている場合は，当該指定国における存続期間は，国際登録が更新されることを条件として，当該指定国の法令に定める期間と同一期間となる。

1　指定国における保護の可否

(1)　拒絶の通報

指定国官庁は，国際登録に係る意匠の一部又は全部が当該指定国の法令に基づく保護の付与のための条件を満たしていない場合，当該指定国における国際登録の一部又は全部の効果を拒絶することができる（12条１項）。この場合，指定国官庁は国際事務局に対して拒絶の通報を行い（同条２項），その後遅滞なく国際事務局が名義人に拒絶の通報の写しを送付する（同条３項a号）。ただし，いずれの官庁も当該国際登録が方式的要件を満たしていないことを理由に，当該国際登録の効果を拒絶することはできない（同条１項ただし書）。

拒絶の通報が可能な期間は，国際公表の日から計算される。原則は国際公表の日から６か月となっているが（第18規則(1)(a)），少なくとも新規性について実体審査を行う締約国又は自国の法令において異議申立制度を有している締約国は，宣言により，自国が指定される場合に当該６か月の期間を12か月に置き換えることをWIPO事務局長に対し通告することができる（第18規則(1)(b)）。日本特許庁もこの通告を行っており，日本における拒絶の通報の期間は12か月となっている。

拒絶の通報の言語は，通報を行う官庁の任意により英語，フランス語又はスペイン語から選択される（第６規則(3)(i)）。拒絶の通報は，国際事務局によって，

国際登録簿に記録され（第18規則(5)），公報において公表される（第26規則(1)(ii)）。

名義人には，拒絶の通報がされた指定国へ直接出願した場合に与えられる救済手段と同じ救済手段が与えられる（12条3項b号）。

(2)　拒絶の取下げの通報

拒絶は，その一部又は全部について，当該拒絶を通報した官庁がいつでも取り下げることができる（12条4項）。拒絶の取下げの通報は，保護の付与の声明の形とすることもできる（第18規則の2(2)(a)）。

拒絶の取下げの通報は，国際事務局によって国際登録簿に記録され，その写しは名義人に送付される（第18規則(5)・(6)）。また，公報によって公表される（第26規則(1)(ii)）。

保護の付与の声明も国際事務局によって国際登録簿に記録され，名義人にその旨が通知される（第18規則の2(3)）。その声明が特定の文書の様式により送付された場合又はそのような様式により複製できる場合には，当該文書の写しが名義人に送付される（第18規則の2(3)）。また，公報によって公表される（第26規則(1)(ii)）。

(3)　保護の付与の声明

上記(2)で述べた拒絶の取下げの通報に代えて送付される保護の付与の声明のほか，拒絶の通報を行っていない指定国官庁も，拒絶の通報期間内に，国際登録に係るすべての意匠又は一部の意匠について当該指定国における保護の付与の声明を国際事務局に送付することができる（第18規則の2(1)(a)）。ただし，保護の付与の声明の送付は指定国官庁に課された義務ではない。この保護の付与の声明も国際事務局によって国際登録簿に記録され，名義人にその旨が通知される（第18規則の2(3)）。その声明が特定の文書の様式により送付された場合又はそのような様式により複製できる場合には，当該文書の写しが名義人に送付される（第18規則の2(3)）。また，公報によって公表される（第26規則(1)(ii)）。

2　権利の維持・管理

(1)　存続期間，更新手続

国際登録の存続期間は，国際登録日から５年間である（17条1項）。国際登録は，さらに５年間の期間ごとに更新を行うことができ（同条２項），指定国における保護期間は，国際登録が更新されることを条件に原則として，国際登録の日から15年間となっている（同条３項ａ号）。ただし，指定国の国内法令が15年を超える存続期間を定めている場合は，当該指定国における存続期間は，国際登録が更新されることを条件として，当該指定国の法令に定める期間と同一期間となる（同項ｂ号）。

国際登録の更新は，存続期間満了日までに国際事務局への手続によって行い，指定国の一部又は全部，国際登録の対象となっている意匠の一部又は全部について行うことができる（同条４項）。更新の期日から６か月以内であれば，割増手数料の支払を条件に更新を行うことが可能である（第24規則⑴(c)）。

国際事務局は，国際登録簿に更新を記録し，その記録に関する記載事項を公表する（17条５項）。また，更新の証明書が国際事務局から名義人に送付される（第25規則⑵）。

国際登録が更新されなかった場合には，国際登録の効果は存続期間の満了日にさかのぼって消滅する。更新されなかった事実は，国際事務局によって公報で公表される（第26規則⑴(vii)）。

⑵　国際登録の所有権の変更

指定国の一部又は全部，国際登録の対象である意匠の一部又は全部について，国際登録の所有権を変更することが可能である（16条１項(i)）。ただし，所有権の譲受人は，３条に基づき国際出願をする資格を有していなければならない（16条１項(i)ただし書）。

⑶　国際登録の放棄・限定

国際登録の名義人は，国際登録に関し，指定国の一部又は全部について国際登録の放棄をすることができる（16条１項(iv)）。この場合，国際登録の対象となっている意匠が複数あっても，該当する指定国についてはすべての意匠について放棄することを意味する。

また，名義人は，指定国の一部又は全部について，国際登録の対象である意匠を一又は二以上の意匠に限定することも可能である（16条１項(v)）。限定は，一部の意匠にのみ関する点で，放棄と区別される。

⑷　指定国における無効

国際登録の対象である一又は二以上の意匠を無効にする手続は，指定国において，名義人，無効を請求する当事者及び関係官庁・裁判所の間で直接行われる。また，当該手続は，指定国の国内法令及び実務に沿って，指定国に直接出願された登録意匠に係る手続と同一の手続で行われる。

指定国で無効が確定し当該指定国官庁がそれについて知った場合には，国際事務局に通報する（15条２項，第20規則⑴）。国際事務局は，国際登録の無効を無効の通報に含まれている情報とともに国際登録簿に記録する（第20規則⑵）。

第６節　その他の規定

POINT

◆　ジュネーブ改正協定では，19条から24条に管理規定，25条及び26条に改正及び修正に関する規定，27条から34条に最終規定が定められている。

１　概　　説

ジュネーブ改正協定は，19条から24条に管理規定を置き，二以上の国による１つの共通の官庁に関する規定，ハーグ同盟の構成国に関する規定，総会の構成・任務等に関する規定，国際事務局の業務等に関する規定，財政に関する規定，規則に関する規定を定めている。25条及び26条では，協定の改正及び修正に関する規定が定められている。27条から34条には最終規定として，ジュネーブ改正協定の当事者となるための手続，批准・加入の効力発生日，留保の禁止，各締約国が行う宣言，ロンドン改正協定・ハーグ改正協定との適用関係，協定の廃棄，協定の言語・署名，寄託者に関する規定が置かれている。

２　ハーグ同盟

ジュネーブ改正協定の締約国は，ロンドン改正協定又はハーグ改正協定の締約国とともに同一の同盟（ハーグ同盟）を構成する（20条）。

3 主な機関

⑴ 総　会

総会は，ハーグ同盟の維持及び発展，ジュネーブ改正協定の実施に関するすべての事項を取り扱う（21条2項a号(i)）。改正会議の招集の決定（同号(iii)），規則の修正（同号(iv)），同盟の事業計画の決定，予算の採択及び決算の承認（同号(vi)），委員会・作業部会の設置（同号(viii)）等がその任務である。国際事務局の事務局長の招集により，2年ごとに1回通常会合が行われる（21条6項a号）。総会の構成国の4分の1以上の要請又は国際事務局の事務局長の発意に基づき，事務局長の招集により臨時会合が行われる（同項b号）。

総会における決定は，コンセンサス方式によってなされるよう努めるとされているが（21条4項a号），この方式で決定することができない場合には投票によってなされる（同条4項b号）。投票に関する定足数は，各事項について投票権を有する国である総会の構成国の2分の1とされている（同条3項a号）。国である締約国は，それぞれ一の票を有し，自国の名において投票する（同条4項b号(i)）。政府間機関である締約国は，その政府間機関の構成国であってジュネーブ改正協定締約国である国の総数に等しい数の票により，当該構成国に代わって投票することが可能である。その構成国のいずれかが自己の投票権を行使する場合には，当該政府間機関は投票に参加できない。また，当該政府間機関が投票権を行使する場合には，その構成国のいずれも投票に参加することができない（同条4項b号(ii)）。

総会の決定は，ジュネーブ改正協定に基づく規則の特定の規定に関する修正，同改正協定21条から23条及び26条の規定の修正の採択を除き，投票数の3分の2以上の多数による議決で行う（21条5項a号）。

⑵ 国際事務局

国際事務局は，国際登録及び関連の任務，ハーグ同盟に関連するすべての管理業務を行う（22条1項a号）。国際出願の受理，方式審査，国際登録簿への登録，国際登録簿の維持管理，国際公表などを行うハーグ制度運用の主軸機関である。また，会合の準備，総会，総会が設置する専門家委員会及び作業部会の事務局の職務も行う（同項b号）。

4　条約の修正・改正

ジュネーブ改正協定は，締約国による改正会議によって，改正することができる（25条1項）。また，総会について規定した21条，国際事務局について規定した22条，財政について規定した23条，総会による特定の規定の修正について規定した26条は，改正会議又は総会によって修正することができる（25条2項）。

改正会議は，総会の指示に従って国際事務局によって準備される。国際事務局は当該準備に関して政府間機関，国際又は国内の非政府機関と協議することができる（22条5項）。

第7節　わが国意匠法との関係

POINT

◆　意匠法第6章の2「ジュネーブ改正協定に基づく特例」には，わが国特許庁を通じた国際出願（国際登録出願）と，わが国を指定国とした国際出願（国際意匠登録出願）についての規定がある。

1　概　　説

ジュネーブ改正協定への加入に伴い，平成26年改正によって，意匠法第6章の2に「ジュネーブ改正協定に基づく特例」として，60条の3から60条の23が新設された。第1節である60条の3から60条の5は，わが国特許庁を通じた国際出願（国際登録出願）について定められている。第2節である60条の6以下は，わが国を指定国とする国際出願（国際意匠登録出願）についてのわが国における取扱いが定められている。

2　国際登録出願

60条の3は，日本国民又は日本国内に住所若しくは居所（法人の場合は営業所）を有する外国人は，ジュネーブ改正協定に基づく国際出願を，日本特許庁を通じてすることができることが規定されている。日本特許庁を通じた国際出願は，「国際登録出願」と定義づけされている（意匠 60 条の 3 第 2 項）。

国際登録出願は，特許庁長官に経済産業省令で定めるところにより，外国語で作成した願書及び必要な物件を提出して行う（同 2 項）。国際登録出願について日本特許庁に対して納付すべき手数料を出願人が納付しなかった場合，特許庁長官より補正命令が出される。指定期間内に出願人がその補正をしなかった場合には手続却下の対象となる（意匠 60 条の 4⇒特許 17 条 3 項 3 号・18 条 1 項）。その他国際登録出願に関しジュネーブ改正協定及びジュネーブ改正協定に基づく規則を実施するための必要な事項は，経済産業省令へ委任されている（意匠 60 条の 5）。

３　国際意匠登録出願

わが国を指定国とする国際登録であって，国際公表がされたものは，わが国において国際登録日にされた意匠登録出願とみなされる（意匠 60 条の 6 第 1 項）。日本を指定国とする国際出願は，「国際意匠登録出願」と定義づけされている（同条 3 項）。

ジュネーブ改正協定のもとでは，国際分類が同一であることを条件に最大 100 の意匠までを 1 つの出願に含むことができるが，わが国意匠法では，一意匠一出願（意匠 7 条）の要件がある。そこで，60 条の 6 第 2 項では，二以上の意匠を包含する国際出願を，「国際登録の対象である意匠ごとにされた意匠登録出願」として扱い，含まれる意匠ごとの複数の出願とみなすこととしている。例えば，国際出願中に 3 つの意匠が含まれていた場合，わが国では 3 件の国際意匠登録出願がなされたものとみなし，それぞれの出願意匠ごとに実体的要件を満たすかどうかの審査がなされる。

60 条の 6 第 3 項では，国際意匠登録出願に含まれる各事項をわが国意匠法に対応させるため，願書記載事項（意匠 6 条 1 項）に関し，「国際登録の名義人の氏名又は名称及びその住所」を「意匠登録出願人の氏名又は名称及び住所又は居所」と，「国際登録の対象である意匠の創作をした者の氏名及びその住所」を「意匠を創作した者の氏名及び住所又は居所」と，「国際登録の対象である意匠を構成する一若しくは二以上の製品又は国際登録の対象である意匠が使用されることとなる一若しくは二以上の製品」を「意匠に係る物品又は意匠に係る建築物若しくは画像の用途」（ただし，製品が建築物又は画像である場合は，当該製品に係る国際登録簿に記録された事項から当該建築物又は画像の用途を認識することができるときに限られる）と，みなすことを規定している。また，国際登録簿に記録された意匠は，6条1項の規定により提出した図面に記載された意匠登録を受けようとする意匠とみなされる（意匠60条の6第4項）。

４　国際意匠登録出願についての特例

国際意匠登録出願について様々な特例が規定されている。主なものは次のとおりである。

⑴　新規性喪失の例外の特例

意匠法4条2項に規定される自己の行為に起因して新規性を喪失したことについて新規性喪失の例外規定の適用を受けようとする場合，4条3項の規定にかかわらず，その旨を記載した書面及び所定の証明書を国際公表があった日から30日以内（不責事由があった場合の例外を除く）に提出することができる（意匠60条の7第1項，意匠法施行規則1条の2）。

また，令和3年の意匠法一部改正により意匠法60条の7第2項が新設され，国際出願の出願人が，願書とともに新規性喪失の例外証明書をWIPO国際事務局に提出したときは，国際登録日に特許庁長官に提出したものとみなす旨が規定された。

⑵　関連意匠の特例

国際意匠登録出願を本意匠あるいは関連意匠とすることが可能である（意匠60条の8）。

⑶　秘密意匠の特例

国際意匠登録出願の出願人には，意匠法14条の秘密意匠の請求が認められない（意匠60条の9）。国際意匠登録出願は，国際公表を前提にするものであり，秘密意匠の請求を認める実益がないからといえる。

⑷　優先権主張の特例

国際意匠登録出願についてパリ条約等による優先権主張の手続きを行ってい

る場合，わが国で優先権主張の効果が認められるためには，国際公表があった日から3か月以内に，特許庁長官に優先権証明書を提出しなければならない（意匠60条の10，意匠法施行規則12条の2）。あるいは，令和3年改正により，意匠法施行規則19条3項において特許法施行規則の読替規定が追加され，国際出願と同時に優先権証明書を国際事務局に提出することも可能となった。

なお，日本特許庁はWIPOが提供する優先権書類のデジタルアクセスサービス（DAS）に参加しており，2020年1月1日から意匠出願に係る優先権書類の電子的交換が可能となった。したがって，願書の優先権主張欄にDASアクセスコードが記載されていれば，国際公表後，日本特許庁がDASを通じて優先権証明書を取得するため，別途日本特許庁への提出手続きは必要ない。

(5)　補償金請求権

国際公表から設定登録までの間，国際意匠登録出願に係る意匠又はこれに類似する意匠を実施した者に対し，実施料相当額の補償金を支払うよう請求することが認められている（意匠60条の12）。登録されなければ出願内容が公開されない国内法に基づく意匠出願とは異なり，国際意匠登録出願は国際公表を前提としているため，国際公表から設定登録までの間の第三者の模倣による被害を補償することが必要と考えられたからである。

第 7 章 文学的及び美術的著作物の保護に関するベルヌ条約(ベルヌ条約)

第1節　ベルヌ条約の概要

POINT

◆　文学的及び美術的著作物の保護に関するベルヌ条約（ベルヌ条約）は，文学的及び美術的著作物に関する著作者の権利の保護を目的とする条約であり，1886年に採択され，その後，数度の改正を経ている。

1　概　　説

(1)　概　説

文学的及び美術的著作物の保護に関するベルヌ条約[1)]は，著作物に係る著作者の権利の保護に関する国際条約である。採択地であるベルヌ（ベルン。スイス連邦の首都）の名をとり，ベルヌ条約と呼ばれる。ベルヌ条約はその後，数度の改正を経て，今に至っている。加盟国は2023年1月現在で179か国であり，わが国は1899年に最初に加盟し，最新のパリ改正条約には1975年に加入した。

ベルヌ条約が適用される国（ベルヌ同盟国）は，「文学的及び美術的著作物に関する著作者の権利の保護のための同盟を形成する」と規定されている（1条）。この同盟はベルヌ同盟と呼ばれ，この条約の締約国は同盟国と呼ばれている。ベルヌ条約の管理業務は，WIPOが行う。

ベルヌ条約は開放条約であり，加入書をWIPO事務局長に寄託することで，同盟国となることができる（29条1項）。

---

1)　英名はBerne Convention for the Protection of Literary and Artistic Worksである。

わが国は，ベルヌ同盟国に対して，同条約が定める義務を負うことは当然であるが，TRIPS 協定９条１項において，ベルヌ条約の大半の実体規定に関する遵守義務が定められているため（⇒第８章第２節 2），WTO 加盟国に対しても同等の義務を負うことになる。また，ベルヌ条約は同盟国相互間の特別の取極を認めており（20 条），WIPO 著作権条約はこの特別の取極に当たるとされている（⇒第８章第３節 2）。

⑵　沿　革

ベルヌ条約の採択は 1886 年である。当初は，国家は自国民の著作物のみを保護するだけであったが，著作物が国際的に取引されるようになるにしたがい，国際的な著作物の保護が要請されるようになった。この点について，はじめは二国間での条約による著作物の保護が進められたが，締結に至らない国との間では，依然として著作物の保護が不十分であった。その結果，多国間条約による著作物保護の必要性が認識され，著作者団体による要請もあり，ベルヌ条約の締結に至った。

その後ベルヌ条約は，1896 年のパリ追加規定，1908 年のベルリン改正，1914 年のベルヌ追加議定書，1928 年ローマ改正，1948 年のブラッセル改正，1967 年のストックホルム改正（ただし不発効），1971 年のパリ改正と，数次の改正が行われてきた。しかし，1971 年のパリ改正以降は，現在に至るまで実質的な改正はなされておらず，その間，著作物の保護に関する国際的な取組みは，TRIPS 協定や WIPO 著作権条約等が担うこととなった[2)]。

⑶　万国著作権条約との関係

著作物の保護について無方式主義（⇒本章第２節 3）を原則とするベルヌ条約による国際的な著作物の保護が進む一方で，方式主義を採用していた米国を中心とする国々との間でも，国際的な著作物の保護に向けた取組みが進められ，1952 年に万国著作権条約[3)]が採択された（1971 年パリ改正条約が最新のものである）。ベルヌ条約との大きな差異として，万国著作権条約では加盟国において

2）　以上の成立の経緯については，木棚照一『国際知的財産法』（日本評論社，2009 年）60〜72 頁，及び同『国際知的財産法入門』（日本評論社，2018 年）45〜58 頁参照。

3）　英名は Universal Copyright Convention であり，略称は UCC である。

方式主義を採用することが認められている。しかし一方で，最初の発行のときから，著作物やその複製物に，© マークと著作権者名，発行年を記載することで，方式の要求を満たしたものと認められる（万国著作権条約３条１項）。これによって，万国著作権条約に加入する無方式主義の国における著作物が，同条約に加入する方式主義の国においても保護を受けることが容易となった。もっとも，その後米国をはじめとしてベルヌ条約へ加盟する国が増加し，また前述のように，TRIPS 協定においてベルヌ条約上の大半の実体規定の遵守が義務づけられたことから，現在では万国著作権条約の意義は大幅に低下している。

2　保護を受ける著作物

POINT

◆　ベルヌ条約で保護を受ける著作物は，条文上は例示列挙されているに過ぎず，広く知的創作に係る表現を含むものと解されている。

◆　応用美術の著作物等，特殊な取扱いが認められている著作物の類型がある。

(1)　原　則

ベルヌ条約において保護を受ける「文学的及び美術的著作物」については，２条１項に規定があるものの，著作物自体が明確に定義されているわけではない。同項のリストは例示的なものであって，限定的なものではないとされている[4)]。

上述のように明文の定義はないものの，著作物は，条約の一般的な語調から見て，知的創作物でなければならないとされている[5)]。また，保護を受けることができるのは表現（の形式）であって，アイディア自体を保護の対象とはしていない[6)]。一方，文言上は「文学的及び美術的著作物」と規定されているが，例示からもわかる通り，保護を受けることができるすべての著作物を含む広い意味で理解されている[7)]。

4)　WIPO・ベルヌ条約解説 15〜16 頁。
5)　WIPO・ベルヌ条約解説 20 頁。
6)　WIPO・ベルヌ条約解説 14〜15 頁。
7)　WIPO・ベルヌ条約解説 15 頁。

以下では，２条に関連して，注意すべき著作物の類型について説明する。

(a)　**映画の著作物**　映画の著作物は，典型的には，伝統的な意味での映画を指す。

しかしこれに加えて，「映画に類似する方法で表現された著作物を含む」と規定することで，新しい技術によって生じた，映画の著作物に類似したもの（テレビ番組等）も含めることとしている。映画に類似するかどうかのポイントは，その用いられる方法ではなく，その効果である音と影像にあるとされる[8)]。

なお，映画の著作物とそこにおいて翻案され又は複製された著作物との関係については，「映画の著作物は，翻案され又は複製された著作物の著作者の権利を害することなく，原著作物として保護され」，「映画の著作物について著作権を有する者は，原著作物の著作者と同一の権利……を享有する」と規定されている（14条の２第１項）。後述の二次的著作物（⇒(c)）と同様，ベルヌ条約上は，映画化は原作物の著作者の同意のもとで行われるよう規定されている（14条１項ⅰ号）。

(b)　**応用美術の著作物**　応用美術の著作物についても，２条１項に規定されている。

しかし，工業デザインに係る産業財産権制度との関係に鑑み，応用美術の著作物に係る法律の適用範囲と条件について，同盟国の国内法に委ねることとしている（２条７項第１文）[9)]。ただし，著作権法による保護については，製作の時から25年以上の保護期間を認める必要がある（２条７項第１文→７条４項⇒本章第３節５(2)(c)）。

また，本国（著作物の本国については⇒本章第２節４(2)(b)）において専ら意匠として保護される（著作物として保護されない）著作物については，他国においても意匠としての保護しか受けられない。ただし，これを貫徹すると，当該著作物は，意匠制度等を有しない他の同盟国において保護を受けられないこととなってしまうため，その場合は美術的著作物としての保護を受けることができるとされている（２条７項第２文・第３文）[10)]。

(c)　**二次的著作物**　「文学的又は美術的著作物の翻訳，翻案，編曲等によ

---

8)　WIPO・ベルヌ条約解説18頁。
9)　WIPO・著作権関係条約解説38頁。
10)　原文と文の数に差がある。以下個別には指摘しない。

る改作物」についても，原著作物として保護される（2条3項)。いわゆる二次的著作物に関する規定である。

もっとも，「その原作物の著作者の権利を害することなく」という条件が課されている。すなわち，ベルヌ条約上は，改作物の創作にあたっては，原作物の著作者の同意が必要である。この場合，同意を得て創作された二次的著作物には，原作物の著作者の保護と，二次的著作物の著作者の保護の両方が及ぶとされる[11)]。

なお，原作物の著作者の同意を得ずに創作された二次的著作物についても，保護を受けるとする指摘もある[12)]。

(d)　**編集物**　「素材の選択又は配列によつて知的創作物を形成する百科辞典及び選集のような文学的又は美術的著作物の編集物」についても，保護の対象となる（2条5項)。素材の選択又は配列に知的創作が現れている必要があり，個人的寄与のない単なる著作物のリストや抜粋では保護の対象とならない[13)]。

もっとも，二次的著作物の場合と同様，「その編集物の部分を構成する各著作物の著作者の権利を害することなく」という要件が課されており，その創作には，素材となった著作物の著作者の同意を得る必要がある。

なお，素材が文学的又は美術的著作物でない場合，２条５項の適用は認められないこととなる。しかし，素材の選択又は配列に知的創作性の提示が認められるのであれば，２条１項による保護が認められよう[14)]。

(e)　**公文書**　立法上，行政上及び司法上の公文書等の著作物としての保護は，同盟国の国内法に留保されている（2条4項)。公文書に関しては，市民に自由な利用の余地を認めるためである[15)]。

(f)　**時事の記事又は雑報**　単なる報道にすぎない時事の記事又は雑報は，ベルヌ条約上の著作物として保護を受けることはできない（2条8項)。単なる事実等は，知的創作性が発揮されていないことからすれば，保護の対象となら

11)　WIPO・ベルヌ条約解説23頁。
12)　WIPO・著作権関係条約解説33頁。
13)　WIPO・ベルヌ条約解説24頁。
14)　WIPO・著作権関係条約解説36頁。
15)　WIPO・著作権関係条約解説35頁。

ないことは当然であり，この条文は確認的なものと理解されている[16)]。このことは同盟国に裁量を与える規定ではないことからも伺える。

もちろん，これらを基にした解説記事や，編集著作物は保護され得る。

(g)　**政治上の演説及び裁判手続においてされた陳述**　「政治上の演説及び裁判手続においてされた陳述」については，同盟国が２条に定める保護の一部又は全部を排除することが認められている（2条の2第1項）。その根拠は，情報の自由であるとされる[17)]。特定の権利に対する例外ではなく，一般的な条約の保護からの除外であるため，すべての著作者人格権，著作権の保護を奪うことができるようにも思われるが，著作者人格権については，情報源や，その信憑性の担保に資すること等から，否定できないとの考えもある[18)]。

ただし，「政治上の演説及び裁判手続においてされた陳述」の著作者には，それらを編集物とすることについて，条約上の排他的権利の享有が認められている（2条の2第3項）。情報の自由によっても，自分の演説等を編集物とする（あるいはその許諾をする）権利まで奪うことは，正当化されなかったためである[19)]。

(2)　固定要件に係る留保

ベルヌ条約は，原則として，著作物の固定を著作物が保護されるための要件とするものではない。したがって，例えば生放送等も，ベルヌ条約上保護を受ける著作物に該当し得る。

しかし，著作物の確認等のため，固定を要件とすることも考えられる[20)]。そのため，ベルヌ条約では，著作物の保護に係る固定の要否については，同盟国の国内法に委ねることとしている（2条2項）。

なお，ここでの固定は，ベルヌ条約上禁止される方式要件（⇒本章第２節３）に含まれるものではない[21)]。

16）　WIPO・ベルヌ条約解説 26 頁。
17）　WIPO・ベルヌ条約解説 27 頁。
18）　WIPO・著作権関係条約解説 40 頁。
19）　WIPO・ベルヌ条約解説 28 頁。
20）　WIPO・ベルヌ条約解説 21 頁。
21）　WIPO・著作権関係条約解説 32 頁。

⑶　2条6項による自動的な保護

2条6項においては，条約による著作物の保護が，著作者及びその承継人（相続人等，承継により著作権を有する者）に対して，条約自体によって付与されることが規定されている。そのため，条約が直接適用されることを認める国にあっては，立法を待たずに，条約の規定自体に基づき，訴訟を提起することが可能となる[22)]。

⑷　わが国法との関係

わが国法における著作物の定義は，「思想又は感情を創作的に表現したものであつて，文芸，学術，美術又は音楽の範囲に属するもの」（著作2条1項1号）とされており，創作的な表現である点で，条約上の著作物と対応したものとなっている。アイディアが保護されない点も，共通している。

また，著作権法10条1項において，著作物の例示がされるほか，2条1項11号・11条において二次的著作物が，12条において編集著作物が規定されている。一方，10条2項において，事実の伝達にすぎない雑報や時事報道については保護の対象としないとされている等，条約に対応したものとなっている。

なお，わが国法におけるプログラムの著作物（著作10条1項9号）やデータベースの著作物（著作12条の2）については，ベルヌ条約上明示の言及はないものの，TRIPS協定（⇒第8章第2節4⑵）やWIPO著作権条約（⇒第8章第3節4⑵）において言及されている。

また，応用美術については，著作権法上は美術工芸品が美術の著作物（著作10条1項4号）として保護を受けるとされているのみで（著作2条2項），具体的な運用は解釈に委ねられている。近時の裁判例にあっては，「実用目的に必要な構成と分離して，美的鑑賞の対象となる美的特性を備えている部分を把握」できるかを問う、いわゆる分離可能性説を採用するものが主流となっている[23)]。

固定要件については，わが国法では原則として要求していない。ただし，映画の著作物（著作10条1項7号）については，「映画の効果に類似する視覚的又

22)　WIPO・ベルヌ条約解説24頁参照。

23)　知財高判平成26年8月28日判時2238号91頁〔ファッションショー事件〕。茶園（著作権）35〜36頁［濱口太久未］参照。

は視聴覚的効果を生じさせる方法で表現され，かつ，物に固定されている著作物を含むものとする」とされており（著作２条３項），固定が要求されていると考えられている[24]。

なお，わが国法はベルヌ条約を遵守したものであり，現在のところ，ベルヌ条約の適用を認める必要性は乏しいと思われるが，著作者の権利等について，著作権法との関係で条約の優先的な適用が規定されている（著作５条）。

３　保護を受ける著作者

POINT

- ベルヌ条約において保護を受ける著作者は，著作者の国籍による人的基準と，著作物の第１発行地に係る地理的基準，それに副次的基準により決定される。
- 著作者については，一定の推定規定が用意されている。
- 映画の著作物については，その性質から，著作権者の決定について，特殊な取扱いが認められている。

⑴　概　説

ベルヌ条約において保護を受ける著作者については，３条１項において，著作者の国籍による人的基準と著作物の第１発行地に関わる地理的基準が定められている。また，４条に副次的基準が定められている。

なお，著作者の定義自体については，条約では触れられていないが，原則として著作物を創作した者と理解されよう[25]。

⑵　人的基準

いずれかの同盟国の国民である著作者は，その著作物の保護を受けることができる（３条１項ａ号）。この場合の著作物は，発行されている必要はない（同括弧書）。

いずれの同盟国の国民でない著作者（非同盟国の国民のほか，無国籍の人も含ま

24）島並良ほか『著作権法入門〔第３版〕』（有斐閣，2021 年）55〜56 頁［横山久芳］。
25）WIPO・著作権関係条約解説 36 〜 38 頁参照。

れる)[26] であっても，常居所をいずれかの同盟国に有していれば，同盟国の国民とみなされる（3条2項)。

問題になり得る場合として，著作者が二重国籍を有する場合が挙げられる。この場合は，いずれかの同盟国の国籍を有していれば，保護を受けるとされている[27]。また，著作者の国籍が変更される場合がある（著作者の常居所が変更される場合もある）が，著作物の発行時に有していた国籍（あるいは常居所を有する国）を基準とすべきと理解されている[28]。

(3) 地理的基準

また，いずれの同盟国の国民でもない著作者は，いずれかの同盟国において最初に発行された著作物について，保護を受けることができる（3条1項b号)。なお，この発行要件については，非同盟国との同時発行も含むとされている。関連して，30日以内の発行時期の差異は同時発行とみなされる（同条4項)。

「発行」された著作物の意味については，「複製物の作成方法のいかんを問わず，著作者の承諾を得て刊行された著作物であつて，その性質にかんがみ公衆の合理的な要求を満たすような数量の複製物が提供されたものをいう」と規定されている（3条3項第1文)。著作者の承諾が要件となっているのは，例えば盗み出された著作物が違法に複製されて公衆に提供されてしまったような場合に，発行されたと認めないためである[29]。また，発行は有形的な複製物による提供が前提とされており，上演等によっては発行されたとは言えないと規定されている（同項第2文)。発行の有無や発行の場所は，本条項に限らず，ベルヌ条約において重要な意味をもつため，注意が必要である。

(4) 副次的基準

4条では更に，上記の人的基準及び地理的基準に該当しない場合であっても，以下の2つの場合に，条約上の保護を与えることとしている。

---

26) WIPO・著作権関係条約解説42頁。

27) WIPO・著作権関係条約解説42頁。

28) WIPO・著作権関係条約解説43頁。なお同頁では，未発行の著作物については，公衆が著作物を最初に利用できるようになった時を基準に判断するとされている。

29) このため，強制許諾による利用も発行と認められないことになる。WIPO・ベルヌ条約解説31頁。

(a)　**映画の著作物の著作者**　　いずれかの同盟国に，映画の著作物の製作者（⇒(6)）の主たる事務所（法人の場合）又は常居所（自然人の場合）がある場合には，その映画の著作物の著作者は，その映画の著作物について，条約上の保護を受けることができる（4条a号）。

映画の著作物の著作者が同盟国の国民ではなく，同盟国に常居所を有さず，かつ映画の著作物が同盟国において第1発行されていないもの（公衆への上映だけでは発行にならないことにも注意）である場合に意味のある規定である。

(b)　**建築等の著作物の著作者**　　「いずれかの同盟国において建設された建築の著作物の著作者又はいずれかの同盟国に所在する不動産と一体となつている絵画的及び彫塑的美術の著作物の著作者」も，その建築の著作物等について保護を受けることができる（4条b号）。この規定も上述のように，原則によっては保護を受けることができない場合の例外的なものである。

(5)　著作者の推定等

ベルヌ条約は，先述の通り，著作者の定義はしていないものの，反証のない限り，著作者が著作物に係る権利の侵害訴訟を提起することができるとしており，そのためには，著作者の名が通常の方法で当該著作物に表示されていれば足りるとされている（15条1項第1文）。変名が用いられた場合であっても，「それがその著作者を示すことについて疑いがない限り」同様の取扱いとなる（同項第2文）。この点を争う場合，被疑侵害者による反証が要求される。

なお映画の著作物については，著作物にその名が表示されている自然人又は法人が，映画の著作物の製作者（著作者ではない⇒(6)）と推定される（15条2項）。

また，無名又は変名の著作物については，1項の場合を除いて，反証のない限り，著作物にその名を表示された発行者（例えば出版社）が著作者を代表するものとして，著作者の権利を行使することが認められる（15条3項第1文）。もっとも，発行者が著作者になるわけではなく，著作者の代わりに，権利行使が認められるにすぎない。そのため，著作者がその著作物の著作者であることを明らかにしてその資格を証明した場合には，代わりの権利行使を認める必要がなくなることから，本条項は適用されなくなる（同項第2文）。

加えて，特殊な問題として，いわゆる民間伝承（フォークロア）に係る取扱いが規定されている。具体的には，「著作者が明らかでないが，著作者がいずれか一の同盟国の国民であると推定する十分な理由がある発行されていない著作物」については，無名の著作物の一種ではあるものの，発行されていないので発行者がおらず，3 項が適用できない。しかし保護の必要性が否定されるものではなく，特に発展途上国の同盟国においては，その国の文化遺産として保護の必要性が認められる場合もある[30]。そのため，ベルヌ条約では，上記の要件を満たす著作物について，「著作者を代表し並びに著作者の権利を各同盟国において保全し及び行使することを認められる権限のある機関を指定する権能」を，当該同盟国の立法に留保している（15 条 4 項 a 号）。ただし，事務局長（世界知的所有権機関事務局長。6 条 3 項）への通告及び事務局長による同盟国への通報の手続が必要である（15 条 4 項 b 号）。

⑹　映画の著作物に関する特別の取扱い

上記の原則に加え，映画の著作物については，14 条の 2 において特殊な取扱いが認められている。

映画の著作物については，従来，その著作権が著作者に帰属するのか，製作者に帰属するのかを巡って，様々な法制度が存在していた。これらの法制度の違いを前提に，以下のような規定を用意することで，妥協を図っている。

まず，14 条の 2 第 1 項において，映画の著作物の「著作権を有する者」が権利を享有するとされており，著作者と著作権を有する者が別個になり得ることを前提とした規定を置いている。

その上で，「映画の著作物について著作権を有する者を決定することは，保護が要求される同盟国の法令の定めるところによる」（同条 2 項 a 号）として，映画の著作物に関する著作権者を決定する権能を同盟国に与えている。これにより，著作者ではなく映画製作者に著作権を付与する制度や，著作者に生じた著作権を映画製作者に法定譲渡する制度も，採用することが可能である[31]。なお，「保護が要求される国」の制度に依存することから，著作物の本国の法制度における取扱いには左右されない。

また，「法令が映画の著作物の製作に寄与した著作者を映画の著作物につい

30）WIPO・ベルヌ条約解説 107 頁。

31）WIPO・ベルヌ条約解説 96 頁。

て著作権を有する者と認める同盟国においては，それらの著作者は，そのような寄与をすることを約束したときは，反対の又は特別の定め[32]がない限り，その映画の著作物を複製し，頒布し，公に上演し及び演奏し，有線で公に伝達し，放送し，他の方法で公衆に伝達し並びに字幕を挿入し及び吹替えをすることに反対することができない」として，映画の製作に係る寄与の約束をした著作者は，原則として，その上映等について反対することができないこととなっている（同条２項ｂ号）。これは，映画の著作物の製作者が，その映画の著作物に係る一定の利用行為について，著作者から承認されたことを推定する規定である[33]。ただし，この点に関しては書面契約の要否について同盟国に裁量が与えられており（同条２項ｃ号），また，「映画の著作物の製作のために創作された脚本，せりふ及び音楽の著作物の著作者並びに映画の著作物の主たる制作者[34]」については，上記の承認の推定を認める義務を排除しており，選択的な制度としている（同条３項第１文）[35]。

⑺　報復措置

既に述べた通り，非同盟国の国民であっても，同盟国において第１発行する等によって，同盟国において著作物の保護を受けることができる。しかし逆に同盟国の国民の著作物について，当該非同盟国における保護が十分でない場合もある。このような不公平に対応するため，ベルヌ条約は同盟国に対し，当該非同盟国の国民であって，常居所を同盟国に有しない者の著作物の保護を制限することを認めている（６条１項）[36]。ただし，遡及効は否定される（同条２項）。また，事務局長への通告及び事務局長による同盟国への通報の手続が要求され

32）　これについては，14 条の２第２項ｄ号参照。例えば，当該映画をテレビでは放送しないとの定め等である。WIPO・ベルヌ条約解説 99 頁。

33）　WIPO・ベルヌ条約解説 97 頁。

34）　社団法人著作権情報センター発行の『著作権関係条約集』（2001 年）33 頁では，「『主たる制作者』とは，条約の原文にあるフランス語 réalisateur principal（英語では principal director）の訳語であり，通常の場合，劇場用映画にあつては『監督』を担当し，テレビ用映画にあつては『演出』を担当して，映画の著作物の創作の中心的存在となつた者を意味する」との注記が付されている。これについては，阿部浩二「ベルヌ条約パリ改正条約第 14 条の２⑶の注記――映画の著作物の主たる制作者について」コピライト 377 号（1992 年）18 頁も参照。

35）　このうち，主たる制作者について承認の推定を規定しない同盟国は，事務局長への通告及び事務局長による同盟国への通報の手続が要求される（14 条の２第３項第２文）。

36）　WIPO・著作権関係条約解説 50 頁参照。

る（同条 3 項）。

実際の例として，ベルヌ条約加盟前の米国に対して，カナダが，ベルヌ条約 6 条の源流である 1914 年ベルヌ追加議定書に基づき，報復措置を発動させたことがある。米国の著作物は，カナダにおいて第 1 発行することで，ベルヌ同盟国における保護を受けることができたのに対して，カナダの（英語の）著作物は，米国内で製作されなければ米国内で流通させることができない等の制限を課され，十分な保護がなされていないということがあったためである[37)]。

(8)　わが国法との関係

わが国著作権法においては，保護を受ける著作物として，①日本国民の著作物（国内に主たる事務所を有する法人も含む），②最初に国内で発行された著作物（30 日以内の同時発行の場合を含む），③その他条約によりわが国が保護の義務を負う著作物を掲げており（著作 6 条各号），ベルヌ条約上保護される著作物は，③の著作物に該当するものとして，その著作者は，わが国著作権法上の保護を受けることができる（著作 17 条 1 項）[38)]。

また，著作者の推定については，著作権法 14 条に規定がある。

映画の著作物に係る取扱いについては，原則として「映画の著作物の全体的形成に創作的に寄与した者」（典型的には監督）を著作者としつつ（著作 16 条），「著作者が映画製作者に対し当該映画の著作物の製作に参加することを約束しているとき」は，その映画の著作物の著作権は，原則として映画製作者に帰属するとされている（著作 29 条 1 項）。これはベルヌ条約上の「主たる制作者」等について，参加約束による著作権の法定譲渡又は原始帰属を認めているものであり，ベルヌ条約 14 条の 2 第 2 項 a 号に係る国内法令の定めに該当する。他方で，その他の脚本家等については，わが国法においてはそもそも映画の著作物の著作者に該当せず（著作 16 条），映画の著作物に係る著作権を有しないため，映画製作者に対する承認の推定制度（ベルヌ条約 14 条の 2 第 2 項 b 号以下）

37）　木棚・前掲注 2）『国際知的財産法』67～68 頁，Sam Ricketson and Jane C. Ginsburg, *International Copyright and Neighbouring Rights: The Berne Convention and Beyond*（3rd ed., OUP, 2022）, at 248-250 参照。

38）　この点，同盟国でありながら，わが国との関係で未承認国である北朝鮮の国民の著作物について，わが国は保護の義務を負うものではないとし，結果として 6 条 3 号による保護を否定した事例として，最判平成 23 年 12 月 8 日民集 65 巻 9 号 3275 頁〔北朝鮮映画放送事件〕。

は採用されていない。

なお，条約上は規定されていない特殊な制度として，わが国は職務著作制度を有している（著作 15 条）。条約上は禁止されていないと思われるものの，知的創作を行う自然人以外を著作者と認める点で，特殊な制度である。

第２節　ベルヌ条約の保護原則

POINT

◆　ベルヌ条約が定める重要な原則として，①内国民待遇原則，②無方式主義，③保護独立の原則がある。

◆　内国民待遇原則とは，外国人に自国民と同等の待遇を与えるという原則である。

◆　無方式主義とは，著作物の保護を受けるにあたり，方式の履行を求められないという原則である。

◆　保護独立の原則とは，本国における保護の有無は，ベルヌ条約による権利の享有及び保護に影響を与えないとする原則である。

１　概　　説

ベルヌ条約は後述の通り，個別的な規定も多く有するが，各国の著作権法に対しての一定の原則も明らかにしている。重要なものとして，内国民待遇原則（5 条 1 項），無方式主義（5 条 2 項第 1 文），そして保護独立の原則（5 条 2 項第 2 文）が規定されている。

２　内国民待遇原則

(1)　概　説

外国人の著作物に対する保護について，各国が自由に定められるとすると，不公平が生じ，国際的な著作者の権利の保護を阻害することとなってしまう。そこでベルヌ条約 5 条 1 項は，「著作者は，この条約によつて保護される著作物に関し，その著作物の本国以外の同盟国において，その国の法令が自国民に現在与えており又は将来与えることがある権利及びこの条約が特に与える権利を享有する」と規定し，本国以外の同盟国において，当該同盟国の国民と同様の保護を受けることができる旨，明らかにしている（著作物の本国については⇒本章本節４(2)(b)）。これを内国民待遇原則と呼ぶ。

これにより，例えばわが国の国民がわが国で発行した著作物について，著作者は，フランスにおいて，フランスの著作権法がフランス国民に与える保護を受けることができる。

(2)　内国民待遇原則の対象

その著作物についてベルヌ条約で保護を受ける著作者が対象となる。したがって，３条・４条の規定に係る要件を満たさない著作者については，内国民待遇原則による保護を受けることはできない。他方で，非同盟国の国民であっても，同盟国で第１発行をする等して，ベルヌ条約上の保護を受けることができる場合には，同盟国において，その国の国民と同様の取扱いを受けることができる。

(3)　内国民待遇原則の効果

著作物がベルヌ条約によって保護される著作者は，「その国の法令が自国民に現在与えており又は将来与えることがある権利」を享有する。

ただし，内国民待遇原則に加え，「この条約が特に与える権利を享有する」と規定されており，同盟国は，「この条約が特に与える権利」を，仮に当該国の国民に付与しないとしても，原則として他の同盟国の国民に対しては付与しなければならない（なお，本節４(2)も参照）。「この条約が特に与える権利」とは，例えば，複製権（９条）や上演権・演奏権等（11条１項）である。

(4)　わが国法との関係

先述の通り，わが国著作権法６条３号は，条約上わが国が保護の義務を負う著作物について，「この法律による保護を受ける」としており，条約上保護する必要のある著作物の著作者について，わが国の国民と同様の保護を与えることで，内国民待遇原則を遵守している。

3　無方式主義

ベルヌ条約は，２で触れた権利につき，その「権利の享有及び行使には，いかなる方式の履行をも要しない」と規定している（5条2項第1文）。このように，何らかの方式の履行を保護の要件としない原則を，無方式主義と呼ぶ。

ここでいう方式の例としては，著作物の寄託や登録，保護に係る何らかの登録料の納付を著作物の保護の要件とする場合等が該当する。

もっとも，「権利の享有及び行使」について方式を要求してはならないとされているのみであって，例えば著作物の登録に何らかの事実の推定の効果を付与する等しても，無方式主義の原則に反するものではない[39)]。

なお，ここでいう権利は，２で触れた権利，すなわち，著作物の本国以外の同盟国における内国民待遇原則に基づく権利と，条約が特に認める権利である。したがって，著作物の本国における保護については，方式主義を採用することも不可能ではない（著作物の本国における保護については⇒本章本節４(2)）。

わが国も無方式主義を採用しており，著作者は著作物の創作のみによって，著作者人格権と著作権を享有することができる（著作17条2項）。著作権法における登録制度（著作75条以下）は，あくまである事実の推定や対抗要件等としての効果しかないため，無方式主義の原則に反するものではない。

4　保護独立の原則

(1)　概　説

保護独立の原則とは，２で述べた権利の享有及び行使について，本国における保護の存在と無関係に可能であることを認める原則である（5条2項第2文）。

典型的には，ある著作物について，本国では（その同盟国を本国とする著作物に関する限りで）方式主義が採用されている場合，その方式を履行していない限り，本国では保護を受けることができないが，他の同盟国においては内国民待遇原則に基づく権利と条約が特に認める権利を享受・行使することができるというものである。

そのため，「保護の範囲及び著作者の権利を保全するため著作者に保障され

---

39)　WIPO・著作権関係条約解説48頁。

る救済の方法は，この条約の規定によるほか，専ら，保護が要求される同盟国の法令の定めるところによる」とされており（5条2項第3文），本国の法令とは無関係に，保護が要求される同盟国の法令（保護国法）によって保護の範囲等が決せられることとなる[40]。

(2)　著作物の本国とその保護

(a)　**本国における保護の原則**　　一方，「著作物の本国における保護は，その国の法令の定めるところによる」とされている（5条3項第1文）。著作物の本国における保護については，当該本国である同盟国に留保されており，ベルヌ条約は最低限の保護の基準（⇒本章第3節1）としても機能しないこととなる。したがって，既に述べたとおり，自国を本国とする著作物の保護について方式主義を採用しても，ベルヌ条約に違反することにはならない。ベルヌ条約があくまで国際的な義務を規定するものであるためである[41]。

もっとも，ある同盟国を本国とする著作物の外国人の著作者については，内国民待遇原則が当てはまることが規定されている（5条3項第2文）。典型的には，後述の通り当該同盟国において著作物を第1発行した外国人について，その著作物の本国は当該同盟国となり，その著作者である外国人には，当該同盟国の国民と同様の保護が与えられなければならない。ただし，これがベルヌ条約の要請する保護のレベルである必要がないことは，本国の国民に対するのと同様である。あくまで本国における保護に係る内国民待遇原則を指す。

(b)　**著作物の本国**　　著作物の本国については，5条4項に規定があり，整理すると以下のようになる。

①著作物について，いずれかの同盟国での第1発行があった場合は，当該同盟国。ただし，「異なる保護期間を認める二以上の同盟国において同時に発行された著作物については，これらの国のうち法令の許与する保護期間が最も短

40)　この点を根拠に，著作権に基づく差止請求に係る準拠法について，いわゆる「保護国法主義」を採用し，わが国において保護が要求されることを根拠にわが国法を準拠法とすることが，通説判例によって支持されている。その旨を判示したものとして，東京地判平成16年5月31日判時1936号140頁〔中国詩事件〕（東京高判平成16年12月9日平成16年（ネ）3656号〔同控訴審〕でも維持），東京地判平成19年8月29日判時2021号108頁〔チャップリンDVD事件〕（知財高判平成20年2月28日判時2021号96頁〔同控訴審〕でも維持）等。

41)　WIPO・著作権関係条約解説49頁。

い国とする」（5条4項a号）[42]。

②同盟国と非同盟国の同時発行の場合には，当該同盟国（同項b号）。

③「発行されていない著作物又は同盟に属しない国において最初に発行された著作物でいずれの同盟国においても同時に発行されなかつたもの」は，その著作者が国民である同盟国（同項c号）。ただし，③の基準については，映画の著作物の製作者に関する場合と，建築の著作物や不動産と一体となっている一定の美術の著作物に関する場合において，それぞれ映画の著作物の製作者の主たる事務所又は常居所のある同盟国と，その建築の著作物が建設された，あるいは不動産の所在する同盟国が本国となる旨，特則がある（同項c号(i)・(ii)）。

第３節　著作物の保護

POINT

- ◆　ベルヌ条約は著作（財産）権のほか，一定の著作者人格権を保護している。
- ◆　ベルヌ条約における保護は，最低限のものであって，国内法においてそれよりも強力な保護を与えることは否定されていない。
- ◆　ベルヌ条約の定める著作権には，翻訳権，複製権等，８つの権利がある。
- ◆　ベルヌ条約では，いくつかの明示・黙示の強制許諾制度や権利制限規定が用意されている。
- ◆　ベルヌ条約における著作物の保護期間は，原則として，著作者の生存の間及び著作者の死後50年である。

１　概　　説

ベルヌ条約は，著作者人格権と著作権の保護を規定している[43]。

42）　なお，複数の同盟国で第１発行があった場合であって，各同盟国における著作物の保護期間が同じである場合については，規定がない。WIPO・ベルヌ条約解説39頁。

43）　ただし，条約では警察権の留保が存在しており（17条），外的事情により，条約に規定された内容が保持されない場合が想定されている。

またベルヌ条約は，より寛大な国内法の優位を規定している（19条）。つまり，ベルヌ条約は著作者の保護に係る最低限の基準を定めるものであって，国内法においてより強力な保護を与えること（例えば，権利を拡張したり，新しい権利を付与したりすること）が許容されている[44]。以下の紹介にもある通り，わが国においても，著作者に対して，ベルヌ条約を上回る，いわゆるベルヌプラスの保護を与えている場面もある。

2　著作者人格権

⑴　概　説

ベルヌ条約は，著作者に対し，「著作物の創作者であることを主張する権利」と，「著作物の変更，切除その他の改変又は著作物に対するその他の侵害で自己の名誉又は声望を害するおそれのあるものに対して異議を申し立てる権利」（同一性保持権，あるいは尊重権と呼ばれる）という，2つの著作者人格権を認めている（6条の2第1項）。これら著作者人格権は，著作者の人格的利益を保護するもので，著作物が創作者の人格の反映であることに基づいている[45]。

また，「著作者は，その財産的権利とは別個に，この権利が移転された後においても」著作者人格権を保有するとされており，著作権と著作者人格権が別個の権利として規定されている[46]。

その救済方法については，保護を要求される同盟国の国内法による（6条の2第3項）[47]。

44）WIPO・ベルヌ条約解説115頁。

45）WIPO・ベルヌ条約解説45頁。

46）なお，著作者人格権とは関係がないが，この規定から，著作権は移転可能なものであることも明らかである。

47）この点を根拠に，著作者人格権に係る差止請求，謝罪広告請求の準拠法についても，「保護国法主義」を採用したものとして，前掲注40）東京地判平成16年5月31日。なお，その請求権者の決定についても，後述の6条の2第2項第1文を根拠に，保護国法主義が採用されている。羽賀由利子「著作者人格権侵害の準拠法に関する考察」国際私法年報16号（2014年）48頁，堀江亜以子「著作権および著作者人格権の侵害に関する準拠法―― XO醤男と杏仁女事件」髙部眞規子裁判官退官記念論文集『知的財産権訴訟の煌めき』（金融財政事情研究会，2021年）696頁も参照。

⑵ 「著作物の創作者であることを主張する権利」

著作物（複製物）に氏名を表示するなどの方法で，著作者の創作者であることを主張する権利である。無名や変名で著作物を発行することもこの権利の対象であり，またそれを取りやめる変更も可能である[48)]。

⑶ 同一性保持権

著作物の改変等，著作者の名誉又は声望を害する行為に対して異議を申し立てる権利である。著作物に対する何らかの改変行為が伴う必要はなく，「その他の侵害」に当たる行為全てが含まれる。ただし，当該行為が著作者の名誉又は声望を害するものである場合が対象であり，すべての改変行為等を対象とするものではない。

⑷ 保護期間等

著作者人格権の保護期間について，ベルヌ条約は「著作者の死後においても，少なくとも財産的権利が消滅するまで存続」すると規定する（6条の2第2項第1文）。したがって，著作権が著作者の死後50年間は保護されることからすると（⇒本章本節５⑴），通常は著作者の死後も保護される必要があり，その権利は，「保護が要求される国の法令により資格を与えられる人又は団体」によって行使されることとなっている[49)]。

⑸ わが国法との関係

わが国法における著作者人格権としては，氏名表示権（著作19条），同一性保持権（著作20条）が認められており，更に著作者の名誉声望を害する態様での著作物の利用行為についても，著作者人格権侵害とみなされる（著作113条11項）。

以上に加え，わが国法は公表権を規定している（著作18条）。これはベルヌ

48） WIPO・ベルヌ条約解説45頁。

49） ただし，同項第2文では，著作者の人格的利益の保護について，名誉毀損に基づく請求に依存するコモンロー諸国では，著作者の死後における人格的利益の保護が困難であったことから，それらの国のベルヌ条約加盟を促すために，加盟前から死後の著作者人格権の保護が否定されていた国については，死後の著作者人格権の存続を一部否定することが認められている。WIPO・著作権関係条約解説52頁。

条約には規定がないものであって，わが国がベルヌプラス（⇒本章本節１）として保護の対象としている著作者人格権である[50)]。また，同一性保持権についても，「著作者の意に反する」改変等を防ぐ権利として規定されており，名誉又は声望を害することが要件となっていない。この点でもベルヌ条約を上回る著作者人格権を認めていると解される。

わが国法において，著作者の人格的利益は，著作者の生存中のほか，その死後においても一定の範囲で保護される（著作60条）。その保護の請求は，著作者の死後にあっては，原則として著作者の一定の遺族が行うものとされており，その救済として差止請求と名誉回復等の措置請求が認められている（著作116条・115条）。他方，刑事罰については，著作者の生存中のほか（著作119条2項1号・120条の2第5号），著作者の死後も保護されている（著作120条）。ただしその刑罰は軽いものとなっている。刑事罰による保護の期間に制限はない。

３ 著 作 権

⑴ 概　説

ベルヌ条約に規定されている著作権は，①翻訳権（8条），②複製権（9条1項），③上演権・演奏権等（11条1項），④放送権等（11条の2第1項），⑤朗読権等（11条の3第1項），⑥翻案権・編曲権等（12条），⑦映画化権・上映権（14条1項），⑧追及権（14条の3第1項）の８つである。

⑵ 翻 訳 権

著作者は，その保護を受ける文学的及び美術的著作物について，「その著作物を翻訳し又はその翻訳を許諾する排他的権利を享有する」とされる（8条）。

従来著作物に関する国家間の問題としてまず注目されたのが翻訳であり，当初のベルヌ条約にも規定された権利であるが，一方で翻訳を巡っては，権利を強めたい著作物の輸出国と，権利を弱めたい輸入国との間で長らく議論の対象となっていた[51)]。その影響は，後述の開発途上国に係る附属書等に及んでいる（⇒本章本節４⑿）。

50）なお，ローマ改正当時，ベルヌ条約に公表権を規定するか議論となったが，合意に至らなかった。WIPO・ベルヌ条約解説47頁。

51）WIPO・著作権関係条約解説61〜62頁参照。

(3) 複製権

著作者は，その保護を受ける文学的及び美術的著作物について，「複製（その方法及び形式のいかんを問わない。）を許諾する排他的権利を享有する」(9条1項)。

ここでいう複製とは，「著作物が間接的に公衆に伝達され，またはさらに増製（複製）されることの基礎となる著作物の固定」であるとされる[52)]。

なお，録音及び録画も複製とみなされる（同条3項)[53)]。

(4) 上演権・演奏権等

「演劇用又は楽劇用の著作物及び音楽の著作物の著作者」は，①「著作物を公に上演し及び演奏すること（その手段又は方法のいかんを問わない。)」及び②「著作物の上演及び演奏を何らかの手段により公に伝達すること」を許諾するという2種類の排他的権利を享有する（11条1項(i)・(ii))。

上演権や演奏権については，「演劇用又は楽劇用の著作物」と「音楽の著作物」にしか認められていないように読めるが，実際は，問題となり得る著作物には類似の権利が認められている。具体的には，文学的著作物については公の朗読が（11条の3第1項(i))，映画の著作物については，公の上演及び演奏が(14条1項(ii)・14条の2第1項)，それぞれ権利の対象となっていること等を指摘することができる[54)]。

「公に上演し及び演奏すること」は，歌手等がその場で行う生演奏等を指している。「公に」上演等される場合が権利の対象となるため，私的領域での上演等については権利の対象とならない。両者の区別は原則として各国の裁判所に委ねられているとされる[55)]。

「(その手段又は方法のいかんを問わない。)」とする文言は，機器の利用による録音物，録画物による上演等も含む趣旨と解される[56)]。

52）WIPO・著作権関係条約解説65頁。

53）この規定は一見当然であるが，来歴上の理由のほか，テープやCDのように，直接録音・録画された著作物を感知できない複製物の作成についても，複製に該当する旨を明らかにしたものと指摘される。WIPO・著作権関係条約解説63頁参照。

54）WIPO・著作権関係条約解説79頁。

55）WIPO・著作権関係条約解説79頁。

56）WIPO・ベルヌ条約解説73頁。

「公に伝達する」とは，放送（⇒本章本節３(5)）を除くものであって，例えば有線放送によって公衆に伝達される場合を想定しているものである[57]。

なお，本条は対象となる著作物が翻訳して利用された場合についても規定している（11 条 2 項）。この場合，翻訳者自身については 2 条 3 項の適否が問題となる（⇒本章第 1 節２(1)(c)）。

(5)　放送権等

著作者は，その文学的及び美術的著作物について，放送に係る以下の 3 つの行為を許諾する排他的権利を享有する（11 条の 2 第 1 項）。

①「著作物を放送すること又は記号，音若しくは影像を無線で送るその他の手段により著作物を公に伝達すること」（同条 1 項(i)）。

音声放送やテレビ放送等の無線による著作物の送信に係る権利である。放送等に係る信号の送信自体が権利の対象であり，受信の有無は重要ではない[58]。

②「放送された著作物を原放送機関以外の機関が有線又は無線で公に伝達すること」（同条 1 項(ii)）。

放送を受信した当該放送事業者以外の機関が，そのまま公に伝達する場合の権利であり，有線の場合も含む。他方でこの場合の有線送信には，11 条 1 項(ii)等の権利は働かない。他人の放送の伝達であり，自身の独自の伝達ではないからである[59]。

集合住宅等において，受信した放送をそのまま各家庭に分配するような有線送信については，この条項の問題となる。ここでは公に伝達すると言えるかどうかが問題となる[60]。

③「放送された著作物を拡声機又は記号，音若しくは影像を伝えるその他の類似の器具を用いて公に伝達すること」（11 条の 2 第 1 項(iii)）。

典型的には，レストラン等で放送を受信した影像等をテレビで映し，公に伝達する場合に係る権利である。

57）WIPO・ベルヌ条約解説 74 頁。
58）WIPO・ベルヌ条約解説 75 頁。
59）WIPO・ベルヌ条約解説 77 頁。
60）WIPO・著作権関係条約解説 90 頁。

⑹　朗読権等

著作者は，その「文学的著作物」について，①「著作物を公に朗読すること(その手段又は方法のいかんを問わない。)」及び②「著作物の朗読を何らかの手段により公に伝達すること」を許諾する排他的権利を享有する（11条の3第1項(i)・(ii)）。

本条項は文学的著作物について，11条における上演権等と同様の権利を付与するものである。文学的著作物とは，条約上定義はないものの，「公に朗読しまたは暗誦することができる演劇用の著作物以外の著作物」を指すとされる[61]。

その他の点は，翻訳に関する場合も含め（同条2項），11条と同様である（⇒本章本節３⑷）。

⑺　翻案権・編曲権等

著作者は，その文学的又は美術的著作物について，「その著作物の翻案，編曲その他の改作」を許諾する排他的権利を享有する（12条）。

本条項は2条3項と関係し，翻案等によって二次的著作物を創作する場合に働く権利として，翻案権等を規定している。

翻案等の定義はされていないものの，小説の演劇化や，コミック化等，翻訳（8条）や映画化（14条1項）を除く多様な行為を含むものと解される[62]。

⑻　映画化権・上映権

著作者は，その文学的又は美術的著作物について，①「著作物を映画として翻案し及び複製すること並びにこのように翻案され又は複製された著作物を頒布すること」及び②「このように翻案され又は複製された著作物を公に上演し及び演奏し並びに有線により公に伝達すること」を許諾する排他的権利を享有する（14条1項(i)・(ii)）。

①は映画化すること自体及びその頒布について規定し，②は映画化されたものの公の上演等（典型的には上映）[63] について定めている。

61）　WIPO・ベルヌ条約解説83頁。

62）　WIPO・著作権関係条約解説95頁。

63）　WIPO・ベルヌ条約解説93頁。

①については，概ね既に紹介した複製権（9条1項⇒本章本節３(3)）や翻案権（12条⇒本章本節３(7)）によって説明され得る。ただし，「頒布」に関する権利が言及されている点が特徴である。

②については，放送等の無線の場合が含まれていないが，これは放送権（11条の2第1項）でカバーされるものだからである[64]。

なお，原作物の映画化による映画の著作物の翻案については，映画の著作者だけではなく，原作物の著作者の許諾も必要である旨規定されている（14条2項）。ベルヌ条約2条3項や12条に鑑みると，当然のことを規定しているといえる[65]。

(9)　追及権

追及権とは，美術の著作物の原作品等について，著作者が最初の譲渡以降にも，その売買の利益の分配を受けることのできる権利である[66]。著作物の価値は時代によって変化するものであり，後年価値が上がり，その原作品の売買代金が高くなることもある。こういった場合等に，その利益について，著作者にも一定程度還元させることを目的とするものである。条文上は，「美術の著作物の原作品並びに作家及び作曲家の原稿については，その著作者（その死後においては，国内法令が資格を与える人又は団体）は，著作者が最初にその原作品及び原稿を譲渡した後に行われるその原作品及び原稿の売買の利益にあずかる譲渡不能の権利を享有する」とされている（14条の3第1項）。譲渡不能の権利とすることで，著作者やその相続人の利益を守ることが可能となる[67]。

もっとも，この権利の導入については，義務的なものとはされず，「著作者が国民である国の法令がこの保護を認める場合に限り，かつ，この保護が要求される国の法令が認める範囲内でのみ」その保護を要求することができるとされており，認めるかどうかは同盟国の裁量の範囲であり，かつ他の同盟国での行使に当たっては相互主義が妥当することが明らかにされている（同条2項）。

64）WIPO・ベルヌ条約解説94頁。

65）WIPO・著作権関係条約解説102頁。

66）追及権について詳細は，小川明子『文化のための追及権――日本人の知らない著作権』（集英社新書，2011年）83頁以下参照。同「追及権の正当化根拠――日本版追及権導入の可能性」著作権研究47号（2022年）121頁も参照。

67）WIPO・著作権関係条約解説105頁。

具体的な徴収方法等については，同盟国の法令の定めによる（同条３項）。

⑽　わが国法との関係

条約上の複製権については，わが国法の複製権（著作21条）が対応する。条約上の翻訳権，翻案権・編曲権等，映画化権については，翻訳権・翻案権等（著作27条。翻訳，映画化も含む。なお，ベルヌ条約14条等，原著作物の著作者の権利との関係で，著作28条も参照）が対応する。条約上の上演権・演奏権等については，上演権及び演奏権（著作22条），上映権（著作22条の2）が概ね対応する。条約上の朗読権等については，口述権（著作24条）が対応する。なお，上記の権利の内，公の伝達が絡む部分については，ベルヌ条約上の放送権も含め，公衆送信権（著作23条1項）と公衆伝達権（同条2項）が対応する（ただし，公衆送信権は，いわゆる異時送信に係るものや一定の場合の送信可能化も含む点で，より広い権利といえる)。また条約上の映画の著作物に関する頒布に係る権利には，頒布権（著作26条）が対応する（ただし，消尽の余地を認めた判例がある[68)][69)]。わが国ではそのほか，展示権（著作25条），映画の著作物以外についての譲渡権（著作26条の2），貸与権（著作26条の3）が規定されている。

一方，追及権については，わが国法は採用していない。追及権が適切に機能するためには，美術品等の公売制度が必要であるが，わが国においてはまだ発達していないため，導入が見送られたと説明されている[70)]。

68)　中古ゲームソフトの譲渡について消尽を認めた最判平成14年4月25日民集56巻4号808頁〔中古ゲームソフト事件〕。もっとも，いわゆる配給制度を前提とした劇場用等の映画の著作物については，消尽は認められないものと考えられる。詳細は茶園（著作権）124〜125頁［陳思勤］参照。

69)　もっとも，フランス語の原文の趣旨からしても，条約上の頒布権は，最初の販売等についてコントロールする権利である以上の含意はないとして，条文の文言にかかわらず，映画の著作物に限らず，すべての著作物が有する権利であるし，結局通常の複製権を認める以上に意義があるものではない（複製と同時に頒布の許諾も行われることが通常である）と説明するものもある。WIPO・著作権関係条約解説100〜101頁。Ricketson and Ginsburg・前掲注37）at 652-653も参照。そうだとすると，わが国法の頒布権が第1譲渡以降の譲渡にも及ぶ場合には，ベルヌプラスの権利が与えられているという位置づけとなろうか。

70)　加戸守行『著作権法逐条講義〔7訂新版〕』（著作権情報センター，2021年）203頁。

４　著作権の制限

⑴　概　説

ベルヌ条約は，一般的な権利制限規定を規定するのではなく，いくつかの個別の権利制限規定を設けている。もっとも後述の通り，権利制限規定が存在していない限り例外を認めないという趣旨ではなく，一定の場合に小規模な例外（小留保）を認めることは，予定されている。なお，ここでいう著作権の制限は，強制許諾制度も含んでいる。

以下，問題となる権利との関係も含めて，説明する。

⑵　公に行われた講演等の著作物に関する制限

ベルヌ条約は，「公に行われた講演，演説その他これらと同性質の著作物」について，報道目的での権利制限を認める裁量を同盟国に与えている。すなわち，「報道の目的上正当な範囲内において，公に行われた講演，演説その他これらと同性質の著作物を新聞雑誌に掲載し，放送し，有線により公に伝達し及び第 11 条の 2 第 1 項に規定する公の伝達の対象とする場合の条件を定める権能」が同盟国に留保されている（2 条の 2 第 2 項）。

要件としては，まず報道の目的上正当な範囲内である必要があり，また，講演等が公に行われている必要がある。加えて，権利制限が認められる対象となる利用行為も，新聞雑誌への掲載等の場合に限定されている（著作者人格権は権利制限の対象に含まれないことにも注意する必要がある）。

なお，その講演等を編集物とすることについては，これらの権利制限は認められず，著作者はその講演等の著作物を編集物とすることについて排他的権利を享有する（同条 3 項）。

⑶　複製権に対する制限

ベルヌ条約は，複製権に対する権利制限規定については，その一般的な要件を定めている。すなわち，「特別の場合について……著作物の複製を認める権能は，同盟国の立法に留保される。ただし，そのような複製が当該著作物の通常の利用を妨げず，かつ，その著作者の正当な利益を不当に害しないことを条件とする」（9 条 2 項）。以下に紹介するように，この条項は 3 つの要件を課していることから，スリーステップテストとも呼ばれる。なお，スリーステップテストは，ベルヌ条約上は複製権に係る権利制限についてのルールであるが，TRIPS 協定（⇒第８章第２節６）や WIPO 著作権条約（⇒第８章第３節５）では，すべての排他的権利に係る権利制限・例外についてのルールとして規定されている。

①特別の場合

ここでいう「特別の場合」について，ベルヌ条約は定義を置いていない。しかし，ⓐ一般的な権利制限を認めないこと，またⓑその導入についての「特別で妥当な法的・政治的正義がなければならない」ことを意味するとする指摘がある[71]。

②著作物の通常の利用を妨げないこと

ここで問題となる通常の利用を妨げる場合とは，著作者による排他的権利の行使と競合が生じる場合を指すとされている[72]。競合が生じるのは，著作者による著作物の供給が従前行われていた市場に限られない。

③著作者の正当な利益を不当に害しないこと

この点については，明確な基準はない。しかし，十分な正当化根拠に基づく権利制限でなければ，著作者の正当な利益を不当に害するものと理解されている[73]。

⑷　引 用 等

⒜　**引用**　　ベルヌ条約は，引用に係る権利制限規定を有している（10 条１項）[74]。これは，自由な言論及び批判の自由に資するものである[75]。そのため，本条項については，同盟国の立法裁量に任せるものではなく，条約上特に規定されており，その導入は義務的なものと理解され得る[76]。

71）　WIPO・著作権関係条約解説 66 頁。

72）　WIPO・著作権関係条約解説 67～68 頁。

73）　WIPO・著作権関係条約解説 68～70 頁。

74）　坂田均「ベルヌ条約ストックホルム改正条約における引用について」同志社法學 73 巻６号（2021 年）1643 頁参照。

75）　WIPO・著作権関係条約解説 71 頁参照。

76）　趣旨からして，実際上導入は不可避であると指摘するものとして，WIPO・著作権関係条約解説 71 頁参照。坂田・前掲注 74）1651 頁も参照。

具体的には，「既に適法に公衆に提供された著作物からの引用（新聞雑誌の要約の形で行う新聞紙及び定期刊行物の記事からの引用を含む。）は，その引用が公正な慣行に合致し，かつ，その目的上正当な範囲内で行われることを条件として，適法とされる」と規定されている。

要件としては，まず，「適法に公衆に提供された著作物」に係る引用でなければならない。もっとも，著作物が「発行」（⇒本章第１節３(3)）されている必要はなく，また著作物の種類にも限定はない[77]。強制許諾によって公衆に提供された著作物を対象にするものであってもよい[78]。

次に，その引用が「公正な慣行に合致」しなければならない。ここでは，引用した部分の長さや著作物との競合等が考慮の対象となるとされている[79]。

最後に，「目的上正当な範囲内」であることが要求される。ここでは，その目的として，「批評，政治上または学術上の論争，実例」等のような目的が該当するとされている[80]。

「公正な慣行に合致」しているかや，「目的上正当な範囲内」かについての具体的な判断は，裁判所に委ねられている[81]。

なお，「新聞雑誌の要約の形で行う……引用」について言及があるのは，要約が「引用」という文言ではストレートに読み込めない形態であるためであるとされる[82]。

(b)　**授業における利用**　　引用における「公正な慣行に合致」「目的上正当な範囲内」と同様の要件のもとで，文学的又は美術的著作物を，「授業用に，出版，放送，録音又は録画の方法で」利用することについては，同盟国の法令等に委ねられている（10条２項）。

「授業」については，初等教育から高等教育まで，あらゆるレベルでの授業が含まれるが，学術研究は含まれないとする指摘がある[83]。また，その授業のために著作物を利用する必要がある。

77）　WIPO・著作権関係条約解説 71 頁。

78）　WIPO・ベルヌ条約解説 65 頁。

79）　WIPO・ベルヌ条約解説 66 頁。

80）　WIPO・著作権関係条約解説 72 頁。

81）　WIPO・ベルヌ条約解説 66 頁。

82）　WIPO・著作権関係条約解説 72 頁。なお WIPO・ベルヌ条約解説 66 頁も参照。

83）　WIPO・ベルヌ条約解説 67 頁。

なお，ここでの放送は，放送の二次的利用（公の伝達）を含むものと解されている[84)]。

(c)　**出所および著作者名の表示**　上記(a)(b)については，その出所（著作者名の表示がある場合には，これも含む）を明示する必要がある（10条3項）。著作者人格権（6条の2）を反映した規定と説明されている[85)]。

(5)　時事問題の記事の複製等

「新聞紙若しくは定期刊行物において公表された経済上，政治上若しくは宗教上の時事問題を論議する記事又はこれと同性質の放送された著作物を新聞雑誌に掲載し，放送し又は有線により公に伝達することを，そのような掲載，放送又は伝達が明示的に禁止されていない場合に認める権能は，同盟国の立法に留保される」（10条の2第1項第1文）。本条項は，時事の事件に関する情報の自由な利用を図るための規定である[86)]。もっとも，その採否は同盟国の立法に委ねられている。

本条項の対象となる著作物は，時事問題を扱ったものに限られる。本条項の対象となる著作物の利用については，新聞雑誌への掲載のほか，ニュース番組等による放送も該当する。また放送された著作物の二次的利用（例えば，テレビのスクリーンによる公の伝達）も含まれる[87)]。ただし，これらの利用が明示的に禁止されている場合は認められない。

また，引用等の場合と同様，出所の明示（引用等と異なり著作者名の表示が特別に指摘されていないものの，もし記者の氏名が表示されていれば，氏名表示権との関係からも要求されるであろう）[88)]が要件となっており（同項第2文），その違反に対する制裁は同盟国の法令に委ねられている（同項第3文）。

(6)　時事の報道における著作物の複製等

「写真，映画，放送又は有線による公の伝達により時事の事件を報道する際

84)　WIPO・ベルヌ条約解説67頁。
85)　WIPO・著作権関係条約解説73頁。
86)　WIPO・著作権関係条約解説75～76頁。
87)　WIPO・ベルヌ条約解説69頁。
88)　WIPO・著作権関係条約解説77頁。

に，その事件の過程において見られ又は聞かれる文学的又は美術的著作物を報道の目的上正当な範囲内で複製し及び公衆に提供する場合の条件」についても，同盟国の法令に留保される（10条の2第2項）。本条項も情報の自由に対する配慮によるものであって，ニュース放送等に関して，偶然，著作物が付随的に含まれてしまうことについての権利制限を認めることを予定したものとされており[89]，それに合わせた要件が設定されている。

まず，本条項は，時事の報道に際し，「その事件の過程において見られ又は聞かれる」著作物に対応する規定であって，後づけで著作物を含める（例えば報道番組の影像に関して，保護される音楽の著作物をBGMとする等）ことは認められない[90]。

また，「報道の目的上正当な範囲内」の複製等しか認められず，必要以上の利用はこの要件に反することになる。

(7) 放送権等に係る制限

(a) **強制許諾**　11条の2第1項に定める放送権等について，「権利を行使する条件は，同盟国の法令の定めるところによる」（11条の2第2項第1文）と規定されている。すなわち，原則として排他的権利として構成される放送権等について，同盟国において強制許諾制度を採用する余地を認めている[91]。これは，公共の利益のための規定と位置づけられている[92]。

ただし，その条件は，それを定めた当該国内にのみ効力を有する（同項第2文）。また，その条件は，著作者人格権を害するものであってはならないとともに，「協議が成立しないときに権限のある機関が定める公正な補償金を受ける著作者の権利を害するものであつてはならない」（同項第3文）。後者の要件における「公正な補償金」については，明確な基準はないものの，全くの自由ということはなく，例えば契約によるライセンス料相当の金額を同盟国の機関が定めること等が想定される[93]。

89） WIPO・ベルヌ条約解説70頁，WIPO・著作権関係条約解説77頁参照。

90） WIPO・ベルヌ条約解説70頁。

91） もっとも，条文上は「条件」を定めることを認めるとするのみであるから，強制許諾制度以外にも，例えば集中管理機構による権利行使のみ認める等の条件を規定することも可能であるとされる。WIPO・著作権関係条約解説92頁。

92） WIPO・ベルヌ条約解説78頁。

(b)　**放送のための一時的記録**　11条の2第3項第1文は，放送権等に関する許諾について，「別段の定めがない限り，放送される著作物を音又は影像を固定する器具を用いて記録することの許諾を含まない」と規定する。放送するに際しては，多くの場合，放送内容に係る著作物の録音や録画を伴うが，著作物の放送に係る許諾を得たとしても，原則として著作物の録音等までは許諾が及んでいないことを明らかにしている。

その上で，第2文において，「放送機関が自己の手段により自己の放送のために行う一時的記録の制度」については，同盟国の法令に委ねると規定されており，同盟国はこの場合に権利制限を課すことができる。これにより，放送の許諾によって，それに伴う一時的複製も認められるように取り扱うことが可能である[94]。

「一時的」の意味については明らかではないが，立法例では1か月から1年まで様々であるとされる[95]。

一時的記録は，「放送機関が自己の手段により」かつ「自己の放送のために行う」ことが必要であり，他の放送事業者から一時的記録の供給を受ける，あるいは自己が作成した一時的記録を他の放送事業者に貸与すること等は許されない[96]。

また，第3文において，異なる権利制限の余地として，「当該法令は，その一時的記録が資料として特別の性質を有することを理由として，これを公的な記録保存所に保存することを認めることができる」と規定されている。これは一時的記録の資料としての特別な性質を理由とするものである[97]。もっとも，保存先は公的な記録保存所（例えば国立図書館等）でなければならず，また保存を目的とするものでなければならない[98]。

(8)　録音権に関する留保等

ベルヌ条約は，音楽の著作物に関連して，「各同盟国は，自国に関する限り，

93）WIPO・著作権関係条約解説92頁参照。
94）WIPO・ベルヌ条約解説80頁。
95）WIPO・ベルヌ条約解説80頁。
96）WIPO・ベルヌ条約解説81頁。
97）WIPO・ベルヌ条約解説81頁。
98）WIPO・著作権関係条約解説93頁。

音楽の著作物の著作者……が，その音楽の著作物を録音すること……を許諾する排他的権利に関し，留保及び条件を定めることができる」と規定する（13条1項。なお，音楽の著作物とともにその歌詞を録音することを既に許諾している歌詞の著作者についても同様の取扱いが認められている）[99]。

ただし，その条件は，それを定めた当該国内にのみ効力を有する（同条１項第２文）。そのため，強制許諾により作成された録音物が，利害関係人の許諾なく，そのような録音が適法とされない同盟国に輸入される場合には，差押えの対象となる（同条３項）。また，「その留保及び条件は，協議が成立しないときに権限のある機関が定める公正な補償金を受ける著作者の権利を害するものであつてはならない」（同条１項第３文）[100] として，補償金の支払が担保されている。

⑼　翻訳権に関する例外

翻訳権については，権利の制限を認める規定は存在しない。しかし，ベルヌ条約のストックホルム改正会議の場において，少なくとも，２条の２第２項，９条２項，10条１項・２項，10条の２第１項・第２項については，公正な慣行に従い，かつ著作者人格権を害しないことを条件に，翻訳による利用も認められるべきとされた[101]。

一方，11条の２第２項・第３項，13条については，翻訳による利用も認めるか，解釈に争いがある[102]。

⑽　小 留 保

条約に明文の規定はないものの，改正会議等での議論において，11条１項（上演権・演奏権等），11条の２第１項（放送権等），11条の３第１項（朗読権等），14条１項（映画化権・上映権。映画の著作物に関する14条の２第１項によって認められる権利についても同様）については，複製と関係のない限り，黙示の「小留

99）映画についてはこの強制許諾制度の適用がないことが，14条３項で明らかにされている。

100）なお，11条の２第２項と異なり，著作者人格権を害しないことが明文で規定されていないものの，６条の２から当然にこの場合にも要請されると考えられる。WIPO・ベルヌ条約解説89頁，WIPO・著作権関係条約解説96頁。

101）WIPO・著作権関係条約解説62頁。

102）WIPO・著作権関係条約解説62頁。

保」に基づく権利制限の余地が認められている[103)]。その例としては，宗教的儀式に関するものや，軍楽隊によるもの，あるいは子どもや成人の教育のために行われるものが挙げられている[104)]。

なお，先述の通り，複製権（9条1項）については，スリーステップテストの基準に沿った留保が認められているため，小留保の対象ではない。

⑾　わが国法との関係

わが国法における権利制限規定は，30条以下に，個別の権利制限規定として列挙されている。

また，強制許諾制度については，わが国法では裁定による著作物の利用として定められており，①著作権者不明等の場合における著作物の利用（67条。67条の2も参照）に加えて，条約に対応する，②著作物の放送に係る裁定（68条），③商業用レコードへの録音等に係る裁定（69条）が規定されている。

⑿　特殊な例外

ベルヌ条約は，附属書において，開発途上国（附属書1条1項）に対する特別の規定を用意している（21条1項。原則として附属書は条約本体と一体のものと位置づけられる。同条2項）。

まず，開発途上国に対しては，一定の著作物に関する翻訳権及び複製権について，強制許諾制度を採用することを認めている（翻訳権につき附属書2条1項，複製権につき附属書3条1項）。

また，翻訳権に係る強制許諾制度と選択的に（附属書5条2項），いわゆる10年制度の採用も認められている（附属書5条1項→30条2項a号・b号）[105)]。10年制度とは，著作物の最初の発行から10年以内に，特定の国で一般に使用されている言語（の1つ）への翻訳が許諾を得て行われない時は，その著作物に係る翻訳権がその国で消滅するという制度である[106)]。以降その国では，その

103）　WIPO・著作権関係条約解説81～85頁。

104）　WIPO・著作権関係条約解説85頁。

105）　なお，開発途上国でなくても，従前から留保を続けている同盟国や，新規加盟国は，10年制度の採用が可能であるが，後者に対しては，他の同盟国は一定の要件のもとで，相互主義の採用を認められている（30条2項a号・b号）。

106）　WIPO・ベルヌ条約解説142頁。

著作物の翻訳が無許諾で可能になる。

いずれも，主に開発途上国の発展のために認められた特殊な例外である。

5 保護期間

⑴ 原　則

ベルヌ条約は，原則として，「著作者の生存の間及びその死後50年」を保護期間として定めている（7条1項）[107]。その上で，以下に紹介する特則を用意している。

著作物の保護期間を定めるのは，著作物の保護と利用のバランスに鑑み，著作物は，一定期間の保護の後は，パブリックドメインに帰すべきと考えられたためであり，また，著作者の死後50年の保護を認めているのは，直系3世代，つまり孫の世代までの著作物の保護を念頭に置いているためである[108]。

⑵ 特　則

(a) **映画の著作物**　映画の著作物については，多くの者が創作に関わるため，著作者となる者が多数に上り，その保護期間の算定に困難を生じると考えられた[109]。また，映画の著作物の製作者等を基準とすることにも支障があった[110]。このようなことから，保護期間を「著作者の承諾を得て著作物が公衆に提供された時から50年」（50年以内に前記の公衆への提供がなされないものについては，著作権がいつまでも消滅しない事態を避けるため，その製作の時から50年）と定める権能を同盟国に認めている（7条2項）。

ここでの公衆への提供は，「発行」よりも広い概念であり，複製物の公衆への提供に限らず，公衆への上映や放送等も含まれる[111]。ただし，著作者の承諾を得たものであることが必要である。

(b) **無名又は変名の著作物**　無名又は変名の著作物については，著作者が明らかでない場合に，保護期間の算定が困難であることから，「著作物が適

107）条約の来歴上，7条7項に若干の経過的な例外が用意されている。
108）WIPO・ベルヌ条約解説51頁。
109）WIPO・著作権関係条約解説57頁。
110）WIPO・著作権関係条約解説56頁参照。
111）WIPO・著作権関係条約解説56頁。

法に公衆に提供された時から50年」とされている（7条3項第1文）。

ただし，著作者が誰であるか疑いない場合（同項第2文）や，第1文による保護期間中に著作者が著作者であることを明らかにした場合（同項第3文）には，原則に戻って著作者の死後50年の保護を受ける。

なお，無名又は変名の著作物が公衆に提供されず，上記の算定が行うことができない場合に備えて，「著作者が50年前に死亡していると推定する十分な理由のある」ものについては，保護しなくてもよいとされている（同項第4文）。

(c)　**写真の著作物及び応用美術の著作物**　写真の著作物については，他の美術の著作物との関係で，保護の程度やその条件が争われてきたこと[112]，応用美術の著作物については，保護の方法が選択的であること（⇒本章第1節２(1)(b)）[113]から，製作の時から25年間を下回らない保護を同盟国に要求することとして，原則よりも短期の保護期間を認めるものとなっている（7条4項）。

(3)　算定方法

著作者の死亡をはじめとして，上記の各保護期間の算定に係る事実があった日付までを明らかにして保護期間を計算することは煩雑である。そのため，保護期間の算定にあたっては，「死亡の年又はそれらの事実が発生した年の翌年の1月1日から計算する」として，保護期間の計算の単一化を図っている（7条5項）。結果として，著作物の保護期間は実際上規定より若干長くなることが多い。

なお，共同著作物の場合，著作者の死亡を判断するに当たっては，共同著作者のうち最後の生存者の死亡の時を基準として計算するとされている（7条の2）。

(4)　同盟国による長期の保護

もっとも，これらはいずれも条約上の最低限の保護期間であって，同盟国においてそれよりも長い保護期間を認めることは否定されていない（7条6項）。

そのため，著作物の保護期間が同盟国によって異なる場合があり得るが，

112）　WIPO・著作権関係条約解説59頁。

113）　WIPO・ベルヌ条約解説54頁。

「保護期間は，保護が要求される同盟国の法令の定めるところによる」と規定されており，保護期間が異なる場合には，保護が要求される国の法令によって認められる保護期間が適用されることになる（7条8項第1文）。もっとも，例えば，著作物の本国における著作物の保護期間が短く，保護が要求される国の保護期間が長い場合，不公平が生じる。そのため，保護期間については内国民待遇原則の例外を認め[114]，「保護期間は，著作物の本国において定められる保護期間を超えることはない」とすることで，この問題を解決している（同項第2文。ただし，法令で特別の定めを置くことで，より長期の保護を与えることも可能である）。

⑸　条約の遡及効

保護期間との関係で，条約の遡及効についても説明する。

ベルヌ条約は，「この条約は，その効力発生の時に本国において保護期間の満了により既に公共のものとなつた著作物以外のすべての著作物について適用される」（18条1項）と規定しており，著作物の本国が同盟国となった際，既に保護期間の満了によって本国でパブリックドメインに帰した著作物については，条約上の保護を及ぼす義務がない旨明らかにされている（他方，例えば本国において方式の履行に失敗したことによって保護されていない状態にある著作物については，この限りではない[115]）。

一方で，「従来認められていた保護期間の満了により保護が要求される同盟国において公共のものとなつた著作物は，その国において新たに保護されることはない」（18条2項）とされている。保護が要求される当該同盟国において著作物の保護が失われたことを前提に行動していた者を保護するためである[116]。

⑹　わが国法との関係

わが国の著作権法における著作物の保護期間（著作権の存続期間）は，従来は著作者の死後50年までとしていたが，TPP協定をめぐる交渉に端を発した法

114)　WIPO・ベルヌ条約解説56頁。
115)　WIPO・著作権関係条約解説114頁。
116)　WIPO・ベルヌ条約解説113頁参照。

改正により，現在は著作者の死後70年までとなり（著作51条2項），わが国はベルヌ条約の要求する最低限の保護期間を超える期間を採用することとなった（計算に際して著作者の死亡等の翌年から起算するとする著作57条も参照）。また，映画の著作物については，従来原則公表後70年間の保護を認めており（著作54条1項），こちらもベルヌ条約におけるよりも長期の保護となっている。

無名又は変名の著作物については，著作権法52条に規定がある。

わが国以外の同盟国を本国とする著作物については，本国の保護期間を採用する旨規定されている（著作58条）。

６　著作権侵害物の差押え

⑴　概　説

ベルヌ条約は，著作者の権利に係る救済手段として，保護を受ける同盟国における差押えを規定している（16条1項）。

また，著作物が保護を受けない国や受けなくなった国において作成された複製物についても適用されるとしている（同条2項）。これは，保護を受けない国で作成された複製物が同盟国に輸入される場合等を想定している。

もっとも，具体的な手続等については，各同盟国の法令に委ねられている（同条3項）。

差押え以外の救済手段についても，国内法に委ねられている[117]。

⑵　わが国法との関係

わが国法においては，ベルヌ条約上の差押えに対応する救済手段として，民事事件に対応して差止請求に伴う予防等の措置請求が用意されている（著作112条2項）。加えて，税関における没収手続も用意されている（関税法69条の11第1項9号・同条2項参照）。なお，刑事罰に伴う没収も認められている（刑法19条）。

その他，差止め（著作112条1項），損害賠償（民709条），刑事罰（著作119条以下）等の規定が設けられている。

117）　WIPO・ベルヌ条約解説109頁。

第４節　その他の規定

❖POINT❖

◆　ベルヌ条約は，22条以下に，ベルヌ同盟の内部機関，条約の修正・改正，条約への加入，条約の廃棄，条約の適用関係，紛争の解決等に関する国際公法等，管理的性格の規定を定めている。

１　概　　説

ベルヌ条約は，22条以下に，国際公法・管理的性格の規定を定めている。例えば，ベルヌ同盟の内部機関，条約の修正・改正，条約への加入，条約の廃棄，条約の適用関係，紛争の解決に関する規定である。ベルヌ条約におけるこれらの規定は，概ねパリ条約と同様であることから，以下では既に詳述したパリ条約の規定に係る説明を参照しつつ，簡略に述べるに留める。

２　ベルヌ同盟の内部機関

ベルヌ同盟の内部機関として，総会（22条），執行委員会（23条），国際事務局（24条）等がある（パリ条約と比較⇒第２章第６節）。

総会は，ベルヌ同盟の最高機関であり，そのすべての政策決定権及び監督権を有している（22条２項）ことや，22条から26条までの規定に拘束される同盟国により構成され（同条１項ａ号），各構成国は一の票を有する（同条３項ａ号）こと等，パリ条約と同様である。総会の決定は，ベルヌ条約の修正・改正の場合を除き，投票の３分の２の多数決によって行われる（同条３項ｄ号）。総会の会期もパリ条約と概ね同様である（同条４項ａ号・ｂ号）。

執行委員会の任務もパリ条約とほぼ同様である（23条６項ａ号）。構成国の構成，選出方法等も同様である（同条２項以下）。

同盟の管理業務は，パリ条約よって設立された同盟事務局と合同した同盟事務局の継続である国際事務局（WIPOの知的所有権国際事務局。WIPO設立条約２条(ii)）が行う（ベルヌ条約24条１項ａ号）。その任務はパリ条約と概ね同様である（同条１項ｂ号・同条２項以下）。

３　条約の修正・改正

パリ条約と同様，ベルヌ条約でも，同条約の改正として，22 条から 26 条までの規定の修正（26 条）とその他の規定の改正（27 条）を区別している（⇒第 2 章第 6 節３）。

管理規定である 22 条から 26 条までの規定の修正は，パリ条約同様の多数決の方法で行われる。

一方，その他の規定の改正については，改正会議で審議され（27 条 2 項），附属書も含め，その改正に係る議決方法については，全会一致が明文で規定されている（同条 3 項）。そして，改正された条約は，これを批准・加入した国のみを拘束する。

４　条約への加入

ベルヌ条約パリ改正条約への批准・加入については，既にベルヌ同盟国である国とベルヌ同盟国でない国で異なる取扱いがされており，概ねパリ条約におけるストックホルム改正条約の批准・加入と同様である（⇒第 2 章第 6 節４）。

既にベルヌ同盟国である国については，28 条に規定があるが，留保可能な実体規定が，1 条から 21 条及び附属書になっている点に注意が必要である（28 条 1 項 b 号。なお附属書 6 条の事前適用を宣言している国にあっては，1 条から 20 条）。

同盟国でない国については，29 条に規定があり，パリ条約 21 条とほぼ同様のものとなっている。

この改正条約に係る留保については，①主に翻訳権に関する従前からの留保（30 条 2 項），②同盟国によるパリ改正条約受諾時の実体規定の留保（28 条 1 項 b 号），③司法的条項（33 条 2 項），④附属書に係るもののみ認められる（30 条 1 項）。

条約の適用の確保に関する規定（36 条），従前の条約の閉鎖（34 条）についても，概ねパリ条約と同様である。

５　条約の廃棄

条約の廃棄については，35 条に規定があり，これはパリ条約 26 条と同様のものである（⇒第 2 章第 6 節５）。

6　条約の適用関係

パリ条約同様，ベルヌ条約も新旧併存条約であり，その適用関係は32条が規律する。

まず，①最新の改正条約であるパリ改正条約は，それが適用される同盟国相互の関係においては，それが適用される範囲において，先行する改正条約にとって代わる（32条1項第1文）。「それが適用される範囲」とは，この改正条約が全部適用される場合には全体を，一部適用される場合（例えば，28条1項b号による実体規定の留保[118]）には当該部分を意味する。

次に，②パリ改正条約に拘束されていない他の同盟国との関係においては，「従来実施されていた諸条約は，……全面的に又はこの改正条約が第1文の規定に基づいてそれらの条約に代わる範囲を除き，引き続き適用される」とされており（32条1項第2文），両者の受諾した最新の改正条約により規律される。

最後に，「同盟に属しない国でこの改正条約の締約国となるものは，3項の規定に従うことを条件として，この改正条約に拘束されない同盟国又はこの改正条約に拘束されるが第28条1項b号の規定に基づく宣言を行つた同盟国との関係において，この改正条約を適用するものとし，自国との関係において次のことを認める。

(i)当該同盟国が，その拘束される最新の改正条約を適用すること。

(ii)当該同盟国が，附属書第1条6項の規定に従うことを条件として，保護をこの改正条約に規定する水準に適合させる権能を有すること。」（32条2項）。

すなわち，まず新たな加盟国は，従前のすべての同盟国（パリ改正条約に加入していない同盟国及び，28条1項b号に係る留保をしている国を含む）との関係で，パリ改正条約に従う必要がある。

一方，そのような新たな加盟国に対する，従前の同盟国は，自身が拘束される最新の改正条約を適用すれば足りる（32条2項(i)）。ただし，パリ改正条約の水準まで保護を引き上げることも選択できる（同項(ii)）。

なお，32条3項において，パリ改正条約の附属書を利用する開発途上国と，パリ改正条約に拘束されない同盟国との関係が規定されている。パリ改正条約

118）　WIPO・ベルヌ条約解説147頁。

に拘束されない同盟国との間では，当該同盟国による附属書の適用の受諾がない限り，その国との関係で開発途上国による附属書の適用は認められない。事前適用（附属書６条１項(ii)）による当該同盟国による受諾が念頭に置かれている[119]。

７　紛争の解決

ベルヌ条約の解釈・適用に関して同盟国間で紛争が生じた場合の解決については，パリ条約同様（⇒第２章第６節７），国際司法裁判所を利用する規定が用意されている（33条１項）。もっとも，この点に関する留保ができることも同様である（33条２項）。なお現在では，ベルヌ条約の大半の実体規定について，TRIPS協定に基づき遵守が求められるため，その違反はTRIPS協定違反となり，実効性ある救済（⇒第３章第４節３）が期待できる。

８　署名・言語

この改正条約は，英語及びフランス語による本書１通について署名するものとし，事務局長に寄託する（37条１項ａ号）[120]。事務局長は，関係政府と協議の上，ドイツ語，アラビア語，スペイン語，イタリア語，ポルトガル語及び総会が指定する他の言語による公定訳文を作成する（同項ｂ号）。ただし，これらの条約文の解釈に相違がある場合には，フランス文が優先する（同項ｃ号）。

119）　WIPO・ベルヌ条約解説149頁。

120）　なお，1972年１月31日までは，署名のため開放されており，その間はフランス共和国政府に寄託されていた（37条２項）。

第8章 その他の著作権関係条約

第1節 総　論

POINT

◆ 著作権及び関連する権利に関する条約として，ベルヌ条約以外に，TRIPS協定，「著作権に関する世界知的所有権機関条約」（WIPO著作権条約），「実演家，レコード製作者及び放送機関の保護に関する国際条約」（ローマ条約），「実演及びレコードに関する世界知的所有権機関条約」（WIPO実演・レコード条約）等がある。

著作権及び関連する権利についての国際的な取極は，前章でみたベルヌ条約が中心的な役割を果たしている。ただ，著作権及び関連する権利を取り巻く環境は，デジタル技術や通信技術の急速な発展とネットワーク社会の拡大に伴い，大きな変化を続けている。

ベルヌ条約は，1886年の成立以来，おおよそ20年に一度のペースで改正が行われてきたが，このペースではとても上記の変化に対応できるものとはいえない。また，近年の南北問題の深刻化は，著作権関連分野においても例外ではなく，権利保護を強く求める先進国側と，これに抵抗する開発途上国との間の対立は厳しいものがある。さらにソフトウェアや映画・音楽といった著作物の保護を巡っては，先進国間においても激しい利害対立があることも少なくない。そのため，このような対立を抱えたまま，全会一致を原則とするベルヌ条約の改正（⇒第7章第4節3）をスピードアップすることは困難な状況となっている。

そこで，ベルヌ条約の改正という枠組みを離れて，著作権関連分野でも早急に対応が求められる問題や，著作権の特定の側面について改めて議論をし，そこで国際的な合意を形成することが目指されるようになった。こうして採択された著作権関係条約として，インターネットの普及に伴う問題に対応する「著作権に関する世界知的所有権機関条約」[1)]（WIPO 著作権条約），「実演及びレコードに関する世界知的所有権機関条約」[2)]（WIPO 実演・レコード条約），実演家等の保護に関する「実演家，レコード製作者及び放送機関の保護に関する国際条約」[3)]（ローマ条約）等がある。また，貿易の側面から合意形成がされた TRIPS 協定は，著作権及び関連する権利に関する規定を含んでいる。

本章では，これらベルヌ条約以外の著作権関係条約について説明をする[4)]。

第２節　知的所有権の貿易関連の側面に関する協定（TRIPS 協定）

POINT

- ◆　TRIPS 協定は，産業財産権だけでなく，著作権及び関連する権利についても重要な規定を有している。
- ◆　TRIPS 協定は，ベルヌ条約プラス・アプローチを採用している。

１　概　　説

知的所有権の貿易関連の側面に関する協定（TRIPS 協定）についての解説はすでに第３章でされているが，ここでは，TRIPS 協定の著作権に関連する部分について解説をする。なお，TRIPS 協定の著作隣接権に関する部分については第４節４で解説する。

1)　World Intellectual Property Organization Copyright Treaty.

2)　World Intellectual Property Organization Performances and Phonograms Treaty.

3)　International Convention for the Protection of Performers, Producers of Phonograms and Broadcasting Organizations.

4)　なお，著作権に関連する条約としては，1952 年に成立した万国著作権条約（Universal Copyright Convention）があり，わが国も 1956 年に同条約を締結している。同条約は，著作権の保護を受けるためには，登録や作品の納入といった方式を要求する国と無方式主義のベルヌ条約の同盟国との間を架橋する役割を担っていたが，現在は同条約の締結国のほとんどがベルヌ条約締結国となっているため，その実質的な役割は消滅しているとされる（⇒第７章第１節１(3)）。

2　ベルヌ条約との関係

TRIPS 協定は，産業財産権の保護に関して，パリ条約プラス・アプローチを採用している（2条1項⇒第3章第2節3）。これに類似して，著作権に関しては，ベルヌ条約プラス・アプローチを採用している。具体的には，TRIPS 協定9条1項は，ベルヌ条約1条から21条まで及び附属書の規定を遵守することをWTO加盟国に義務づけており，これによりベルヌ条約の上記実体規定がTRIPS 協定の一部を構成し，TRIPS 協定の規定としてWTO加盟国に適用されることになる。それゆえ，9条1項を通じてベルヌ条約の規定の解釈がWTO加盟国間において争われることもある[5)]。

なお，ベルヌ条約6条の2の規定に基づいて与えられる権利又はこれから派生する権利（著作者人格権⇒第7章第3節2）については，TRIPS 協定上の義務とならない（9条1項第2文）。

3　内国民待遇原則及び最恵国待遇原則

TRIPS 協定は，前述したように，3条で内国民待遇原則（⇒第3章第2節4）を定めており，わが国は，著作権の保護に関して，日本国民に与える待遇よりも不利でない待遇を，WTO加盟国の国民に与える義務がある。

さらに，4条では最恵国待遇原則（⇒第3章第2節4）を定めており，わが国が他の国の国民に与える著作権保護は，すべてのWTO加盟国の国民にも与える義務がある。

4　保護の内容

(1)　著作権の保護範囲

9条2項は，「著作権の保護は，表現されたものに及ぶものとし，思想，手続，運用方法又は数学的概念自体には及んではならない」と規定している。著作権

---

5)　例えば，法律により出版又は頒布が禁止された著作物については著作権法上の保護を与えないとする中国の著作権法4条第1文を巡って，アメリカと中国の間で争われた紛争事案も，TRIPS 協定9条1項を通じてベルヌ条約5条1項の解釈が争われたものであった。この事案のパネル報告（WT/DS362/R）については，鈴木將文「中国の知的財産制度のTRIPS 協定整合性」L&T 44号（2009年）30頁参照。

が表現を保護するものであり，思想やアイディアを保護するものではないことを確認するものである。

⑵　コンピュータ・プログラム及びデータの編集物

10条1項は，「コンピュータ・プログラム（ソース・コードのものであるかオブジェクト・コードのものであるかを問わない。）は，1971年のベルヌ条約に定める文学的著作物として保護される」と規定し，コンピュータ・プログラムを文学的著作物として保護することを明らかにした。

また，素材の選択又は配列によって知的創作物を形成するデータその他の素材の編集物（機械で読取可能なものであるのか他の形式のものであるかを問わない）についても，知的創作物として保護される（10条2項第1文）。このデータの編集物は，個々の素材とは別個の知的創作物として保護される。すなわち，その保護は，当該データその他の素材自体には及んではならず，また，当該データその他の素材自体について存在する著作権を害するものであってはならないとされている（同項第2文）。

⑶　貸 与 権

貸与権については，TRIPS協定の交渉時点において，国内法で規定を有していたのは先進国のごく一部に限られていた。しかし，映画やゲーム，音楽といったコンテンツのレンタル業の成長もあって，その必要性が認識され，TRIPS協定に貸与権に関する規定が設けられることとなった[6)]。

TRIPS協定は11条第1文で，「少なくともコンピュータ・プログラム及び映画の著作物については，加盟国は，著作者及びその承継人に対し，これらの著作物の原作品又は複製物を公衆に商業的に貸与することを許諾し又は禁止する権利を与える」と規定し，貸与権の保護対象となる著作物として，コンピュータ・プログラムと映画の著作物を明記するとともに，貸与権の内容を単なる報酬請求権ではなく，貸与を許諾するか禁止するかを決定できる排他的な権利であるとしている。

6)　ただし，TRIPS協定に貸与権を規定するにあたり，保護の対象となる著作物の範囲を巡っては，活発な議論がなされた。尾島67頁参照。

ただし，映画の著作物については，「加盟国は，その貸与が自国において著作者及びその承継人に与えられる排他的複製権を著しく侵害するような当該著作物の広範な複製をもたらすものでない場合には，この権利を与える義務を免除される」と定め（同条第２文），一定の要件の下で貸与権を付与しなくてもよいとこととしている。

また，コンピュータ・プログラムについては，この権利を与える義務は，当該コンピュータ・プログラム自体が貸与の本質的な対象でない場合には適用されない（同条第３文）。コンピュータ・プログラム自体が貸与の本質的な対象ではない場合とは，例えば，コンピュータ・プログラムにより制御される装置を搭載している自動車の貸与の場合である[7)]。

５　保護期間

９条１項はベルヌ条約７条，７条の２の遵守を定めていることから，自然人が著作者である著作物の場合，その保護期間は，著作者の生存の間及びその死後 50 年である。

TRIPS 協定 12 条は，自然人の生存期間に基づいて計算されない保護期間について規定している。これによると，著作物（写真の著作物及び応用美術の著作物を除く）の保護期間は，権利者の許諾を得た公表の年の終わりから少なくとも 50 年である（12 条第１文）。また，著作物の製作から 50 年以内に権利者の許諾を得た公表が行われない場合には，保護期間は，その製作の年の終わりから少なくとも 50 年とされた（同条第２文）。

６　制限及び例外

前述したように，ベルヌ条約９条２項は，複製権に対する制限について，①特別の場合，②著作物の通常の利用を妨げないこと，③著作者の正当な利益を不当に害しないこと，の３つの要件を課しており，これは，スリーステップテストと呼ばれている（⇒第７章第３節４(3)）。

TRIPS 協定 13 条は，「加盟国は，排他的権利の制限又は例外を著作物の通常の利用を妨げず，かつ，権利者の正当な利益を不当に害しない特別な場合に

7）尾島 68 頁参照。

限定する」と規定し，スリーステップテストを複製権に限らず，全ての排他的権利の制限に係る原則としている。

スリーステップテストに関して，ECと米国間で米国著作権法110条5項をめぐり争われた紛争事例がある。パネル報告では，スリーステップテストの第1要件「特別の場合」について，これに該当するか否かは，当該規定によって著作権による制約を免れることになる潜在的な受益者の範囲が問題になるとした上で，パネルに提出された事実によれば，米国著作権法110条5項Ｂ号[8]により大多数の飲食店及び半数の小売店が著作権による制約を免れることになるとして，同規定は「特別の場合」に該当するものではないと判断した[9]。

第３節　著作権に関する世界知的所有権機関条約（WIPO著作権条約）

POINT

◆　新しいテクノロジーが著作権法分野にもたらした問題に対応するため，WIPO著作権条約が成立した。

◆　WIPO著作権条約も，ベルヌ条約プラス・アプローチを採用している。

１　概　　説

1980年代後半，デジタル技術やインターネットといった新しいテクノロジ

8)　Section 110(5) B of the United states Copyright act as amended by the “Fairness in Music Licensing act” enacted on 27 October 1998. 非演劇的音楽著作物の実演又は展示を収録した放送を受信して利用する場合であっても，①飲食施設以外の場合は施設面積が2000平方フィート未満であるとき，飲食施設の場合は，施設面積が3750平方フィート未満であるとき，又は，それ以上の面積であっても，音声のみの実演の場合には6台以内のスピーカーで，視聴覚による実演又は展示の場合には4台以内の視聴覚装置で，画面サイズが55インチを超えず，かつ，実演又は展示の音声部分が合計6台以内のスピーカーを使用して伝達する場合で，②その送信又は再送信を視聴することに対して直接料金が課されず，③その送信又は再送信が，これを受信する施設からさらに送信されず，④その送信又は再送信が，公に実演又は展示される著作物の著作権者の許諾を受けている場合には，上記施設内の伝達行為は，著作権を侵害するものではないとする規定である。

9)　パネル報告 WT/DS160/R（採択日2000年7月27日）。遠藤健太郎「EUによる米国著作権法第110条第(5)項に関するWTO提訴の結果概要について」コピライト474号（2000年）25頁，道垣内正人＝内記香子「米国の著作権法に関するWTOパネル報告（上・下）」国際商事法務29巻3号（2001年）277頁，4号414頁参照。

ーが著作権法分野にもたらした問題に対応するための国際的なルールの必要性が認識され始めた。当初，WIPO はベルヌ条約の改正を検討していたが，先進国と開発途上国の対立が厳しく議論は難航していた。そこで，ベルヌ条約の改正ではなく，TRIPS 協定において用いられたベルヌ条約の実体規定を準用しつつそれにプラスする方式（ベルヌ条約プラス・アプローチ）を採用し，1996 年に，次節で説明する WIPO 実演・レコード条約と同時に，著作権に関する世界知的所有権機関条約（WIPO 著作権条約[10]）が成立した。わが国は 2000 年に加入した。この条約の締約国は，2023 年 6 月現在，115 か国である。

2　ベルヌ条約との関係

WIPO 著作権条約は，ベルヌ条約 20 条の「特別の取極」である（1 条 1 項）。WIPO 著作権条約の締約国は，ベルヌ条約 1 条から 21 条まで及び附属書の規定を遵守しなければならない（同条 4 項）。なお，WIPO 著作権条約の締約国となるためには，ベルヌ同盟国である必要はない。WIPO の加盟国であれば，この条約の締約国となる資格を有する（17 条）。

3　内国民待遇原則

WIPO 著作権条約は 1 条 4 項でベルヌ条約 5 条 1 項を準用しているため，内国民待遇原則が採用されている（⇒第 7 章第 2 節 **2**）。したがって，この条約の締約国は，ベルヌ条約及び WIPO 著作権条約によって保護される著作物に関しては，その国の法令が自国民に現在与え又は将来与えることがある権利，ベルヌ条約及び WIPO 著作権条約が特別に与える権利を著作者に享受させなければならない。

4　保護の内容

(1)　著作権の保護範囲

2 条は，「著作権の保護は，表現されたものに及ぶものとし，思想，手続，運用方法又は数学的概念自体に及ぶものではない」と規定している。TRIPS 協定 9 条 2 項と同様の規定である（⇒本章第 2 節 **4**(1)）。

10)　WCT とも呼ばれる。

⑵　コンピュータ・プログラム及びデータの編集物（データベース）

4条は，コンピュータ・プログラムがベルヌ条約2条に規定する文学的著作物として保護されることを明記している。この保護は，コンピュータ・プログラムの表現方法又は形式のいかんを問わず与えられる。したがって，コンピュータ・プログラムがソース・コードの形式であろうとオブジェクト・コードの形式であろうと，文学的著作物として保護される。

また，5条では，素材の選択又は配列によって知的創作物を形成するデータその他の素材の編集物は，その形式のいかんを問わず，知的創作物として保護されると規定されている。その保護は，当該データその他の素材自体に及ぶものではなく，また，当該編集物に含まれるデータその他の素材について存在する著作権を侵害するものではない。

4条と5条は，TRIPS協定10条1項・2項と同様の規定である（⇒本章第2節4⑵）[11]。

⑶　譲 渡 権

6条1項は，「文学的及び美術的著作物の著作者は，その著作物の原作品及び複製物について，販売その他の譲渡により公衆への供与を許諾する排他的権利を享有する」と規定し，ベルヌ条約では映画の著作物についてのみ認められていた譲渡権を全ての著作物について認めている。本条及び次条にいう「複製物」及び「原作品及び複製物」は，外交会議で採択された合意声明では，「直接触れることのできる有体物として流通に置かれる固定された複製物のみを意味する」とされている。

また，著作者の許諾を得た著作物の原作品又は複製物の販売その他の譲渡が最初に行われた後は，当該原作品又は複製物に関しては譲渡権を及ぼさないとする消尽の規定については，締約国が自由にその条件を定めることができると定められている（6条2項）。

11）外交会議で採択された合意声明では，「この条約の4条（及び2条）に基づくコンピュータ・プログラムの保護の範囲は，ベルヌ条約2条に合致するものであり，TRIPS協定の関係規定と同一である」，「この条約の5条（及び2条）に基づくデータの編集物（データベース）の保護の範囲は，ベルヌ条約2条に合致するものであり，TRIPS協定の関係規定と同一である」とされている。

⑷ 貸 与 権

7条1項は，①コンピュータ・プログラム，②映画の著作物及び③レコードに収録された著作物であって締約国の国内法令で定めるものの著作者は，その著作物の原作品又は複製物について，公衆への商業的貸与を許諾する排他的権利を有すると規定している。ただし，コンピュータ・プログラムについては，当該コンピュータ・プログラム自体が貸与の本質的な対象でない場合，映画の著作物については，商業的貸与が当該著作物に関する排他的複製権を著しく侵害するような広範な複製をもたらさない場合には，貸与権は認められない（同条2項)。

なお，締約国は，レコードに固定された著作物の複製物の商業的貸与に関し，著作者に対する衡平な報酬制度を1994年4月15日（TRIPS協定成立の日）以降も継続して有している場合，レコードに収録された著作物の商業的貸与が著作者の排他的複製権の著しい侵害を生じさせないことを条件として，当該制度を維持することができる（同条3項)。

⑸ 公衆への伝達権

8条は，「ベルヌ条約11条1項2号，11条の2第1項1号及び2号，第11条の3第1項2号，第14条1項2号並びに第14条の2第1項の規定の適用を妨げることなく，文学的及び美術的著作物の著作者は，その著作物について，有線又は無線の方法による公衆への伝達（公衆のそれぞれが選択する場所及び時期において著作物の利用が可能となるような状態に当該著作物を置くことを含む。）を許諾する排他的権利を有する」と規定し，公衆への伝達権を定めている。「公衆への伝達」には，公衆の構成員が個別に選択した場所及び時において著作物にアクセスできるように，当該著作物を公衆に利用可能な状態にすることを含むとされているため，伝達の準備段階についても権利が及ぶこととなる。ただし，本条に関する合意声明によると，伝達を可能にし又は行うための物理的な設備を単に提供することは，伝達には含まれないとされている。

⑹ 写真の著作物の保護期間

9条は，「締約国は，写真の著作物については，ベルヌ条約第7条4項の規定によらないこととする」と規定している。

ベルヌ条約７条４項は，写真の著作物に関しては，「製作の時から25年より短くてはならない」という保護期間を義務づけており，原則よりも短期の保護期間としている（⇒第７章第３節５）。WIPO著作権条約９条は，このベルヌ条約の規定の適用を排除し，写真の著作物に関しても一般の著作物と同じ保護期間であることを明記するものである。

５　制限及び例外

制限及び例外については，10条１項で，締約国は，著作物の通常の利用を妨げず，かつ，著作者の正当な利益を不当に害しない特別な場合には，国内法令により，この条約に基づき文学的及び美術的著作物の著作者に与えられる権利の制限又は例外を定めることができると規定されており，また，２項で，ベルヌ条約の適用に際し，締約国は，同条約に定める権利の制限又は例外を，著作物の通常の利用を妨げず，かつ，著作者の正当な利益を不当に害しない特別な場合に限定しなければならない，と規定されている。

これは，スリーステップテストを規定したもので，TRIPS協定13条と同様，ベルヌ条約９条２項では複製権に関して規定されていた同テストを，著作者に与えられる権利全てに拡張するものである。

10条に関する合意声明では，締約国は，ベルヌ条約のもとで認められている制限及び例外の適用を，デジタル環境についても適切に及ぼすことができると解されている。

６　技術的手段及び権利管理情報に関する義務

11条では，締約国は，この条約又はベルヌ条約に基づく権利の行使に関連して，著作物の利用を制限する効果的な技術的手段を回避することに対して，適当な法的保護及び効果的な法的救済を定めなければならないと規定されている。

また，12条では，締約国は，この条約又はベルヌ条約が対象とする権利の侵害を誘発，助長又は隠蔽する結果となることを知りながら，正当な権限なく電磁的な権利管理情報を除去，改変等することを故意に行う者がいる場合に，適当かつ効果的な法的救済を定めなければならないと規定されている。なお，合意声明では，「この条約又はベルヌ条約が対象とする権利」には，許諾権の他に報酬請求権も含まれるとされている。

7 遡及効

13条は，締約国は，この条約に定める全ての保護について，ベルヌ条約18条（⇒第7章第3節5）を適用すると定める。それゆえ，この条約が当該締約国において発効した時点で，保護期間が満了していない著作物は保護の対象となる。

8 わが国法との関係

⑴ 平成９年改正

WIPO著作権条約が，公衆への伝達について，有線によるか無線によるかを区別することなく，また，当該著作物を公衆に利用可能な状態にすることを含むものとして，公衆への伝達権を規定したことに対応するため，平成９年にわが国著作権法が改正された。この改正で，「公衆送信」概念が整備され（著作2条1項7号の2及び8号等），送信可能化に対する権利が創設された（著作23条）。

⑵ 平成11年改正

WIPO著作権条約の採択を受けて，平成９年に続いてさらに平成11年に，以下の点について，著作権法改正が行われた。すなわち，①技術的保護手段の回避規制に関する規定の創設（著作2条1項20号・30条1項2号・120条の2），②権利管理情報の改変等の規制に関する規定の創設（著作2条1項21号・113条3項），③譲渡権の創設（著作26条の2），④上映権の対象を全ての著作物に拡充する改正（著作22条の2），⑤演奏権の経過措置の廃止である。

第４節　著作隣接権関係条約

1 概　　説

本節では，著作隣接権に関連する条約について説明をする。具体的には，「実演家，レコード製作者及び放送機関の保護に関する国際条約」（ローマ条約），「許諾を得ないレコードの複製からのレコード製作者の保護に関する条約」[12)]

（レコード保護条約），TRIPS 協定の著作隣接権に関する部分，「実演及びレコードに関する世界知的所有権機関条約」[13]（WIPO 実演・レコード条約），「視聴覚的実演に関する北京条約」[14]（北京条約）を取り上げる。

2　実演家，レコード製作者及び放送機関の保護に関する国際条約（ローマ条約）

POINT

◆　ローマ条約は，著作隣接権に関する国際的保護の基本となる条約である。
◆　ローマ条約では，実演家，レコード製作者及び放送機関の権利内容やその制限，保護期間等が規定されている。

⑴　概　説

1961 年に，ユネスコ，ベルヌ同盟，国際労働機関（ILO）[15]の３機関共催で，隣接権条約外交会議がローマで開催され，「実演家，レコード製作者及び放送機関の保護に関する国際条約」（ローマ条約）が成立した。ローマ条約は，著作隣接権に関する国際的保護の基本となる条約である。この条約の締約国は，2023 年６月現在，97 か国である。わが国は，1989 年に加入した。なお，米国はこの条約に加入していない。

⑵　実演家，レコード製作者及び放送機関

⒜　**実演家**　　実演家とは，「俳優，歌手，演奏家，舞踏家その他文学的又は美術的著作物を上演し，歌唱し，口演し，朗読し若しくは演奏し又はその他の方法によって実演する者」である（3 条 a 号）。実演の対象となるのは著作物である。

ただし，９条では，締約国は国内法令により，文学的又は美術的著作物を実演しないが芸能的性質を有する行為を行う者に対し，この条約に定める保護を

12） Convention for the Protection of Producers of Phonograms Against Unauthorized Duplication of Their Phonograms.
13） World Intellectual Property Organization Performances and Phonograms Treaty.
14） Beijing Treaty on Audiovisual Performances.
15） International Labour Organization.

及ぼすことができると規定している。この点に関して，わが国著作権法2条1項3号では，著作物を演じる行為のみならず，これに類する行為で，著作物を演じないが芸能的な性質を有するものも実演に含めており，そのような行為を行う者も実演家として保護される。

(b) **レコード製作者**　レコードとは，「実演の音その他の音の専ら聴覚的な固定物」である（3条b号)。音が影像とともに固定されたものは含まれない。レコード製作者とは，「実演の音その他の音を最初に固定した自然人又は法人」である（同条c号)。

(c) **放送機関**　放送とは，「公衆に受信されることを目的とする無線による音の送信又は影像及び音の送信」である（3条f号)。放送機関とは，放送を業として行うものである。

(3) 内国民待遇原則

ローマ条約は，締約国に，「保護対象」として後述する実演家，レコード製作者及び放送機関に対して，内国民待遇を与えることを義務づけている。

ここでの内国民待遇とは，保護が要求される締約国の国内法によって与えられる次の待遇のことである。①当該締約国の国民である実演家に対し，当該締約国の領域において行われ，放送され，又は最初に固定された実演に関して与えられる待遇（2条1項a号)，②当該締約国の国民であるレコード製作者に対し，当該締約国の領域において最初に固定され又は最初に発行されたレコードに関して与えられる待遇（同項b号)，③当該締約国の領域に主たる事務所を有する放送機関に対し，その領域にある送信機から送信される放送に関して与えられる待遇（同項c号)。

内国民待遇は，この条約において明示的に保障する保護及び明示的に規定する制限に従うとされ（2条2項)，ある締約国の国民がどのような待遇を享受しているかにかかわらず，この条約において明示的に与えられる保護が最低水準の保護として及ぶことになる。

(4) 保護対象

実演家，レコード製作者及び放送機関は，以下の場合に内国民待遇が与えられる。

実演家については，ⓐ実演が他の締約国内で行われる場合，ⓑ実演がこの条約によって保護されるレコードに収録される場合，ⓒレコードに固定されていない実演がこの条約によって保護される放送によって送られる場合，である（4条）。

レコード製作者については，ⓐレコード製作者が他の締約国の国民である場合（国籍の基準），ⓑ音の最初の固定が他の締約国で行われた場合（固定の基準），ⓒレコードが他の締約国において最初に発行された場合（発行の基準），である（5条1項）[16]。

ただし，締約国はⓑ又はⓒのいずれか１つを適用しない旨を宣言することができる（同条3項）[17]。また，この条約が採択された1961年10月26日（ローマ条約成立の日）において固定の基準のみを採用している国は固定の基準のみを採用できる旨を宣言できる（17条）。これらの留保宣言は，国際連合事務総長に新たな通告を寄託することにより，先の通告の範囲を縮小し又は撤回することができる（18条）。

放送機関については，ⓐ放送機関の主たる事務所が他の締約国にある場合，ⓑ放送が他の締約国にある送信機から送信された場合，である（6条1項）。なお，締約国は，ⓐ及びⓑの条件をいずれも満たす場合のみ放送に保護を与える旨の宣言をすることができる（同条2項）。

⑸　保護の内容

⒜　**実演家の権利**　　実演家の権利として，７条で以下の行為を防止することができる権利が規定されている。①実演家の承諾を得ないでその実演を放送し又は公衆に伝達すること（放送又は公衆への伝達に利用される実演が，それ自体既に放送されたものである場合及び固定物から行われたものである場合を除く）（1項a号），②実演家の承諾を得ないでその固定されていない実演を固定すること（同項b号），③最初の固定自体が実演家の承諾を得ていない場合，実演家が承

16)　レコードが，非締約国において最初に発行されたが，その最初の発行の日から30日以内に締約国においても発行された場合（同時発行）は，そのレコードは，当該締約国において最初に発行されたものとみなされる（5条2項）。

17)　わが国は加入書寄託の際の留保宣言により，発行の基準を適用しないこととしている。外務省告示第524号平成元年10月3日参照。

諾した目的と異なる目的のために複製が行われる場合，最初の固定が15条の規定（私的使用等）に基づいて行われた場合において，同条の目的と異なる目的のために複製が行われる場合，以上の3つの場合において，実演家の承諾を得ないでその実演の固定物を複製すること（同項c号）である。

なお，実演家が放送を承諾した場合における再放送[18]，放送のための固定及びそのような固定物の放送のための複製に対する保護については，保護が要求される締約国の国内法に委ねられている（7条2項1号）。放送のために作成された固定物の放送機関による使用についての条件についても同様である（同項2号）。

ただし，実演家がその実演を影像の固定物又は影像及び音の固定物に収録することを承諾した時は，その時以後上記の権利は及ばないとされている（19条）。

(b)　**レコード製作者の権利**　10条は，レコード製作者はそのレコードを直接又は間接に複製することを許諾し又は禁止する権利を有することを規定している。

また，レコードの二次的使用に関して，商業用レコード又はその複製物が放送又は公衆への伝達に直接使用される場合には，単一の衡平な報酬が，使用者から実演家若しくはレコード製作者又はその双方に支払われなければならないとされている（商業用レコードの二次使用料請求権。12条）[19]。

(c)　**放送機関の権利**　放送機関の権利として，13条は，①放送の再放送，②放送の固定，③放送機関の承諾を得ないで作成された放送の固定物の複製，及び15条（私的使用等）の規定に基づいて作成された放送の固定物の複製であって，同条に掲げる目的と異なる目的のためにする複製，④入場料を徴収して公衆に対しテレビ放送を伝達すること（ただし，この権利を行使する条件は，締約

18）再放送とは，「放送機関が他の放送機関の放送を同時に放送すること」をいう（3条g号）。

19）ただし，締約国は，商業用レコードの二次使用料請求権については，全面的に又は一定の場合には認めないとすること等の留保宣言を行うことができる（16条1項a号）。この点に関し，わが国は，加入書寄託の際に行った留保宣言により，①「放送」及び「有線放送」について商業用レコードが使用される場合に二次使用料の規定が適用される。②12条の規定を適用しない締約国のレコード製作者である場合，日本も同条の規定を適用しないこと，③わが国のレコード製作者のレコード製作者のレコードについて同条の規定を適用する締約国のレコード製作者のレコードについては保護の期間を相互主義に従って制限すること，という取り扱いをすることになっている。外務省告示第524号平成元年10月3日参照。

国の国内法で定めることができる)，について許諾し又は禁止する権利を享有すると規定している。

(6) 保護の例外

ローマ条約で定める権利については，①私的使用，②時事の事件の報道に伴う部分的使用，③放送機関が自己の手段により自己の放送のために行う一時的固定，④教育目的又は学術的研究目的のためのみの使用に対しては，締約国は国内法令により，この条約が保障する保護の例外を定めることができる（15条1項)。

また，締約国は国内法令により，実演家，レコード製作者及び放送機関の保護に関して，文学的及び美術的著作物の著作権の保護に関して国内法令に定める制限と同一の種類の制限を定めることができる。ただし，強制許諾制度については，この条約に抵触しない限りにおいてのみ定めることができる（同条2項)。

(7) 保護期間

保護期間については，①レコード及びレコードに収録された実演に関しては，固定が行われた年，②レコードに収録されていない実演に関しては，実演が行われた年，③放送に関しては，放送が行われた年，の終わりから起算して20年よりも短くてはならない（14条)。

(8) そ の 他

(a) **レコード保護の方式**　締約国は，国内法がレコードの保護に関して，一定の方式の履行を要求している場合において，発行されたレコードの複製物であって市販されているもののすべて又はその容器に，保護が求められていることが明らかになるような適用な方法で，最初の発行年とⓅの記号が表示されているときは，その方式が履行されたものとみなさなければならない（11条第1文)。

また，複製物又はその容器に表示されている商標等では，レコード製作者又はレコード製作者から許諾を得た者の名称が表示されていると認められない場合には，上記表示にレコード製作者の名称を表示するとともに，主たる実演家が確認できない場合にはその氏名も表示する必要がある（同条第2文）。

(b)　**不遡及効**　この条約は，いずれかの締約国についてこの条約が効力を生じる日前に当該締約国において取得された権利を害するものではない（20条1項）。また，締約国は，自国についてこの条約が効力を生じる日前に行われた実演・放送又はその日前に固定されたレコードについては，この条約を適用する義務を負わない（同条2項）。この不遡及効は，ベルヌ条約（18条⇒第7章第3節5）など他の著作権関連条約の多くが遡及効を定めているのと異なっており，特徴的である。

(c)　**他の条約との関係**　ローマ条約に加入するためには，万国著作権条約の締約国又はベルヌ同盟国であることが前提とされている（24条2項）。

(9)　わが国法との関係

わが国においては，ローマ条約の加入に際して，平成10年，著作隣接権に関する規定を整備する著作権法改正が行われた。具体的には，5条に隣接権に関する条約が加えられたほか，ローマ条約上わが国が保護義務を負う範囲について，実演については7条5号で，レコードの範囲については8条3号で，放送の範囲については9条3号で規定される等の改正が行われた。

3　許諾を得ないレコードの複製からのレコード製作者の保護に関する条約（レコード保護条約）

POINT

- ◆　レコード保護条約は，無許諾で作成された海賊版レコードからレコード製作者を保護する目的で成立した条約である。
- ◆　レコード保護条約は，レコード製作者の保護の手段として，著作隣接権の付与による保護，不正競争防止法による保護の他に刑罰による保護も許容している。

(1)　概　説

レコード製作者に対する国際条約による保護としては，前述したローマ条約が1961年から存在する。しかし，ローマ条約は無許諾で作成されたレコード（いわゆる海賊版レコード）の輸入や頒布を禁止することを締約国に義務づけるものではなかった。そのため，海賊版レコードの横行に対して，国際条約によるレコード製作者の保護の必要性が認識されるようになった。

そこで，1971年に，ジュネーブにおいて，ユネスコ及びWIPO共催によるレコードの保護に関する国際会議が開催され，「許諾を得ないレコードの複製からのレコード製作者の保護に関する条約」（レコード保護条約）が採択された。

わが国は，1978年にこの条約に加入した[20]。この条約の締約国は，2023年6月現在，81か国である。

⑵　定　義

「レコード」とは，「実演の音その他の音の専ら聴覚的な固定物」であり（1条a号），「レコード製作者」とは，「実演の音その他の音を最初に固定した自然人又は法人」である（同条b号）。

「複製物」とは，「レコードから直接又は間接にとった音を収録している物品であって，当該レコードに固定された音の全部又は実質的な部分を収録しているもの」である（c号）。

「公衆への頒布」とは，「レコードの複製物を直接又は間接に一般公衆に提供する行為」である（d号）。

⑶　保護の原則

締約国は，他の締約国の国民であるレコード製作者を，その者の承諾を得ないで行われる複製物の作成及びその者の承諾を得ないで作成された複製物の輸入（公衆への頒布を目的とする作成又は輸入に限る）から保護し，それらの複製物の公衆への頒布から保護しなければならない（2条）。

⑷　実施の手段

この条約を実施するための手段は，締約国の国内法令の定めに委ねられるが，著作権その他特定の権利の付与による保護，不正競争に関連する法令による保護，刑罰による保護のうち，いずれかのもので規制されなければならない（3

20）　レコード保護条約よりローマ条約の方が成立時期は古いが，わが国が加入した時期はレコード保護条約の方が先である。

条)。

⑸　保護期間

保護期間に関しては，締約国の国内法令に定めるところによる。ただし，国内法令が特定の保護期間を定める場合には，当該保護期間は，レコードに収録されている音が最初に固定された年の終わりから，又はレコードが最初に発行された年の終わりから，20年よりも短くしてはならない（4条)。

⑹　保護の方式

締約国は，国内法令に基づきレコード製作者の保護条件として方式の履行を要求する場合，許諾を得て作成されたレコードの複製物であって公衆に頒布されたもののすべて又はその容器に最初の発行の年とともにⓅの記号が，保護が求められていることが明らかになるような適当な方法によって表示されているとき，その要求が満たされたものとみなされる（5条)。

⑺　保護の制限

保護手段として，特定の権利の付与による保護又は刑罰による保護を与える締約国は，レコード製作者の保護に関して，著作物の保護に関して認められる制限と同一の種類の制限を国内法令によって定めることができる。ただし，強制許諾は，もっぱら教育又は学術研究を目的とする場合にのみ認められる（6条)。

⑻　実演家の保護

レコードに固定されている実演を行った実演家の保護に関しては，各締約国の国内法令に委ねられている（7条2項)。

⑼　不遡及効

締約国は，自国についてこの条約が効力を生じる前に固定されたレコードについては，この条約を適用することを要しない（7条3項)。

⑽　わが国法との関係

レコード保護条約の締結にあたって，著作権法改正が昭和53年に行われた。具体的には，レコード保護条約によりわが国が保護義務を負う範囲を８条６号に定め，また，121条の２第２号において，刑事罰規定が設けられた。

4　TRIPS協定

POINT

◆　TRIPS協定には，実演家，レコード製作者及び放送機関についての保護規定がある。

◆　TRIPS協定は，著作権に関しては，ベルヌ条約プラス・アプローチを採用しているが，著作隣接権に関しては，ローマ条約プラス・アプローチを採用していない。

⑴　概　説

TRIPS協定の著作権に関する部分は前述したが（⇒本章第２節），ここでは著作隣接権に関する部分を取り上げる。TRIPS協定は，著作権に関しては，ベルヌ条約プラス・アプローチを採用しているが，著作隣接権に関しては，TRIPS協定より前に成立しているローマ条約にプラスするアプローチを採用しなかった。米国がローマ条約に加入していないためである[21)]。それゆえ，TRIPS協定は14条各項で，実演家，レコード製作者及び放送機関の保護規定を設けている。

⑵　実演家の権利

TRIPS協定は，「レコードへの実演の固定に関し，実演家は，固定されていない実演の固定及びその固定物の複製が当該実演家の許諾を得ないで行われる場合には，これらの行為を防止することができるものとする」（14条１項第１文）と規定し，実演家が，固定されていない実演について，固定及びその固定物の複製に関して，排他的権利を有することを定めている。

また，実演家は「現に行っている実演について，無線による放送及び公衆へ

21）　尾島74頁。

の伝達が当該実演家の許諾を得ないで行われる場合には，これらの行為を防止することができるものとする」（同項第2文）とも規定され，実演家は，現に行っている実演については，無線による放送及び公衆への伝達についても排他的権利を有することが定められている。

⑶　レコード製作者の権利

TRIPS協定は，「レコード製作者は，そのレコードを直接又は間接に複製することを許諾し又は禁止する権利を享有する」（14条2項）と規定し，レコード製作者にレコードの複製についての排他的権利を与えている。

さらに，11条（貸与権〔コンピュータ・プログラムに係るものに限る〕⇒本章第2節4⑶）を，レコード製作者及び加盟国の国内法令で定めるレコードに関する他の権利者について準用するとし，レコードの貸与権を認めている（14条4項第1文）。ただし，加盟国は，1994年4月15日（TRIPS協定成立の日）においてレコードの貸与に関し権利者に対する衡平な報酬の制度を有している場合には，レコードの商業的貸与が権利者の排他的複製権の著しい侵害を生じさせていないことを条件として，当該制度を維持することができる（同項第2文）[22]。

⑷　放送機関の権利

放送機関については，「放送の固定，放送の固定物の複製及び放送の無線による再放送並びにテレビジョン放送の公衆への伝達が当該放送機関の許諾を得ないで行われる場合には，これらの行為を禁止する権利を有する。加盟国は，この権利を放送機関に与えない場合には，1971年のベルヌ条約の規定に従い，放送の対象物の著作権者が前段の行為を防止することができるようにする」（14条3項）と規定されており，放送機関は，放送の固定，放送の固定物の複製，放送の無線による再放送等について，排他的権利が付与されている。

⑸　保護期間

実演家及びレコード製作者に対する保護の期間は，固定又は実演が行われた

22）　TRIPS協定交渉の中でレコードの貸与権について，排他的権利とするか報酬請求権とするかで激しい対立があり，その妥協としてこの第2文が盛り込まれた。詳細については，尾島76頁以下参照。

年の終わりから少なくとも50年とされ，放送機関に対する保護の期間は，放送が行われた年の終わりから少なくとも20年とされている（14条5項）。

⑹　他の条約との関係

14条1項から3項までに定める権利に関して，ローマ条約上許容される条件，制限，例外及び留保を，ローマ条約締約国でなくても定めることができる。ただし，ベルヌ条約18条に規定されている遡及効の定めは，レコードに関する実演家及びレコード製作者の権利について準用される（14条6項）。

⑺　わが国法との関係

レコードに関する実演家及びレコード製作者の権利の遡及効について定めた14条6項に対応するため，わが国は，平成6年に著作権法改正を行い，著作隣接権制度が導入された昭和46年1月1日まで遡及してTRIPS協定により保護の義務を負う実演及びレコードを保護することとした。しかし，この改正に対して米国及びECから遡及を認める期間が短いとの強い反発にあったこともあり，諸外国と同様に50年前まで遡及効を認める改正を平成8年に行った。

5　実演及びレコードに関する世界知的所有権機関条約（WIPO実演・レコード条約）

POINT

- ◆　WIPO実演・レコード条約は，デジタル技術の発展等によって生じた著作隣接権に関する問題に対応するために成立した条約である。
- ◆　WIPO実演・レコード条約では，実演家及びレコード製作者の権利内容やその制限，保護期間等が規定されている。

⑴　概　説

「実演及びレコードに関する世界知的所有権機関条約」（WIPO実演・レコード条約[23]）は，WIPO著作権条約と同時並行して議論が行われ，同じ1996年12月20日に成立した。その目的は，WIPO著作権条約と同様，デジタル技術の発展等から生じた問題に対応することにある。

23）WPPTとも呼ばれる。

わが国は，この条約に2002年に加入した。この条約の締約国は，2023年6月現在，112か国である。

⑵　ローマ条約との関係

WIPO著作権条約は，ベルヌ条約20条に規定する「特別の取極」であることが明示されていたが（WIPO著作権条約１条１項），WIPO実演・レコード条約は，ローマ条約22条の「特別の取極」である旨を定めた規定を有していない。

もっとも，「特別の取極」に当たるか否かは，そのような規定を有しているか否かで決定されるものではなく，具体的な内容によって判断されるべきものであろう[24)]。WIPO実演・レコード条約には，実演家の権利に関してローマ条約を越える権利を付与していると考えられる規定が存しており，これらの規定はローマ条約22条の「特別の取極」にあたるとも考えられる[25)]。

⑶　定　義

WIPO実演・レコード条約は２条で，「実演家」，「レコード」，「固定物」，「レコード製作者」等の定義をしている。多くはローマ条約３条にも定義規定のある用語であるが，「固定物」，「公衆への伝達」はローマ条約にはない定義である。

「固定物」とは，「音又は音を表すものの収録物であって，装置を用いることにより知覚し，再生し又は伝達することができるもの」をいい（2条c号），「公衆への伝達」とは，「実演の音又はレコードに固定された音若しくは音を表すものを放送以外の媒体により公衆に送信すること」をいうとされている（同条g号）。

「放送」については，ローマ条約の定義（ローマ条約３条g号）とは異なり，無線の方法による送信のほか，衛星による送信も含まれ，さらに暗号化された信号の送信も，暗号解除の手段が放送機関により又はその同意を得て公衆に提供される場合には，放送に含まれることが明記されている（2条f号）。

24）　WIPO・著作権関係条約解説269頁参照。
25）　同上。

⑷　内国民待遇原則

締約国は，この条約において特に与えられている排他的権利及び15条に規定する衡平な報酬を請求する権利に関して，自国民に与えている保護を，他の締約国の国民に与えなければならない（4条1項）。ただし，締約国が15条3項により認められている留保を付する場合には，その留保の範囲においては内国民待遇原則は適用されない（4条2項）。

また，3条3項で，内国民待遇を受けるレコード製作者の範囲に関して，締約国が留保宣言することができることを規定するローマ条約5条3項及び17条を準用している（⇒本章本節２⑷）[26]。

⑸　実演家の権利

ⓐ　**実演家人格権**　　5条は，実演家の人格権を規定している。その内容は，ベルヌ条約6条の2が定める著作者人格権とほぼ同様である（⇒第7章第3節２）。

まず，1項は，「実演家は，その財産的権利とは別個に，当該財産的権利が移転された後においても，現に行っている実演（音に関する部分に限る。）及びレコードに固定された実演に関して，これらの実演に係る実演家であることを主張する権利（これらの実演を利用する態様により削除することがやむを得ない場合を除く。）及びこれらの実演の変更，切除その他の改変で，自己の声望を害するおそれのあるものに対して異議を申し立てる権利を保有する」と規定し，実演家に氏名表示権と同一性保持権を認めている。

この実演家人格権は，実演家の死後においても，少なくとも財産的権利が消滅するまでは存続し，保護が要求される締約国の法令により資格を与えられる人又は団体によって行使される。もっとも，この条約の批准又はこれへの加入の時に効力を有する法令において，1項の規定に基づいて認められる権利のすべてについて実演家の死後における保護を確保することを定めていない締約国は，それらの権利のうち一部の権利が実演家の死後は存続しないことを定める権能を有する（5条2項）。

26）　この規定に基づき，わが国は，保護の対象となる他の締約国のレコード製作者の範囲の決定に際しては，発行の基準を適用しないとの留保宣言をしている。外務省告示第301号平成14年7月12日参照。

この５条において認められる権利を保全するための救済の方法は，保護が要求される締約国の法令の定めるところによる（同条３項）。

(b)　**固定されていない実演に関する財産的権利**　６条は，実演家は，その実演に関し，固定されていない実演の放送又は公衆への伝達を行うこと（実演が既に放送されたものである場合を除く），及び，固定されていない実演を固定することについて，排他的権利を有すると規定している。

これは，実演家の生演奏による実演などについて，放送，公衆伝達，固定に関する排他的権利を付与するものである。

(c)　**複製権**　７条は，「実演家は，レコードに固定されたその実演について，直接又は間接に複製すること（その方法及び形式のいかんを問わない。）を許諾する排他的権利を享有する」と規定し，複製権を付与している。

外交会議で採択された合意声明では，７条（及び11条）に規定する複製権（並びに16条の下で許容される例外）は，デジタル環境においても適用されるとされている。

(d)　**譲渡権**　８条１項は，「実演家は，レコードに固定されたその実演の原作品及び複製物について，販売その他の譲渡による公衆への供与を許諾する排他的権利を享有する」と規定している。ここでいう「複製物」及び「原作品及び複製物」については，合意声明で，直接触れることのできる有体物として流通に置かれる固定された複製物のみを意味するとされている。

また，譲渡権の消尽に関しては，この条約のいかなる規定も，固定された実演の原作品又は複製物の販売その他の譲渡（実演家の許諾を得たものに限る）が最初に行われた後における１項の権利の消尽について，締約国が自由にその条件を定めることを妨げるものではないと規定され（同条２項），締約国が消尽の条件を自由に定めることが認められている。

(e)　**貸与権**　９条１項は，「実演家は，実演家自身による又は実演家の許諾に基づく譲渡の後も，締約国の国内法令で定める範囲において，レコードに固定されたその実演の原作品又は複製物について，公衆への商業的貸与を許諾する排他的権利を享有する」と規定し，実演家にレコードに固定されたその実演の原作品又は複製物に関する貸与権を付与している。

ただし，レコードに固定された実演の複製物の貸与に関して実演家に対する衡平な報酬の制度を遅くとも1994年４月15日（TRIPS協定成立の日）以降継続して有している締約国は，レコードの商業的貸与が実演家の排他的複製権の著しい侵害を生じさせていないことを条件として，当該制度を維持することができる（同条２項）。

(f)　**利用可能化権**　10条は，「実演家は，レコードに固定されたその実演について，有線又は無線の方法により，公衆のそれぞれが選択する場所及び時期において利用が可能となるような状態に置くことを許諾する排他的権利を享有する」と規定し，固定された実演の利用可能化権を実演家に付与している。

利用可能化は，「公衆のそれぞれが選択する場所及び時期において利用が可能となるような状態に置くこと」を意味するが，具体的には，インターネット・ストリーミングのような入力型のコンピュータネットワーク内送信は利用可能化には該当せず，これに該当するのはオンデマンド方式のものをいうと考えられている[27]。

(6)　レコード製作者の権利

(a)　**複製権**　レコード製作者の権利として，11条は，「レコード製作者は，そのレコードについて，直接又は間接に複製すること（その方法及び形式のいかんを問わない。）を許諾する排他的権利を享有する」と規定し，レコードの複製に関して排他的権利を認めている。

レコード製作者の複製権についても，実演家の複製権（７条）と同様，合意声明において，デジタル環境においても完全に適用されることが明らかにされている。

(b)　**譲渡権**　12条１項は，「レコード製作者は，そのレコードの原作品及び複製物について，販売その他の譲渡による公衆への供与を許諾する排他的権利を享有する」と規定し，レコード製作者にレコードの原作品及び複製物についての譲渡権を付与している。ここでいう「複製物」及び「原作品及び複製物」については，実演家の譲渡権の場合と同様，合意声明で，直接触れることのできる有体物として流通に置かれる固定された複製物のみを意味するとされている。

---

27)　文化庁国際課「実演及びレコードに関する世界知的所有権機関条約10条・14条における『利用可能化権』の解釈について」（平成18年４月27日）〈http://www.mext.go.jp/b_menu/shingi/bunka/gijiroku/013/06042809/004.htm〉（最終アクセス日2023年１月９日）参照。

レコードの原作品又は複製物の販売その他の譲渡（レコード製作者の許諾を得たものに限る）が最初に行われた後における譲渡権の消尽については，締約国が自由にその条件を定めることができる（12条2項）。

(c)　**貸与権**　13条1項は，「レコード製作者は，レコード製作者自身による又はレコード製作者の許諾に基づく譲渡の後も，そのレコードの原作品及び複製物について，公衆への商業的貸与を許諾する排他的権利を享有する」と規定し，レコード製作者にレコードの原作品及び複製物についての貸与権を与えている。

しかし，前述した実演家の貸与権の場合（9条2項）と同様に，レコードの複製物の貸与に関してレコード製作者に対する衡平な報酬の制度を遅くとも1994年4月15日（TRIPS協定成立の日）以降継続して有している締約国は，レコードの商業的貸与がレコード製作者の排他的複製権の著しい侵害を生じさせていないことを条件として，当該制度を維持することができる（13条2項）。

(d)　**利用可能化権**　14条は，「レコード製作者は，そのレコードについて，有線又は無線の方法により，公衆のそれぞれが選択する場所及び時期において利用が可能となるような状態に置くことを許諾する排他的権利を享有する」と規定し，レコード製作者に利用可能化権を付与している。

実演家の利用可能化権（10条）と同様に，「公衆のそれぞれが選択する場所及び時期において利用が可能となるような状態に置くこと」の意義が問題となるが，ここでも，インターネット・ストリーミングのような入力型のコンピュータネットワーク内送信は利用可能化には該当せず，これに該当するのはオンデマンド方式のものをいうと考えられている[28)]。

(7)　レコードの二次使用料請求権

実演家及びレコードの製作者は，商業上の目的のために発行されたレコードの放送又は公衆への伝達のための直接的又は間接的な利用について，単一の衡平な報酬を請求する権利を有する（15条1項）。

締約国は，実演家若しくはレコード製作者又はその双方のいずれが利用者に対して単一の衡平な報酬を請求するかについて，その国内法令において定める

28)　前掲注27）参照。

ことができる（同条２項第１文）。締約国は，単一の衡平な報酬を配分する条件について実演家とレコード製作者との間に合意がない場合には，当該条件を定める国内法令を制定することができる（同項第２文）。

ただし，締約国は，15 条１項の規定を，特定の利用のみに適用すること，その規定の適用を他の方法により制限すること，又はこれを全く適用しないことを WIPO 事務局長に寄託する通告において，宣言することができる（15 条３項）[29)]。

なお，15 条の規定の適用上，有線又は無線の方法により，公衆のそれぞれが選択する場所及び時期において利用が可能となるような状態に置かれたレコードは，商業上の目的のために発行されたものとみなされる（同条４項）。

また，15 条に関する合意声明は，フォークロアの実演家及びフォークロアを録音するレコード製作者に対して，そのようなレコードが商業的な利益のために発行されていない場合には，同条が規定する権利を付与することを妨げるものではないと理解されるとする。

⑻　権利の制限及び例外

締約国は，実演家及びレコード製作者の保護に関して，文学的及び美術的著作物の著作権の保護について国内法令に定めるものと同一の種類の制限又は例外を国内法令において定めることができる（16 条１項）。

ただし，この条約に規定される権利に対するいかなる制限又は例外も，実演又はレコードの通常の利用を妨げず，かつ，実演家又はレコード製作者の正当な利益を害しない特別な場合に限定されると規定され（同条２項），スリーステ

29)　この規定に基づき，わが国は，①15 条３項により留保を付している国の国民をレコード製作者とするレコードについては，相互主義に従い当該留保の範囲に制限して同条１項の規定を適用すること，②放送，有線放送及び「入力型自動公衆送信」において，商業上の目的のために発行されたレコードが直接又は間接に利用される場合に，同条１項の規定を適用すること。本宣言において「入力型自動公衆送信」とは，公衆によって直接受信されることを目的として，公衆の用に供されている電気通信回線に接続している著作権法２条１項９号の５イに規定する自動公衆送信装置に情報を入力することにより，公衆からの求めに応じ自動的に行われる送信をいうこと，③有線又は無線の方法により，公衆のそれぞれが選択する場所及び時期において利用が可能となるような状態に置かれたレコードについては，「入力型自動公衆送信」における直接又は間接の利用の場合に同条１項の規定を適用すること，とする留保宣言をしている。①については，外務省告示第 301 号平成 14 年７月 12 日参照。②及び③については，外務省告示第 62 号平成 20 年１月 30 日参照。

ップテストが採用されている。

16条に関しても，合意声明では，7条及び11条と同様，16条の下で許容される例外がデジタル環境においても完全に適用されるとされている。

⑼　保護期間

WIPO実演・レコード条約に基づいて実演家に与えられる保護期間は，実演がレコードに固定された年の終わりから，少なくとも50年間である（17条1項）。レコード製作者に与えられる保護期間は，レコードが発行された年の終わりから，又はレコードへの固定が行われてから50年以内に発行されなかった場合には当該固定が行われた年の終わりから，少なくとも50年である（同条2項）。

⑽　技術的手段及び権利管理情報に関する義務

締約国は，WIPO著作権条約の場合と同様に（⇒本章第3節6），実演家又はレコード製作者に許諾されておらず，かつ，法令で許容されない実演又はレコードの利用行為を制限する効果的な技術的手段の回避に対して，適当な法的保護及び効果的な法的救済を定めなければならない（18条）。また，締約国は，権利管理情報に関して，WIPO著作権条約の場合と同様の義務を負う（19条⇒本章第3節6）。

⑾　遡 及 効

WIPO実演・レコード条約に規定する実演家及びレコード製作者の保護について，ベルヌ条約18条の規定が準用される（22条1項）。したがって，この条約が当該締約国において発効した時点で，保護期間が満了していない実演又はレコードは保護の対象となる（⇒第7章第3節）。ただし，締約国は，この条約の5条の適用を，この条約が当該締約国について効力を生じた後に行われた実演に制限することができる（22条2項）。

⑿　わが国法との関係

WIPO実演・レコード条約が，公衆への伝達について，有線によるか無線によるかを区別することなく，また，当該実演を固定したレコードを公衆に利用可能な状態にすることを対象とする利用可能化権を定めたことに対応するため，平成9年にわが国の著作権法が改正された。この改正で，「公衆送信」概念が整備され（著作2条1項7号の2及び8号等），実演家及びレコード製作者の送信可能化権が創設された（著作92条の2・96条の2）。

さらに平成11年に，技術的保護手段の回避規制に関する規定の創設（著作2条1項20号・30条1項2号・120条の2），権利管理情報の改変等の規制に関する規定の創設（著作2条1項21号・113条3項）をする改正が行われた。

6　視聴覚的実演に関する北京条約（北京条約）

POINT

◆　北京条約は，WIPO実演・レコード条約では限定的な保護しか与えられていない視聴覚的実演について保護を及ぼすための条約である。

(1)　概　説

著作隣接権の保護については，ローマ条約が国際的な基本条約としてその役割を担っている。これに加えて，WIPO実演・レコード条約では，音の実演について保護を図っている。

しかし，近年のデジタル化やネットワーク環境の整備に伴い，音声と影像を同時に固定することのできる技術が飛躍的に発展・普及するとともに，インターネットを通じて音楽や影像のデータ等が国境を越えて容易に送受信されるようになった。このような急速な技術発展を背景に，WIPO実演・レコード条約では限定的な保護しか与えられていない視聴覚的実演についても，その国際的な保護を求める要請が強くなってきた[30)]。

このような要請を受けて，2012年6月，北京で開催された外交会議で「視聴覚的実演に関する北京条約」（北京条約）が採択された。わが国は，2014年に加入書をWIPO事務局長に寄託した。

30)　同様にWIPO実演・レコード条約では保護されない放送の保護に関しても，北京条約と同時期に，放送条約という形で議論が行われていたが，現在まで成立に至っていない。成立が難航している背景には，インターネット放送が普及していない途上国の多くが，放送条約の成立に消極的であることにある。放送条約の議論の現状については，上原伸一「WIPO（世界知的所有権機関）における放送条約議論の推移と現状」コピライト647号（2015年）22頁参照。

この条約は，2020 年に発効した。この条約の締結国は，2023 年 6 月現在，47 か国である。

(2)　保護の内容

北京条約は，締約国に対し，他の締約国の国民である実演家（「俳優，歌手，演奏家，舞踏家その他文学的若しくは美術的著作物又は民間伝承の表現を上演し，歌唱し，口演し，朗詠し，演奏し，演出し，又はその他の方法によって実演する者」〔2 条 a 号〕）にこの条約に基づいて認められる保護を与え（3 条），また，内国民待遇を与えることを義務づけている（4 条）。

(a)　**主な権利の内容**　　実演家は，現に行っている実演及び視聴覚的固定物（「動く影像（音又は音を表すものを伴うか否かを問わない。）の収録物であって，装置を用いることにより知覚し，再生し，又は伝達することができるもの」〔2 条 b 号〕）に固定された実演に関して，人格権（氏名表示権及び同一性保持権）を有する（5 条）。

また，実演家は，固定されていない実演の放送・公衆への伝達，及びそのような実演の固定を許諾する排他的権利（6 条），視聴覚的固定物に固定された実演について，複製，販売その他の譲渡，利用可能化，放送・公衆への伝達を許諾する排他的権利（7 条～11 条）を享有する。

(b)　**技術的手段及び権利管理情報に関する義務**　　北京条約は，WIPO 実演・レコード条約 18 条・19 条と同様の，技術的手段及び権利管理情報に関する義務を定めている（15 条・16 条）。

(3)　権利の移転

12 条 1 項は，「締約国は，自国の国内法令において，実演家がその実演を視聴覚的固定物に固定することに同意した場合には，その国内法令の定めるところにより実演家と当該視聴覚的固定物の製作者との間で締結される契約に別段の定めがない限り，第 7 条から前条までに規定する排他的な許諾の権利について，当該製作者が有し，若しくは行使すること又は当該製作者に移転することを定めることができる」と規定している。ただし，排他的な許諾の権利の移転にかかわりなく，実演家に対し，実演の利用についてロイヤルティ又は衡平な報酬を受け取る権利を，国内法令又は個別の，共同の若しくはその他の契約によって与えることができる（同条３項）。

(4) 制限及び例外

締約国は，実演家の保護に関して，文学的及び美術的著作物の著作権の保護について国内法令に定めるものと同一の種類の制限又は例外を国内法令において定めることができる（13条１項）。ただし，締約国は，この条約に定める権利の制限又は例外を，実演の通常の利用を妨げず，かつ，実演家の正当な利益を不当に害しない特別な場合に限定しなければならないとされ（同条２項），スリーステップテストが採用されている。

(5) 保護期間

保護期間は，実演が固定された年の終わりから少なくとも50年である（14条）。

(6) わが国法との関係

北京条約の締結に際して，わが国は，保護を受ける実演について規定する著作権法７条８号に，北京条約の締約国の国民が行う実演を加える改正を平成26年に行った[31]。

なお，わが国は，映画館，カフェ等の公衆に開かれた場所における視聴覚的固定物の再生については，実演家の許諾権及び報酬請求権を認めない旨の留保宣言をした。

31）この改正の施行日は，北京条約がわが国について効力を生じる日である（平成26年法律第35号附則１条）。

事項索引

＊行末の頁数が太字のものは，当該用語又は制度の意義や趣旨などが説明されている箇所を示す。

あ 行

か 行

さ　行

ま　行

判例索引

最高裁判所

高等裁判所・知的財産高等裁判所

地方裁判所

知的財産関係条約〔第2版〕

Treaties of Intellectual Property, 2nd edition

2015年 9月25日 初　版第1刷発行
2023年10月10日 第2版第1刷発行

編　者　茶園成樹
発行者　江草貞治
発行所　株式会社有斐閣
〒101-0051 東京都千代田区神田神保町2-17
https://www.yuhikaku.co.jp/
印　刷　大日本法令印刷株式会社
製　本　大口製本印刷株式会社

落丁・乱丁本はお取替えいたします。定価はカバーに表示してあります。

Printed in Japan ISBN 978-4-641-24371-2